编委会名单

主　编： 林德南

副主编： 杨国安　庄润森

编写者：（以姓氏笔画为序）

朱敏贞（深圳市健康教育研究所）

庄润森（深圳市健康教育研究所）

刘仕乾（深圳市锦田小学）

杨国安（深圳市健康教育研究所）

吴浩生（深圳市罗湖区疾病预防控制中心）

吴海清（深圳市健康教育研究所）

邱洁苡（深圳市锦田小学）

陈宇琦（深圳市健康教育研究所）

邵春晓（深圳市康宁医院）

林永发（深圳市健康教育研究所）

林德南（深圳市健康教育研究所）

周　丽（深圳市疾病预防控制中心）

胡增平（深圳市慢性病防治中心）

曹　黎（深圳市健康教育研究所）

蒋丽娟（深圳市疾病预防控制中心）

温　泉（深圳市罗湖区健康教育所）

HEALTH PROMOTING SCHOOLS:
THEORY AND PRACTICE

健康促进学校

理论与实践

主　编◎林德南

副主编◎杨国安　庄润森

暨南大學出版社
JINAN UNIVERSITY PRESS
中国·广州

图书在版编目（CIP）数据

健康促进学校理论与实践/林德南主编．—广州：暨南大学出版社，2010.9
ISBN 978－7－81135－678－6

Ⅰ．①健…　Ⅱ．①林…　Ⅲ．①学校教育：健康教育—研究　Ⅳ．①G479

中国版本图书馆 CIP 数据核字(2010)第 205636 号

出版发行：暨南大学出版社

地　址：中国广州暨南大学
电　话：总编室（8620）85221601
营销部（8620）85225284　85228291　85228292（邮购）
传　真：（8620）85221583（办公室）　85223774（营销部）
邮　编：510630
网　址：http：//www.jnupress.com　http：//press.jnu.edu.cn

排　版：广州市天河星辰文化发展部照排中心
印　刷：佛山市浩文彩色印刷有限公司

开　本：787mm×960mm　1/16
印　张：14.5
字　数：280 千
版　次：2010 年 9 月第 1 版
印　次：2010 年 9 月第 1 次

定　价：28.00 元

前　言

健康促进学校的创建是一项伟大的工程，它有利于系统地解决学生的健康问题，有利于促进学生全面的健康发展，能带动家庭、社会和整个人群健康素质的提升，它对中华民族的伟大复兴、社会的稳定发展、祖国的繁荣富强具有十分重大的意义。健康促进学校的创建受到各国政府的重视，并在全世界范围内形成热潮。

健康促进学校创建工作有一定的技术要求，有基本的创建步骤，有可供应用的方法与形式，有统一的规范化管理。鉴于目前深圳尚有不少学校未开展创建工作，而已参与创建的部分学校老师对相关理论仍有一定的需求，为了更广泛深入地推动健康促进学校工作，让健康促进学校之花结出更为丰硕的果实，我们组织有关专家编写了这本指导用书，同时也希望通过总结深圳的做法和经验，与各地进行交流，以求更接近国际国内先进水平。

本书分八章，其中第一章和第二章介绍健康促进学校的概念与背景、创建的关键环节和基本步骤，第三章介绍支持性环境，第四、五、六章介绍师生健康素养教育、学校卫生服务、效果评价，第七章介绍健康促进学校的管理，第八章以具体创建典型案例展示了健康促进学校的具体做法，最后是附录。各章编写人员分工如下：第一章为杨国安、庄润森；第二章第一至三节为林德南、庄润森，第四至六节为陈宇琦；第三章第一至三节为温泉，第四节为朱敏贞；第四章第一节为庄润森，第二节为邱洁苡；第五章第一至二节为蒋丽娟，第三节为周丽，第四节为吴浩生，第五节为胡增平，第六节为吴海清、邵春晓；第六章为朱敏贞；第七章为杨国安、曹黎、林永发；第八章为刘仕乾；附录由曹黎整理。

我们在深圳市健康促进学校创建工作实践的基础上，融入了健康管理和健康素养等一些比较新颖的内容。全书编写力求简明、实用，可操作性强。市卫人委、罗湖区卫生局和教育局有关领导给予了大力支持和帮助，各位编写人员所在单位也全力支持本书的编写工作，在此，编委会对众编写人员的辛勤劳动及所在单位的大力支持一并表示衷心的感谢。

鉴于编写时间有限，书中难免有不尽如人意或疏漏之处，恳请同道和读者指正，提出宝贵建议，以便本书再版时能进一步完善，更好地为学校的健康教育与健康促进工作服务。

编　者

2010 年 8 月 28 日

目　录
CONTENTS

第一章

概念与背景

健康是人类永恒的话题，是人类终生追求的目标，每个人都想一生活得健康、幸福。一个人是否拥有健康不仅直接影响其生活质量的高低和寿命的长短，而且直接影响其在生命的全过程中对社会贡献的大小。个人的健康状况或国民整体的健康状况将直接影响人类、国家和民族的繁荣与昌盛。

当人类进入21世纪以来，随着科学技术的进步和物质文明的发展，有关健康的话题越来越引起人们的关注，健康的体魄和健康的生活方式开始成为人们谈论的话题和关注的焦点。但是，什么是健康？什么是健康文明的生活方式？什么是健康教育？什么是健康促进呢？

一、健康

1. 健康的定义

健康是一个不断发展着的概念，不同历史时期人们对健康的认识有所不同。

18世纪以来，国内外不少学者提出健康就是没有疾病，但疾病是健康受损，仅反映了健康的负向作用，是对健康的一种消极定义。这种定义既没有回答健康的实质，也没有阐明健康的特征，只是借助健康的对立面——疾病来证明健康。这对于人们正确认识健康、追求健康和评价健康的实际意义不大。事实上，健康和疾病都是人体生命过程中的不同的状态。从健康到疾病是一个由量变到质变的过程。所以，这种建立在疾病基础上的健康概念并不能真正反映健康的本质。受此观念的影响，长期以来，人们把健康单纯地理解为“无病、无伤、无残”。

20世纪中期以后，健康的内涵不断发展，由过去单一的生理健康（一维）发展到生理、心理健康（二维），再到生理、心理、社会良好（三维）。1948年，世界卫生组织（WHO）提出了著名的健康三维概念，即“健康不仅是没有疾病或不虚弱，而且是身体的、心理的和社会的完善状态（Health is a state of complete physical, mental and social well-being and not merely the absence of disease or infirmity）”。

1989年，世界卫生组织重新赋予了健康以全新的含义：健康不仅指一个人没有疾病和虚弱现象，而且指一个人生理、心理、社会适应和道德四个层面的完善状态。这种健康观较全面、完整地反映出健康的本质，对维护和促进健康的实践具有重要的指导意义。这四个层面具体内容包括：

（1）生理健康。生理健康是指人体的结构完整和生理功能正常。这是生物医学的基本认识，也是传统医学的主要研究领域。人体的生理功能是指以结构为基础，以维持人体生命活动为目的，协调一致的、复杂而高级的运动形式。生理健康是自然人的低层次的健康状态。

（2）心理健康。心理健康是指个体在适应环境的过程中，生理、心理和社会性方面达到协调一致，保持一种良好的心理功能状态。心理健康的判断标准主要有三项：①心理与环境的同一性。它是指心理反映客观现实无论在形式上或内容上均应同客观环境保持一致。②心理与行为的整体性。它是指一个人的认识、体验、情感、意识等心理活动和行为是一个完整和协调一致的统一体。③人格的稳定性。它是指一个人在长期的生活经历过程中形成的独特的个性心理特征，具有相对的稳定性。

（3）社会适应健康。社会适应主要是指人在社会生活中的角色适应。社会适应健康包括较强的社会交往能力、角色转换能力、环境适应能力、抗御挫折与自我调节能力、竞争与合作能力和文化认同能力等。人通过与社会保持良好的互动关系，实现自我主张与价值，并最终实现对社会的创造性贡献。

（4）道德健康。道德健康可简单解释为做人的道理和应有的品德。道德健康是心理健康、社会适应健康的发展与升华，是个体依据社会伦理要求而确立的心理和行为模式。道德健康的最高标准是“无私利他”，基本标准是“为己利他”，不健康的表现是“损人利己”和“损人不利己”。道德健康是最高层次的心理健康。

这四个层次的健康，共同构成了健康的基本内涵。这四个层次的健康，相辅相成，相互渗透，并不是四种健康，而是一个健康的四个方面。我们平常所说的健康状况、健康水平实际上就是对某一个体或群体的四个层次的健康所做的综合性或单一性描述与说明。

WHO对健康下了一个科学的定义，这就要求我们正确理解健康的内涵。健康不仅要立足于个人身心健康，同时还要充分考虑到人与环境的和谐发展。在充分肯定健康对人类发展的重要性，重视健康对社会进步的价值和作用的同时，还应积极倡导全社会参与到促进健康、发展健康的伟大社会变革中去。

健康是人类的基本权利。达到尽可能高的健康水平，是世界范围内一项重要的社会目标；健康是人类的基本需求，是生产力和社会进步的重要标志和潜在动力；健康是社会文明的一面镜子，体现了国家和民族的素质。我国宪法明确规定，维护全体公民的健康和提高各族人民的健康水平，是社会主义建设的重要任务之一。从古至今，任何时代和民族无不把健康视为人生的第一需求。

儿童、青少年是国家和民族的未来和希望。提高儿童、青少年的健康水平，是提高国民健康水平的重要组成部分，它关系到国家的强盛和民族的兴旺，因此，民族的健康要从儿童、青少年抓起。处于发育阶段的儿童、青少年，由于其身心发育、群体生活等特点，决定了儿童、青少年是健康教育最佳的目标人群。

2. 健康教育

健康教育是通过有计划、有组织、有系统的社会和教育活动，促进人们自愿地改变不良的健康行为，消除或减轻影响健康的危险因素，预防疾病，从而提高生活质量。健康教育的核心问题是促使个体或群体改变不健康的行为和生活方式。健康教育是一个连续不断的学习过程，一方面通过自我学习或相互学习取得经验和技能，另一方面通过有计划的多部门和多学科的交叉合作获取经验。健康教育不仅是教育活动，也是社会活动。其所利用的理论来自医学、行为学、教育学、心理学、人类学、社会学、传播学、经济学和管理学等学科领域。

学校健康教育是健康教育的重要组成部分。它是根据一定的社会要求和社会条件，以学校为基础进行的一系列有计划、有组织的以增进学生及学校全体人员的健康为目的的系统教育活动。学校健康教育的实施主要有三种方式：①开设健康教育课程；②组织与健康有关的活动；③开展健康咨询与行为指导。

3. 健康促进

健康促进是指运用行政或组织等手段，广泛动员和协调社会各相关部门及社区、家庭和个人，使其履行各自对健康的责任，共同维护和促进健康的一种社会行为和社会战略。健康促进强调的是一种过程，即促进人们维护和提高他们自身健康的过程，是协调人类与环境之间的战略，并且规定个人与社会对健康各自所负的责任。美国健康教育专家格林先生指出："健康促进包括健康教育及其他能促使行为与环境有益于健康的一切支持系统。其中包括社会的、政治的、经济的和自然的环境。"1995 年，WHO 西太地区发表的《健康地平线》曾指出："健康促进是指个人与其家庭、社区和国家一起采取措施，鼓励健康行为，增强人们改进和处理自身健康问题的能力。"健康促进的基本内涵包括个人行为改变和政府行为改变，并重视个人、家庭和社会的健康潜能。

《渥太华宪章》明确提出了健康促进的主要内容包括以下五个方面：

（1）制定健康的公共政策。主要包括政策、法规、财政、税收和组织改变等，以保障健康作为先决条件。

（2）创造支持性环境。它是指创造支持实现健康目标的社会和自然环境。

（3）强化社区行动。发扬社区与个人自主、自理的精神，利用社区现有的人力、物力资源以增进自我帮助和社会支持，形成灵活的体制并促进群众积极参与健康维护工作。

（4）发展个人技能。通过提供信息、健康教育和提高生活技能以支持个人和社会的发展。

（5）调整卫生服务方向，使医疗卫生机构通过组织改革和功能的改变以适应新的需求。

有专家将健康促进工作总结为“三点成一面”的理论模式，即健康促进依靠政策、教育、服务“三条腿站立”，缺少任何一方面，健康促进就失去了平衡，就不能正常站立了（见图1－1）。

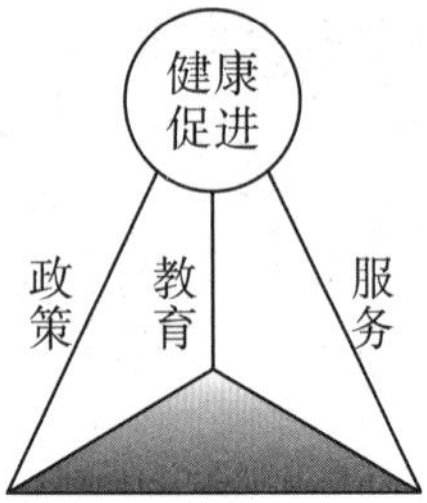

图1－1　健康促进的三大支柱

学校健康促进是在学校健康教育的基础上发展起来的。学校健康促进强调通过学校、家长和学校所属社区内所有成员的共同努力，为学生提供完整的、积极的经验和知识结构，包括设置正式和非正式的健康教育课程，创造安全健康的学习环境，提供合适的健康服务，让家庭和更广泛的社区成员参与，共同促进师生健康。

二、健康促进学校的起源与内涵

1. 健康促进学校的起源

大量的证据表明，青少年的健康是影响他们学习能力的一个重要因素。反过来，个体的教育水平又影响着他们的健康水平。如何才能把维护、促进健康与提高学习能力统一起来？目前来说，建立健康促进学校是一个比较好的途径。健康促进学校是把所有关键性的因素组织起来、联系起来的一种手段。1991年，匈牙利、捷克斯洛伐克和波兰等国家试行了国家间的健康促进学校网络计划，并于1992年正式建立了欧洲健康促进学校网络。不久，WHO西太区办事处开始积极倡导这种健康促进学校行动，并在《健康地平线》中的“生命的准备”这一主题里提到了健康促进学校。WHO西太区办事处首先在澳大利亚、新加坡、斐济等国实施健康促进学校行动。1995年9月，世界卫生组织在瑞士日内瓦召开了全面学校健康教育与健康促进专家委员会。会议认为：学校是促进学生、个人、家庭和社区成员健康的场所，是支持教育和健康基本人权的一种手段，为卫生和教育部门依靠有限的资源，在健康和教育方面取得显著效益提供了机会。那些为促进健康而不懈努力的学校，即被世界卫生组织称为“健康促进学校（HPS）”。1995年12月WHO制定并颁布了《健康促进学校发展纲领》。与此同时，不少国家也开始积极地进行健康促进学校的试点和推广工作，至 1997 年已有 37 个国家加入。

在世界卫生组织、世界银行等国际组织的支持下，我国自 1995 年开始了健康促进学校试点工作，并首先命名了上海市数所学校为“健康促进学校实验基地”。北京市东城区卫生局在创建健康城市项目中选择了 4 所学校开始进行健康促进学校试点。中国健康教育研究所于 1995 年 11 月启动了北京、武汉和赤峰三城市的 12 所中小学参加的“中国/WHO 健康促进示范学校”项目。随后又陆续启动了四川、云南两省的“以降低学生肠道蠕虫感染为切入点发展健康促进学校”，山东、浙江两省的“以预防烟草使用为切入点发展健康促进学校”等项目。1995 年 12 月 4 ~8 日，WHO 西太区工作组在我国上海制定了《健康促进学校发展纲领》。中国疾病预防控制中心健康教育研究所在 WHO 的技术支持和项目启动资金的帮助下，在北京、上海、山东、广东等 16 个省市 100 多所中小学开展了健康促进学校的试点及推广工作，到 2004 年中期全国已有约 500 所健康促进学校。WHO 西太区于 1997 年在我国召开了西太区健康促进学校网络工作会议。网络工作会议的召开，标志着健康促进学校在西太区由试点阶段走向了逐步推广的阶段。

2001 年 4 月，由深圳市卫生局、深圳市健康教育研究所、罗湖区卫生局、罗湖区教育局、罗湖区健康教育所联合在深圳市锦田小学开展中国/WHO 健康促进学校示范工作。经过两年多的努力，锦田小学成功通过了国家健康促进学校示范项目专家小组的评审验收，成为国家级（铜奖）健康促进学校。2002 年 3 月，深圳市疾病预防控制中心在福田区南华小学开展了“以肥胖为切入点发展健康促进学校”项目。2003 年罗湖区提出了创建“健康城区”的目标，首先抓健康促进学校的创建工作。2004 年，罗湖区教育局与罗湖区卫生局在全区学校开展健康促进学校的创建工作，取得了不俗的成绩。随后，全市多所中小学开始了健康促进学校的创建工作。截至 2010 年 8 月，深圳市共有 64 所健康促进学校，其中金奖 6 所、银奖 15 所、铜奖 43 所。

2. 健康促进学校的内涵

健康促进学校是指这样一个地方：通过学校及学校所在社区成员的共同努力，提供能促进并保护学生健康的、全面的、积极的经验的组织机构。其内容包括：

（1）贯彻素质教育方针，树立“健康第一”的办学理念，以培养健康人才为学校的第一追求目标。

（2）制定学校健康政策，并将追求“健康第一”的理念融入学校的各项工作中。

（3）推动学校有关的各项法律、法规的贯彻实施。

（4）改善学校物质环境。

（5）建立良好的学校人际关系。

（6）学校与所在社区建立持久的健康互动关系。

（7）促进师生健康相关知识、态度、行为的改变，提高学生个人保健技能。

（8）提供基本的卫生服务。

（9）学校全体教职员工都承担对学生的健康责任。

（10）改善师生的健康状况，解决学生中的主要健康问题。

健康促进学校把所有有利于发展和促进青少年健康的各种因素组织和联系起来，形成广泛的合作。这种合作不是权宜之计，而是以可持续性的方式进行的。

健康促进学校有以下特点：

（1）健康第一。创建健康促进学校首先要树立“健康第一”的办学理念，把培养身心健康的学生作为学校的追求目标，并且注重整体的健康观念，强调生理的、心理的、社会的和环境的全面健康。

（2）可持续性。应把创建健康促进学校作为一项可持续发展的工作纳入学校的整体工作中，而不应与学校的实际工作割裂开来或是看作一项负担。

（3）参与性。创建健康促进学校必须有学生、全体教职员工、家庭和社区的共同参与，并注重学校物质环境和学校风气对青少年健康的影响。强调教育、卫生等部门及当地社区组织共同合作，为师生营造一个完整的、持续的促进健康的环境。

（4）针对性。创建健康促进学校强调在明确师生存在的主要健康问题和健康需求的基础上，有目标、有计划、有系统地实施针对性干预，不断地改善师生的健康环境和提高师生的健康水平。

（5）综合性。创建健康促进学校是一项综合的工作，强调从课程到活动、从知识到技能、从物质环境到社会环境、从管理到服务、从个人到全体、从校园到家庭和社区，多形式、全方位地促进学生健康，并为教职员工提供一个积极的、支持性的工作环境。

三、创建健康促进学校的意义

健康促进学校的工作从一开始就受到专家的认可，受到世界卫生组织的推崇，受到各创建学校、师生的欢迎。随着创建工作的深入，健康促进学校越来越显示出其重要的意义。

创建健康促进学校的意义主要体现在以下五个方面：

1. 树立起“健康第一”的办学理念，明确学校教育的首要目标

科学发展观的第一要义是发展，核心是以人为本，基本要求是全面、协调、

可持续，根本方法是统筹兼顾。因此，学校教育工作只有以学生、教师为本，树立“健康第一”的办学理念，统筹兼顾各方面的工作，才能促进学校工作全面、协调、可持续发展。而健康促进学校是贯彻落实科学发展观，促进学校工作又好又快发展的重要举措，是铲除应试教育弊端的重要手段，不仅可以推动学校教育教学工作的整体健康发展，而且也可以促进教育教学管理体制和运行机制的健康发展，还可以提高学校的教育教学质量。

2. 有效维护和促进学生和教职员工的健康

健康促进学校可以通过制定和落实健康政策、营造健康支持性环境、提供优质的健康服务，对学生、教职员工进行个性化和综合性的干预，有效维护和促进师生的健康，逐步改变其不良生活习惯和生活方式，促使其形成科学健康的生活方式，进而提高其健康素养和健康素质水平。

3. 为学生的素质教育搭建了平台

健康促进学校的内容包含了素质教育的重要内容，是对学生进行素质教育的重要组成部分。如在德育教育方面使学生从小树立以讲卫生为荣、不讲卫生为耻的荣辱观，自觉维护公共卫生，养成良好的习惯和生活方式，遵守卫生法规和道德规范；在智育教育方面，对学生进行人类自我认识的认知教育，使他们懂得以科学知识保护自身的健康等。健康促进学校是落实素质教育，贯彻《学校卫生工作条例》的有效形式和手段。

4. 整合健康资源的有效手段

健康促进学校可以发挥其平台作用，在大教育与大健康观念的指导下，有效整合学校、社会、家庭和各部门的健康资源，实现学校社区化、社区学校化，有效消除或减少不利于健康的各种因素，为师生营造更好的健康环境，提供更优质的健康服务。健康促进学校使学校、家庭和社区更加密切地联系起来，在健康方面进行合作，真正实现三位一体的健康发展模式。

5. 提升全民健康素质的重要途径

青少年正处于生长发育的关键时刻，可塑性大，易形成“动力定型”，他们所形成的习惯与生活方式，所受到的性格陶冶、心理教育等将为其终身健康奠定基础，对他们一生的行为与身心健康产生深远的影响，决定着其一生的幸福。此外，还可以通过“小手拉大手”的作用，促使学生家长、邻里、亲友健康生活方式的形成。因此，健康促进学校是促进和实现全民基础保健、提高群体健康素养和健康素质的有效途径。

第二章

健康促进学校创建的关键环节和基本步骤

健康促进学校的创建是一项长期而艰巨的工作，是一个系统性工程，涉及学校、家庭和社会的方方面面。由于不同的学校在教育体制、管理机制、教学模式、师资情况、学生来源等方面不尽相同，因此，在创建健康促进学校的过程中出现了多种多样的工作内容和工作形式，创建模式也存在着很大的差异。但其基本的关键环节和创建步骤还是相同的，主要包括转变理念、加强组织建设、制定与执行有关政策、做好需求评估、制订实施方案、开展针对性干预、进行评价等内容（见图2－1）。

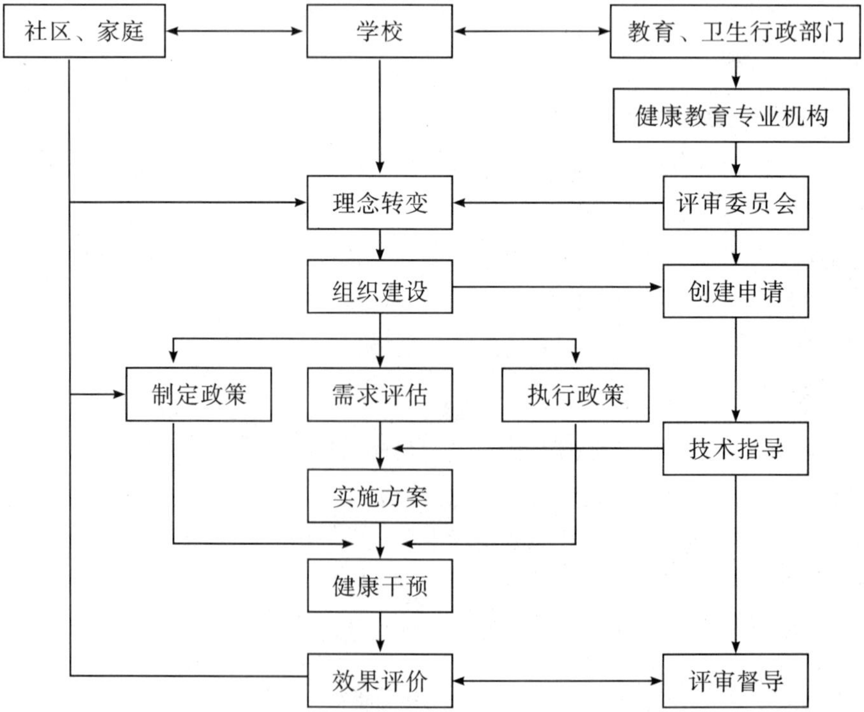

图2－1　健康促进学校创建的基本步骤

第一节　树立“健康第一”的理念

“健康第一”的理念源于以人为本的思想。“健康第一”关注每一个学生德、智、体、美、劳等的全面发展，符合我国的教育方针；“健康第一”是家长，特别是现在大多是独生子女的家长对学校教育寄予的厚望；“健康第一”是建设和谐社会的有效措施，更是实现民族兴旺和国家强盛的基础。健康促进学校是以人为本思想在学校教育中的具体体现，是推动贯彻落实科学发展观的一项具体措施。健康促进学校的本质是促使学校树立以学生健康为本的办学理念，通过健康促进学校建设，把学生的全面健康成长作为教育的首要目标，并提高家庭、社区和社会对健康的认识，从而共同参与维护师生健康的行动，最终提高人群整体的健康水平。

正确的行动来自正确的理念。创建健康促进学校，必须首先转变学校领导和师生的观念，提高其对创建健康促进学校目的和意义的认识，树立“健康第一”的理念，把培养健康人才作为学校的第一追求，并把这些思想贯彻到学校的各项工作中，充分理解开展健康促进学校是完善素质教育和铲除应试教育弊端的重要手段，它是学校的常态工作而不是额外的任务，更不是走过场、搞名目。因此，创建健康促进学校首先要做到理念先行、认识到位。

健康促进学校创建工作自始至终都必须得到学校领导的高度重视。学校领导不但要有正确的理念认识，而且要把创建健康促进学校纳入学校的议事日程和长远发展规划，将健康的理念融入整个教育教学活动之中，从而保证创建健康促进学校各项工作的真正落实和可持续发展。因此，在创建过程中重视并加强理念的建设是创建工作的重要环节，也是创建工作有效开展的保证。

案例：

深圳市锦田小学于 2001 年 4 月开展“健康促进学校示范项目”。学校在 2002 年修改了原来的传统办学理念，确立了“办健康学校，培养健康人”的办学理念，决定从办学思想健康、办学行为健康、人的健康、校园环境和社区环境健康等方面着手，把学校办成适合每个学生健康发展的乐园，把学生培养成为“身心健康、人格健全、自主发展、人文见长”的健康人。为实现“健康第一”的办学理念，学校针对教师、学生及家长开展了多形式、多渠道和全方位的相关培训。如利用专题培训讲座、每两周一次专题业务学习，坚持每周一个下午的教师读书活动，编写并发放健康教材和资料等多种方式，提升教师对健康促进学校基本内涵和理念的认识。此外，在学校的管理工作和教师的教学工作中，始终将“健康第一”的理念放在第一位，处处以人为本，以人的健康发展为首要目标，实现了学校在健康办学理念方面的快速转变。

第二节　健康促进学校的组织建设

健康促进学校既是教育与健康的双赢，也是学生、教师、家长和社区等的多赢。为了给学生一个从校园到家庭再到社区的连续的、完整的健康体验，参与健康促进学校创建工作的不仅有学生，还包括学校全体教职员工及学校所在社区的家长和社区机构的全体成员。健康促进学校参与人员的这种多层次性决定了我们在创建工作中要全员参与，形成全方位的工作网络，并且要明确分工、各负其责，使学校、家庭和社区在健康促进行动上形成联合互动的局面。

为了确保健康促进学校创建工作顺利、有序、全面地开展，学校应建立以创建工作领导小组为核心的组织网络。创建工作领导小组成员应包括学校领导、骨干教师代表、校医、家长代表、学生代表、社区有关单位成员等。领导小组应定期召开会议，研究和部署创建工作，其主要职责和工作任务包括：

（1）保障有关法律法规的贯彻执行，制定学校健康政策，提供创建工作所需的人力、物力和财力等各项保障。

（2）制订和调整健康促进学校发展规划及各阶段的实施方案。

（3）部署和协调创建工作，落实创建工作的责任分工。

（4）监督、指导和考核创建工作的各项措施的执行情况。

（5）收集、发布和上报创建工作相关信息。

案例：

深圳市螺岭外国语实验学校在创建健康促进学校的组织建设中，建立了由校长任组长，分管副校长任副组长，办公室主任、德育主任、安全专职主任、教导主任、总务主任、少先队辅导员、教师代表、校医、社区领导、学生家长代表为成员的强有力的创建工作领导小组，而且根据“谁主管，谁负责”的原则，校长与班主任、相关责任教师签订《责任书》，将创建工作纳入班主任、教师的考核中，将创建工作责任层层落实，为推动创建工作的顺利开展提供了强有力的保障。

第三节 制定与执行有关政策

为确保健康促进学校创建工作有法可依、有章可循，学校必须健全、完善一系列规章制度，为创建工作的顺利开展构建政策保障体系，其中包括将创建工作纳入学校整体发展规划、贯彻执行有关法律法规、完善健康服务政策、制订创建工作年度计划，制订实施方案，有计划、有步骤地贯彻落实各项措施，使学校真正成为有利于促进学生健康成长、学习和生活的重要场所。

一、纳入学校整体发展规划

创建健康促进学校是一项可持续性发展的常态工作，它应被纳入学校整体发展规划，这样可以使健康促进学校创建工作与学校的长远发展融为一体，确保学校的各项工作都能体现“健康第一”的理念。这是健康促进学校最基本的保障措施，也是健康促进学校长远发展的基本举措。

此外，学校还应该根据不同时期的特点和条件，做好每年的工作计划和总结。其中，计划要有年度创建工作目标和任务，有具体的实施策略和措施，有实施步骤；总结应结合当年计划中相应任务的完成情况、完成特点和存在问题，以及下一年的工作设想来完成。

二、贯彻执行有关法律法规

目前，我国教育与卫生方面的法律、行政法规、规章以及其他相关法律，如《教育法》、《教师法》、《义务教育法》、《事业教育法》、《民办教育促进法》、《教师资格条例》、《学校卫生工作条例》、《学校体育工作条例》、《学生伤害事故处理办法》、《中小学幼儿园安全管理办法》、《未成年人保护法》，均提及与老师和学生的健康有关的保障问题，其中《学校卫生工作条例》、《学校体育工作条例》比较系统全面，各地也结合当地实情出台了一些法规。学校、社会、个人都应认真贯彻执行这些法律法规，保障师生的合法权益，维护其健康。主要有：

1.《学校卫生工作条例》

《学校卫生工作条例》和相关卫生标准从立法的角度对学校硬件设施和卫生管理工作提出了要求，是开展学校卫生工作和学生常见病防治工作的基本准则，是开展健康促进学校创建工作的法律保障。创建健康促进学校大大促进了《学校卫生工作条例》的全面落实。

2. 《学校体育工作条例》

《学校体育工作条例》从立法的角度对学校体育工作提出了要求。创建健康促进学校工作，认真贯彻落实《学校体育工作条例》、《体育与健身》课程标准、《学生体质健康标准》等法规、政策，从符合学生身心健康发展需要的角度出发，科学、合理地安排课程和作息时间，保证学生每天有一个小时的体育锻炼时间，促使学生养成自觉参加体育锻炼的良好习惯。

3. 贯彻执行《深圳市学校安全管理条例》及食品卫生安全法规，健全应急机制

创建健康促进学校期间，若发生过重大伤残或死亡等意外事故、食物中毒、传染病暴发等其中任何一项时，则不具备申报评审的资格。严格执行学校安全管理条例，严把食品安全关是创建健康促进学校工作中的重要一环。为确保教师和学生的人身安全，学校还应按照相关法规要求建立一系列工作预案，包括学校传染病和食物中毒工作预案、学生伤害事故及其他突发公共卫生事件工作预案等。

三、完善健康服务政策

创建健康促进学校，不仅是要将健康知识与技能传授给师生，而且要多方面为他们提供健康服务，这样才能促进师生健康水平的提高。学校提供的健康服务至少应包括：师生健康体检和健康档案管理、学生常见病和传染病的防控、教职工慢性病的防控、学生心理健康辅导、意外伤害的预防、合理营养指导及膳食供应、校园环境卫生和安全管理等。学校应根据有关法律法规和上级文件精神，结合学校实际，建立、完善一系列的健康服务政策，以保障健康服务的各项措施能够长期有效地执行。

健康服务政策通常包括：①师生体检制度；②师生健康档案管理制度；③学生常见病防控制度；④学生传染病防控制度；⑤学生意外伤害紧急处置制度；⑥学生心理保健制度；⑦教职工慢性病防控制度；⑧食堂卫生管理制度、食品卫生培训制度；⑨合理膳食指导制度；⑩卫生室管理制度；⑪校园卫生和安全管理制度；⑫健康教育学科渗透制度；⑬学校控烟制度；⑭学生健康状况家校联系制度；⑮特殊个体健康需求服务制度。

案例一：贯彻条例，开展大体育活动

深圳市锦田小学规定每周二至周五下午3:45—4:20为全校大体育活动时间。为切实保证锻炼时间，学校还将下午的第二节课由原来的40分钟改为35分钟，以保证学生每天在校有1个小时以上的体育活动时间。全校学生在老师的带领

下，有条不紊地开展跳绳、做游戏、打乒乓球、踢毽子、转呼啦圈、打羽毛球等各项活动。在大体育活动中，孩子们尽情挥洒汗水、绽放笑容，老师们也兴致勃勃地加入其间，操场上一幅欢腾雀跃的热烈场面。通过大体育活动，师生的心理和生理健康状况得到了改善。

案例二：开展“3211”体育模式

深圳市莲南小学以全国教育科学“十五”规划教育部重点课题“素质教育与学校体育整体改革”为依托，通过多年的实践，把体育课、体育节、体育比赛、大早操、眼保健操、体育家庭作业、课外活动有机地结合起来，探索出一种新的、符合学校实际的“3211”体育模式（“3”——每周三节体育健康课，“2”——每周一次小型体育比赛、每年一次体育节、每天两节眼保健操，“1”——每天一节大课间操课，“1”——每天一次体育家庭作业）。这种模式既保证了学生每天有1小时以上的锻炼时间，不断促进学生身心健康，又发展了学生对体育的兴趣，最终形成良好的健康行为习惯。

案例三：制定学科渗透制度，全体教师认真履行

深圳市文锦中学制定了《文锦中学关于在课堂教学中加强健康理念渗透的规定》，不仅明确规定了各个学科渗透健康教育的要求，而且还将能否进行健康理念的课堂渗透作为教师期末“评优评先”的重要指标之一。在学校组织的各项教学教研活动中，都将以是否把健康理念有机地渗透到本学科的教学教研中作为重要的考核标准之一，并且在部分科目考试试卷中设计了与健康有关的试题。学校将健康教育工作落实在课堂教学中，学生的健康知识水平不断提高，学习、生活、交往等健康习惯逐步养成。

第四节 健康促进学校需求评估

一、什么是需求评估

在创建健康促进学校之初和创建过程中都需要进行需求评估，这是保证健康促进学校创建工作科学、有效开展的关键。健康促进学校需求评估是指通过系统的研究方法，找出师生的主要健康问题及其影响因素，确定需要优先解决的健康问题，从而为制订健康促进学校的实施方案和开展针对性的干预提供科学依据的活动。

二、需求评估的意义

需求评估是创建工作取得成功的基础。由于各个学校所具有的基本条件、所处的环境以及存在的健康问题不同，创建健康促进学校必须遵循从实际出发、因地制宜的原则，这样才能确保创建工作的科学性和有效性。其具体意义在于：

1. 为制订创建工作规划、实施方案及目标提供依据

创建健康促进学校是一个有计划、有系统、有组织的活动过程，因而必须在宏观的创建规划和具体的实施方案的指引下，制订合理的目标并加以实施。而创建工作规划、实施方案和目标必须依据健康需求评估才能着手制订。

2. 为制定健康政策、干预策略和具体措施提供依据

创建健康促进学校需要在合理的健康政策的保障下，在有针对性的干预策略的指导下，通过具体的干预措施来完成。而制定健康政策、干预策略和具体措施的基础就是要进行需求评估，找出存在的主要健康问题及其影响因素，从而做到有的放矢地解决问题。

3. 是制订和调整创建工作计划的基础

为保证创建工作的质量和进度，在创建开始的初期需要制订创建工作计划，在创建过程中还要根据实际情况不断修改工作计划，以保证能够有条不紊地开展工作。而创建工作计划的制订和修改都需要在需求评估的基础上，结合实际，科学合理地来运作。

4. 为考核评估创建工作成效提供参照

在创建健康促进学校的不同阶段，需要对工作的质量进行考核与评估，以此阐明工作成效，而考核工作成效就是要将不同阶段取得的成绩与原有的状况进行比较，以便了解健康需求是否得到满足，影响健康的主要因素是否得到合理的消除或控制。如果预先未做需求评估，没有基础的参照，也就无法对不同阶段的工作成效进行客观全面的考核评估。

5. 有助于健康教育资源的合理利用

在创建健康促进学校的过程中，需要明确学校、家长、社区或相关的社区组织有哪些有利于创建工作的条件可以有效利用，或需要明确有哪些资源尚有待于进一步开发，有哪些人或组织还有待于扩大其参与的力度和广度。需求评估有助于及时发现已存在的健康教育资源并合理地利用，也有助于确定有待于开发的健康教育人力、物力、财力资源并积极争取，从而最大限度地为创建健康促进学校创造支持性物质环境和社会环境。

三、需求评估的内容

需求评估的内容主要包括：对学校现有的与健康相关的政策的需求评估、对学校物质环境的需求评估、对学校社会环境的需求评估、对学校卫生服务的需求评估、对教师参与状况的需求评估、对师生健康状况及健康素养的需求评估和对资源的需求评估。

1. 健康政策的需求评估

健康政策的需求评估是对学校现有的与健康相关的法律、法规、条例、规章、制度及管理措施等的评估。评估可从以下几方面着手（见表2－1）：

表2－1 健康政策需求评估表

	合理性	可行性	全面性	有效性	适宜性（执行的时间、场所、力度）	执行的优势	执行的劣势	拟作何修改、完善
现有的健康政策								

（1）合理性：健康政策是否具有科学性，是否有依据，是否有利于师生的健康发展。

（2）可行性：健康政策是否在现实中能够符合实际，易于理解和接受，便于执行。如果一个政策的可行性受到质疑，那么这个政策将是难以奏效的。

（3）全面性：健康政策是否涉及各种相应的人群或各有关方面。

（4）有效性：健康政策执行后带来的结果是否与最初制定这项政策的出发点一致，是否达到或部分达到制定这项政策的目的。

（5）适宜性：健康政策是否在适宜的时间、适宜的场所执行，执行是否达到应有的力度。

（6）执行的优（劣）势：健康政策执行时是否在组织上、时间上和场所上具有一定的优（劣）势。

在以上评估的基础上，便可确定应对现有的健康政策作怎样的修改、完善，或增加新的内容。

2. 学校物质环境的需求评估

学校物质环境的需求评估主要包括以下几个方面：

（1）校园中是否存在影响师生健康的危险因素：学校不能存在对师生健康有影响的危险因素。

（2）学校的各项环境质量：如校内建筑、环境噪声、室内微小气候、采光、照明、厕所、黑板、课桌椅设置、食堂卫生管理和饮用水、食品安全质量是否达到国家有关规定。

（3）学校是否能提供安全、卫生、舒适的学习环境等：如在容易发生危险的地方（运动设施、操场、楼道、校门、实验室等）是否有明显的警示标志或有避免伤害的措施；学校的厕所是否便于冲水、洗手，是否无异味、无尿碱、无渗漏、无积水、无污水；校园及教室是否清洁，是否有卫生保洁用具并放置合理，是否充分利用空间美化、绿化校园或推行节水、节电等其他环保措施；学校是否为师生提供科学合理的营养膳食。

3. 学校社会环境的需求评估

学校社会环境的需求评估主要包括以下几个方面：

（1）学校是否为师生营造良好的人际关系：如营造相互尊重、彼此信任、关爱互助的校园人际关系。

（2）学校是否有禁止校园内暴力、体罚和变相体罚的规定和措施。

（3）学校是否在学生中倡导一种宽松、愉快、注重参与、尊重个性发展的学习风气。

（4）学校是否能为在学习上、经济上、生理上和心理上有特殊困难的学生提供适当的帮扶。

（5）学校是否与家庭、周边社区构建一种学校—家庭—社区合作模式，达到资源共享、社区参与、信息互通，联手为学生营造完整的、安全的、健康的社区环境：如与社区形成共建关系，邀请家长和社区人员参加创建健康促进学校的活动，组织学生深入社区开展以健康为主题的社会实践活动；对于学校周边环境存在的安全、治安等问题，学校是否与社区进行过沟通和联系，积极寻求改善的措施。

（6）学校能否在教职工间营造阳光、和谐的人际关系。

4. 学校卫生服务的需求评估

学校卫生服务的需求评估主要包括以下几个方面：

（1）学校卫生室及常用药物和器械的基本配置是否达到国家有关要求；卫生室是否有专职的专业技术人员为师生提供服务，且能够按照规定的比例配备专业技术人员。

（2）学校是否为学生提供心理咨询和心理保健服务：如配备心理咨询教师，有心理咨询室、心理咨询室工作制度，能及时发现有不良情绪的学生并能及时给予心理辅导，能为学生营造尊重个性化发展的氛围。

（3）学校是否积极落实师生体检制度并提供有针对性的健康干预：如为师生提供一年一次的免费体检服务并对体检结果做好统计，从而明确本校师生的主要健康问题；有体检反馈制度并及时反馈给师生；能为师生建立健康档案，进行病情记录和个体成因分析，对不同个体、不同健康问题提出个性化的针对性干预措施；针对师生的主要健康问题，学校能否提供相应的保健措施，如邀请社区医疗保健机构进行健康干预，学校组织健康讲座、培训、文体活动，提供健康教育资料，购置健身活动设备、设施等。

5. 教师参与状况的需求评估

教师参与状况的需求评估主要包括以下几个方面：

（1）学科渗透：教师在教学过程中是否将健康知识渗透到其中，并在不同学科的教学目标、教学内容中体现出与健康相关的知识。

（2）教师是否参与班级组织的以健康为主题的各类活动，如班会、队会、课外活动和社会实践等。

（3）教职工是否积极参与学校组织的以健康为主题的各种活动。

6. 师生健康状况及健康素养的需求评估

师生健康状况及健康素养的需求评估主要包括以下几个方面：

（1）学生主要常见病（如龋齿、视力不良、营养不良、肥胖等）是否得到一定程度的控制或改善，学生在校内严重受伤等意外事故的发生是否避免或减少。

（2）教职工的主要慢性病（如高血压、糖尿病、肥胖、冠心病、咽喉炎、颈椎病等）是否得到一定程度的控制或改善。

（3）教师和学生基本健康素养（知识、行为、技能）的掌握情况。

（4）学校开展禁毒、控烟活动的情况，是否为无吸烟学校。

（5）近年来学校是否发生过传染病暴发流行、重大伤残或死亡等意外事故、食物中毒等严重危害师生健康的重大事件。

7. 资源的需求评估

对现有的投入在创建健康促进学校的人力、物力、财力的足够度和合理性进行需求评估。

四、需求评估的方法

针对健康需求评估的内容和对象可采取不同的方法，常用的有：

1. 问卷测评法

问卷测评法又称调查表调查法，属于流行病学调查。多用于对师生健康知识、行为、技能及其影响因素、健康需求的评估，从而确定师生在哪些方面需要加强干预。调查时应确保数据的代表性和科学性。

2. 专题讨论法

专题讨论法又称小组访谈法，通常可随机抽取有代表性的一定数量（以6～10人为宜）的对象，由主持人拟定访谈的提纲，在轻松的气氛中让被访谈的对象畅所欲言，并做好记录和整理，以了解真实的情况。这种方法可用于了解师生、家长、社区人员对健康理念的认识和对创建健康促进学校重要性的认识，也可由此获得其他信息。

3. 记录法

在一定的时间周期内，记录师生某方面的情况及其变化，从而获取相关信息，这种方法称为记录法。通常用于对师生健康行为、健康状况、体检结果、校园环境质量监测结果、学生因病因伤缺勤情况、学校卫生服务、学校食堂管理记录、师生参与情况等进行记录，从而了解其变化，获得师生健康状况和需求方面的信息。

4. 观察法

观察法指的是观察在常规状态下某种行为或现象发生的情况。通常用于对健康行为、安全行为、校园物质环境、学校社会环境和教师学科渗透（课堂旁听）的评估。

5. 查阅资料法

通过对档案资料的查阅获得相关信息，只要有文字或图片、照片档案记录的就可以使用这种评估方法。如利用教案对学科渗透进行评估，利用保存的照片对校园物质环境进行评估，利用师生制作的与健康相关的作品对师生参与情况的评估都属于这类方法。

6. 知情人士座谈法

邀请学生代表、教师代表、家长代表、社区工作者代表、学校决策层和管理层代表以及有关专业人士等共同提供有关健康需求的信息，并进行收集整理，从中确定出主要的信息。

五、需求评估的注意事项

由于健康需求在不同人群、不同时期各不相同，在进行健康需求评估时，应注意：

（1）将评估对象进行分层次评估，如学生应按不同年级、班级和性别进行评估，学生、教师、家长和社区人员也应分层次进行评估。

（2）评估应分为不同的阶段，以了解不同人群在不同阶段的健康需求。

（3）注重多方参与，评估者个人主观意愿、评估对象的代表性、评估方法的合理性、评估时间的选择等都可能影响评估的结果。要做到评估尽可能客观，就应注重动员不同方面的人员共同参与。

第五节　制订实施方案

实施方案是保证创建工作科学、合理、有效的前提。创建健康促进学校需要在科学的实施方案的指导下才能有组织、有计划、有系统地开展，并取得预期的效果。一个合理的实施方案，需要在掌握学校的主要健康问题和需求的基础上，结合学校自身的特点来制订，并且要从全局出发，做到有目标、有重点、有策略、有措施、有步骤和有评价。

一、实施方案的要素

1．五个 W 和两个 H

（1）为什么要做（Why）。

（2）由谁来创建（Who）。

（3）对谁做（Whom）。

（4）做什么（What）。

（5）什么时间做（When）。

（6）怎么做（How）。

（7）做到什么程度（How much）。

2．意义

（1）明确目标，有助于参与者有一个共同的方向。

（2）明确主要健康问题并确定优先干预的目标。

（3）确定针对性的干预策略和措施。

（4）将目的、目标、策略、措施和进度进行有机的整合。

（5）有助于资源的合理利用。

（6）有助于明确责任、合理安排进度和提高效率。

（7）有助于质量控制。

（8）有助于效果评价和经验总结。

二、实施方案制订的步骤

1. 第一步：前期准备工作

在着手进行方案设计时，要考虑创建健康促进学校所需的时间、资金和资源、政策、参与人员、数据收集、质量控制、关键问题和发展趋势等诸多相关因素。只有全面收集这些因素的相关性资料，做出综合分析，才能保证创建工作的顺利开展。

2. 第二步：确定要优先解决的健康问题和主要健康需求

这指的是确定对师生健康影响最大、迫切需要解决且又有较大的解决可能性的主要健康问题及其影响因素。健康问题不仅仅指疾病或生活方式，还应包括一切与健康相关的问题，如与健康相关的政策、自然环境与社会环境、卫生服务和行为习惯等问题。在确定优先解决的健康问题时通常要遵循以下原则：

（1）重要性原则：健康问题应该是目前对师生的健康影响较严重、涉及的人群较普遍、师生及家长非常关切的问题等。例如，学生体检的结果可能有视力不良、龋齿、肥胖、贫血、沙眼和营养不良等问题，在这些问题中需要将发病率高或患病率高、对学生健康危害大、学生和家长最为关切的问题列为最重要的问题。

（2）有效性原则：健康问题应该是通过健康促进干预能使其发生预期改变的问题，即针对该问题有明确的干预措施并已公认通过干预可获得健康收益。

（3）可行性原则：对该健康问题的干预措施简便易行，成本效益较好，且易为干预对象所接受，能够观察和评价干预前后带来的变化。

3. 第三步：确定主要影响因素

在确定主要健康问题和健康需求的基础上，分析并确定对其产生影响的最主要因素。影响健康的主要因素分为四个方面：生物学因素、环境因素、行为和生活方式因素和卫生服务因素。在寻找对师生健康有影响的主要因素时，既要考虑到一个健康问题的产生往往受到多个因素的影响，又要注意这些影响因素之间可能存在的关联，从中抓住最主要的影响因素。例如，学生近视患病率较高可能与作业过多导致学生用眼时间过长有关，也可能与读写姿势不正确有关，还可能与学校眼保健操制度落实不够或者教室采光不合理有关，前两者属于行为因素，后两者属于政策因素与环境因素，后者会对前者产生影响。此时应仔细分析影响学生近视患病率的因素最主要是哪一个、其次是哪一个以及通过干预哪一个因素还会间接对另一个因素带来影响，从而确定主要的影响因素。

4. 第四步：确定优先干预的目标及目标人群

在分析主要影响因素的基础上，确定优先干预的目标。目的与目标是表述方案的干预结果的两种形式。目的是指在执行某项计划后预期达到的最终结果。目的具有宏观性、远期性，一般用文字表述。如通过开展创建健康促进学校提高师生的健康水平。目标是目的的具体体现，用指标描述。因此，目标具有可测性。目标应回答“什么时候，谁，会获得多少，什么利益?”如：某学校学生一年内关于预防近视的知识知晓率上升 30%。又如：到 2011 年某学校教师慢性病的患病率保持平稳。在确定优先目标时要考虑干预时间、干预的涉及面以及干预对象的层次的影响。根据时间长短的不同，可分为长期、中期和短期目标；根据所涉及方面的不同，可分为健康知识目标、健康行为目标、健康技能目标、健康状况目标、策略目标、环境目标和卫生服务目标等；根据人群的不同，可分为不同层次人群的目标，如一至三年级学生的关于预防近视的知识知晓率一年内上升 40%，四至六年级学生的关于预防近视的知识知晓率一年内上升 35%。

目标人群即为了实现总目的需要特别关注的人群。目标人群可进行不同的分类：根据与目标行为的关系，可分为一级目标人群，即希望其实施所建议行为的人群；二级目标人群，即对一级目标人群有重要影响的人群；三级目标人群，即决策者、经济资助者和其他对计划成功有重要影响的人。根据生理状况、从事危害健康行为的程度等，可分为高危人群、重点人群和一般人群。

对于不同的人群，目标的设立应有所区别。以学校控烟为例，如果将学生作为控烟的一级目标人群，将家长作为控烟的二级目标人群，那么学生的目标与家长的应不同，可分别为：一年后，学生关于控烟的知识知晓率达到百分之多少，不吸烟行为形成率达到百分之多少，有百分之多少的学生能全部掌握拒绝香烟的技巧；一年后，有百分之多少的家长能戒烟，有百分之多少的家长能做到不在学生面前吸烟，有百分之多少的家长能与子女共同参与学校组织的控烟活动。

5. 第五步：确定干预策略、措施及资源

策略是指为实现既定的目标而采取一系列措施的原则。措施或行动指的是根据发生的每一原因和制定的策略提出减少和消除问题的具体的、可操作的活动。简单地说，措施是在策略的指导下开展的活动。由于健康是受到多种因素影响的，因此必须在对影响健康的多种因素进行分析后，才能制定合适的干预策略。健康促进学校干预策略通常分为五种：

（1）政策策略。如制定相关的法规或制度。

（2）环境策略。如改善校园环境或社区环境等。

（3）宣传教育策略。如宣传、教学、培训、咨询、信息传播、座谈等。

（4）服务策略。如为师生提供免费体检服务、为师生提供保健服务。

（5）资源策略。如动员、挖掘、合理分配各种与师生健康有关的校内外人力、财力、物力等资源。

干预措施需依据干预策略设计，可分为政策干预措施、组织干预措施、社会环境与物质环境干预措施、卫生服务干预措施、教育干预措施和资源干预措施。干预活动必须考虑主题和地点、形式和方法、对象和人数以及所需要的材料和日程。

资源的确定是保障实施的重要前提，为此必须客观分析实施干预所需要的人、财、物资源，分清哪些是已有的资源、哪些是有待开发的资源、哪些是必需资源、哪些是非必需资源，并要考虑从何种途径去获取资源，确定需要和能够投入的人、财、物资源，做到心中有数、科学预算。在综合考虑优先解决的健康问题和健康需求、目标人群特点、现有资源、干预者的技能的基础上，确定最适合目标的策略并选择有效的干预措施。

6. 第六步：确定评价指标

为了解策略和措施成功与否，应当选择一定的指标作为评价成功与否的标准。指标是反映目的或目标实现与否的特定测量，用以代替那些无法直接测量的目的或目标。指标的基本作用在于让我们知道是否达到了目标。评价指标需依据干预内容设计。按照健康促进学校的工作内容，可分为理念、政策、组织、社会环境、物质环境、卫生服务、健康状况、教育和资源等多个方面的评价指标。每个方面可有多个具体指标来综合反映效果。具体评价指标及评价方法详见第六章。

7. 第七步：综合回顾

这一步主要是对前面各个步骤进行一个全面的检查，以明确方案涉及的内容是否全面、合理。回顾时应考虑：

（1）资料、信息收集是否完整、准确，还需要进一步收集哪些信息？

（2）对主要健康问题和主要健康需求的掌握是否全面、准确、可信？对其主要的影响因素的分析是否全面？是否找到了最主要的影响因素？

（3）制定的目标是否明确、可测量或可观察、合理、可及？目标人群的选取是否恰当、全面？

（4）选取的策略与措施对目标人群是否合适？是否可行？是否全面？哪些政策和措施是为达到目标所必需的？

（5）达成目标需要哪些人、财、物和其他资源？目前是否已足够？哪些资源是必需的？哪些资料目标已具备？哪些还有待于进一步挖掘、开发，并在什么时候能获得？开始干预的时间是否合宜、达成目标所需要的时间是否足够？

（6）选择的评价指标是否能反映目标的实现情况和政策与措施的落实情况？是否可测量或可观察？

8. 第八步：起草方案

这一步主要是组织学校各个部门以及学生、家长、社区工作者代表、有关专业人士共同参与起草创建方案。一般需要经过多次研讨、修改才能形成，在实施过程中还可根据实际情况对方案进行调整或修改。

三、实施方案的基本框架

健康促进学校创建工作实施方案基本框架如下：

1. 摘要

以简要的文字对方案的基本要点进行概括性陈述，包括创建工作的简要背景、目标、采用的主要措施和实施的时间等。

2. 背景

在该部分中应简要陈述：

（1）学校的基本概况。

（2）师生的主要健康问题、需求及其影响因素。

（3）针对上述问题开展过哪些干预，还存在什么问题。

（4）创建健康促进学校对于解决上述主要健康问题的重要性与可行性。

3. 目的与目标

（1）目的：是对期望达到的成就的概括，一般既不说明何时能达到，也不说明达到何种程度，甚至不说明如何达到。如提高师生的健康水平，又如培养身心健康的下一代。

（2）目标：是对总目标的具体化描述。具体目标要包含什么人群、在什么时间、获得什么样的变化，如创建后学生健康知识知晓率达到90%。具体目标应当是能被测量或观察到的。一个总目标可由多个具体目标来描述。

4. 策略和措施

（1）策略：是开展创建工作的主要原则。如强化理念；建立、健全组织建设；开展多种形式的宣传和教育；加强社区互动；改善校园物质环境；改善学校卫生服务；合理利用健康资源等。

（2）措施：描述的是要做哪些工作来执行策略。如就强化理念建设这一策略而言，其措施可有：①加强培训；②在教师中开展理念认识心得体会报告会；③开展理念认识讨论等。在一个策略的指导下，措施可有多种形式。

5. 进度和分工

说明在什么时间、由什么人、在什么地点去落实各项措施所包括的工作内容。可参考下表制定实施进度表：

内容	责任分工	起止时间	地点	备注
1.				
1.1				
1.2				

6. 监督与评价

监督与评价是检查和确定有无按照方案的要求去实施，是保证工作质量的手段。

（1）监督：包括建立什么样的监督制度、以什么计划、用什么方法、由什么人去完成、对什么人或哪项工作进行监督。

（2）评价：包括对过程和结果的评价。应当说明用什么方法、在哪方面、用什么指标、用什么时间、由什么人去完成评价。

7. 经费预算

（1）经费总预算。

（2）各项预算列支。

（3）经费来源。

学校应在实施方案的统一指导下按部就班地开展各项工作，具体干预措施应有具体的计划，比如在健康教育干预方面，可制订一个全学年或学期的健康教育活动工作计划。

深圳市××学校创建健康促进学校（铜奖）实施方案（范本）

为深化教育改革，推进素质教育，全面落实《学校卫生工作条例》和《学校体育工作条例》的实施，不断提高师生健康素养和健康素质，学校将开展健康促进学校（铜奖）创建工作，特制订本实施方案。

一、指导思想

坚持科学发展观，坚持以人为本，以健康为中心，树立“健康第一”的办学理念，充分利用学校、社会的有利资源，制定并贯彻落实健康有关政策，共同营造健康的校园环境，提供优质的健康服务，逐步提高师生健康素养和健康素质水平。

二、工作目标

1. 总目标

探索适合学校实际的科学有效的健康促进学校工作机制，抓住师生的主要健康问题及其影响因素，采取综合性干预策略和措施，促进和维护师生的健康。

2. 具体目标：到2011年10月

（1）学校创建成健康促进学校（铜奖）。

（2）学生基本健康知识知晓率达85%，基本健康行为形成率达80%，基本健康技能掌握率达75%。

（3）教师基本健康知识知晓率达85%，基本健康行为形成率达80%，基本健康技能掌握率达75%。

（4）学生主要常见疾病及教师主要慢性疾病得到有效控制。

三、主要任务

（1）制定学校健康政策。

（2）改善学校物质环境。

（3）建立和谐的学校人际环境。

（4）与社区建立健康互动关系。

（5）提供基本的卫生服务。

（6）提高师生健康素养和健康素质。

四、主要工作内容

1. 做好创建健康促进学校的宣传发动工作

通过学习有关健康促进学校的文件和资料，邀请有关专家举办讲座，使全体教职工树立“健康第一”的理念。召开创建健康促进学校动员大会，邀请师生代表、家长代表以及社区管理者代表参加，提高大家对创建工作的认识，增强积极开展创建工作的自觉性。

2. 确定主要健康问题及其影响因素

通过问卷调查、小组访谈以及体检资料分析等方式，了解师生中存在的主要健康问题以及引起这些问题的主要因素，为制定有针对性的干预策略和措施提供科学依据。

3. 开展多种形式的健康教育活动

利用广播、板报、宣传栏、宣传小册子、网站、主题班会和讲座等多种形式进行健康知识宣传，开展以健康为主题的实践活动，不断提高师生的健康知识和健康技能水平。

4. 创建良好的校园环境

整体规划校园物质环境建设，改善校园安全、卫生、环保等方面的问题，把学校建设成绿色环保、可持续发展的健康家园。

5. 加强与家庭、社区之间的互动联系

在学校教育教学活动中注重家庭和社区的参与，建立与家长经常性的互相反馈信息以及与社区定期联系的制度，充分利用社区的人力、物力、财力资源，促进师生健康。同时，学校发挥自身的优势，开放校内的各种资源，包括各种体育设施、文娱设施以及其他可以利用的设施，积极为社区服务。特别是要发挥学校人力资源的优势，为社区群体提供健康知识与技能教育服务。

6. 完善学校健康服务

定期组织教师和学生体检，做好体检服务工作，建立师生健康档案。针对师生主要健康问题举办健康讲座和开展活动，不断提高师生的自我保健意识和能力。对师生主要健康问题制订干预方案，实施针对性干预和效果评价，切实提高师生健康素质。

五、保障措施

1. 加强组织领导

成立以校长为组长的创建健康促进学校领导小组，由分管副校长具体负责策划、组织学校的健康促进学校创建工作。领导小组成员包括学校领导、骨干教师代表、校医、家长代表、学生代表、社区有关单位成员等。(名单略)

2. 建立工作联络机制

(1) 建立例会制度。创建健康促进学校领导小组每个季度应至少召开1次例会，商讨创建工作进展情况，制定解决存在问题的策略和措施，保障创建工作顺利实施。

(2) 建立信息沟通制度。明确工作联络员，负责贯彻落实领导小组的工作部署，定期向上级有关部门上报有关信息；及时发现工作中存在的困难和问题，并协商解决。

六、实施步骤

1. 启动阶段 (2010.09—2010.10)

利用创建健康促进学校，广泛宣传其目的和意义，强化健康意识，使全体师生充分认识创建健康促进学校的重要性和紧迫性，提高其参与创建工作的积极性和自觉性。

2. 实施阶段 (2010.10—2011.05)

成立创建健康促进学校领导小组，按照创建健康促进学校的工作目标及职责分工，制定实施细则，落实创建健康促进学校的各项工作。

3. 评估阶段 (2011.05—2011.06)

学校创建健康促进学校领导小组进行自查，对创建健康促进学校的工作进行评估，提出今后深入开展的工作目标和努力方向。

七、具体工作安排 (略)

第六节 针对性干预

一、什么是针对性干预

针对性干预是健康教育项目中为促使目标人群的行为和生活方式向着有利于健康的方向转化而设计的有机组合的一系列活动和过程。健康促进学校的针对性干预，广义地说，就是为了消除或控制对师生主要健康问题和健康需求有影响的主要因素而采取的综合性措施和过程；狭义地说，就是为改善师生的健康问题或满足健康需求。针对影响师生健康的主要行为和生活方式进行的一系列综合活动，健康促进学校的针对性干预是一种有计划、有组织、有系统的循序渐进的持续过程。

二、针对性干预的意义

由于创建健康促进学校是一项复杂的、系统的、综合的和持续的社会工程，在这一过程中只有抓住主要问题加以解决，才能取得良好的预期目的。而针对性干预正是解决主要健康问题的有效方法。它的意义在于：

（1）在明确了主要健康问题的影响因素的基础上，有目标、有对象、有策略、有措施地进行干预，可以保证创建健康促进学校工作的实效性。

（2）围绕师生的主要健康问题的影响因素进行干预，有利于健康教育资源的合理利用。

（3）是对师生主要健康问题的影响因素进行综合性干预，而不是仅仅对疾病本身进行干预，其带来的结果除了健康方面的改变外，还有其他方面的改变。

三、针对性干预的原则

1. 目的性原则

干预的目的是为了解决健康问题或满足其主要健康需求，因此干预必须是在明确师生主要健康问题或需求的影响因素的基础上，围绕目的或目标而设计各项措施，做到有的放矢。

2. 综合性原则

由于对健康问题或行为有影响的因素是多种多样的，而且在不同人群中主要的影响因素不同，或在同一人群的不同阶段主要的影响因素也会不同，因此要使健康问题或行为发生改变，必须从对象特点、时间、环境、资源等多方面考虑，采取从课堂到课外、从校内到校外、从个人到群体、从被动到主动的“学生—教师—家长—社区”立体综合模式的干预。

3. 可行性原则

无论采取什么样的干预措施，都必须符合以下要求：①能为干预对象所接受；②简便易行；③容易收效；④经济。

4. 循序渐进性原则

由于师生主要健康问题或健康需求的影响因素是多种多样的，其作用也是长时间的，因此健康问题的解决也需要较长的时间。干预时要抓住主要矛盾，设立不同的具体目标，分阶段逐步解决，期望一次性解决所有问题或在短期内达到目的都是不现实的。

四、针对性干预的步骤

创建健康促进学校的针对性干预步骤主要包括：回顾创建健康促进学校的目的与目标、进一步对目标人群细分、确定干预策略与干预场所、完善组织网络、制定干预活动进度表并实施干预活动、质量控制6个方面。

1. 回顾创建健康促进学校的目的与目标

在开始针对性干预设计与实施之前有必要对创建健康促进学校的目的与目标作一个回顾，包括背景、目的与目标，为下一步对目标人群的分析、干预场所与干预策略、干预活动的选择奠定基础。如先回顾一下学校师生目前的主要健康问题、健康需求是什么，其最主要的影响因素是什么，要针对什么来开展创建健康促进学校工作，目的是什么，具体的目标和对象是什么。只有对这些内容做到心中有数，才能保证下一步工作的有效开展。

2. 进一步对目标人群细分

尽管在确定目标时已明确了干预的目标人群，但为保证干预的有针对性、有效性，往往需要将目标人群作进一步的分层，如以学生为目标人群时，既可按照社会人口学因素分层（性别、班级、年级、年龄、家庭经济状况、家庭文化状况、居住环境条件和户籍等），也可按照流行病学因素分层（健康问题的严重程度、健康知识掌握程度、健康行为掌握程度、健康技能掌握程度、政策以及环境和学校卫生服务可及程度等），还可按照出现的不同问题进行分层（心理问题学生、经济困难学生和学习困难学生等）。这样分层细化，可以使干预更全面和更精确。

3. 确定干预策略与干预场所

干预策略是根据目标和目标人群的特点而确定的。干预场所是将干预策略付诸实施的地方，干预能否有效实施在一定程度上取决于干预场所。创建健康促进学校的干预场所包括学校、家庭、社区。健康促进学校的干预策略有政策策略、环境策略、宣传教育策略、服务策略和资源策略等。不同的场所应考虑重点以什么策略为主，不同的策略要考虑其在什么场所能最大限度地发挥作用。如针对肥胖学生的干预，如果在校园这一场所选择以服务策略为重点，对肥胖学生的饮食进行控制，这么做可能不易实施，收效也不大。因为肥胖学生的饮食不仅仅是由学校提供的，通常更多的是由家庭提供的。所以在校园内应当以控制肥胖的教育策略为重点。反之，如果要以控制饮食为重点策略，更合适的场所应当是家庭。

4. 完善组织网络

在确定了干预策略和场所后，还应考虑在不同场所主要由什么人去实施干预。尽管创建健康促进学校强调学生、教师、家长、社区的共同参与，但不同的策略、不同的场所，主要实施者是不同的。如，以教育为重点策略时，其主要场所在校园，主要实施者应当是教师；以社区环境改善为重点策略时，其实施场所就不在校园而在社区，主要实施者也不是教师而是社区有关单位或部门的工作人员。因此，在创建健康促进学校的过程中，为了给学生一个从校园到社区或社会一种完整的、连续的健康环境，必须动员社会的参与，完善创建工作的组织网络。

5. 制定干预活动进度表并实施干预活动

实施进度表不仅有助于合理安排工作，而且也是做好创建工作管理的有效工具。它将干预措施所包含的内容、分工、时间、地点整合起来，有助于明确任务、落实责任、提高效率、保证质量、保证进度。

6. 质量控制

质量控制是与健康教育干预相伴而行的技术保障与监督，其核心任务是使干预活动按照计划进度和质量运行，并在运行过程中及时发现存在的问题，与有关部门沟通、协调，妥善解决问题，使项目始终向着目标的实现前进。创建健康促进学校是一项复杂的社会工程，自始至终都离不开质量控制。质量控制要考虑内容和体系。

（1）质量控制的内容。

①工作进度监督。干预活动是否按照进度表要求按时完成，属于过程评价。

②干预质量监督。各项干预活动是否达到预定的目标。如果干预活动质量未能达到预定的目标，应及时查找问题并解决，或调整目标。

③实施人员能力监测。主要监测其有无接受过相关的培训，是否正确掌握健康促进学校的理念、实施相关的理论和技能，是否明白应完成的工作任务、目标和应使用的方法。

④阶段性效果评价。在干预活动进行到一定时期，对产出的效果进行阶段性评价有助于及时总结经验、发现问题、纠正偏差，保证最终的质量。健康促进学校的阶段性效果评价是利用效果评价指标对创建工作做铜奖、银奖和金奖不同阶段的评价。

⑤经费使用监督。检查经费的实际支出与预算是否符合，使用是否合理，经费是否及时到位，实际支出与预算是否存在差距及查找原因。

（2）质量控制的体系。

①质量控制人员组成。这应包括决策层、管理层、干预活动组织者、干预活动具体实施者和有关专业人士等各方面人员。

②质量控制机制。这包括双向性的信息流通机制和阶段性质量检查机制。双向性的信息流通机制包括自上而下发布的质量标准和督导制度，自上而下的信息流通机制包括定期报表制度、数据及时上报制度和反馈制度；阶段性质量检查机制包括考核制度和例会制度。

③质量控制的方法。

A. 查看资料法。通过查看在干预过程中随时记录的重要资料，如文字、图片、数据等，了解干预活动的质量。

B. 现场督导法。由督导者在现场监督干预活动，进行当面指导并直接获得资料，评价干预活动的质量。

C. 召集例会法。在例会上由各有关方面的人员汇报进展与质量，提出问题，进行交流，共同解决出现的问题。

D. 专项调查法。为特定的目标而进行的调查研究。如收集公示后的反馈结果，测试师生健康知识、行为和技能的掌握情况都属于这类方法。

E. 审计。主要是对干预经费的使用情况进行检查，为进一步决策提供依据。

第三章
支持性环境

1995 年 12 月，WHO 西太区工作组制定了《健康促进学校发展纲领》。在《健康促进学校发展纲领》中叙述了健康促进学校的优点，并指出：它应用一个整体的健康模式，该模式包含了健康的身体、心理、社会和环境等方面因素的相互关系；它涉及物质环境对儿童健康贡献的意义；它承认学校的社会风气对于维护积极的学习环境、维持一个能增强健康关系和学生情绪的快乐环境的重要性。由此可见，创建健康促进学校，必须有一个良好的支持性环境。

第一节　加强动员，营造氛围

健康促进学校创建工作是一项社会系统工程，涉及社会的方方面面，必须争取到外在社会环境的支持，即应得到各级政府和各部门的重视，得到强有力的政策保障，并得到社会各部门的全力配合。加强社会动员工作，获取外部社会环境的支持极其关键，因为只有这样才能使创建健康学校工作顺利进行。

动员即社会动员。为创建健康促进学校而开展的社会动员实际上就是将培养健康人的目标转化为多个社会部门共同行动的过程，它是一个连续的、多层次、多方位合作的过程。这个过程既有始于上级行政主管部门的自上而下的动员形式，又有始于学校的自下而上的动员形式。但不管是哪一种形式，健康促进学校的社会动员都包含了启动者、投入者和参与者这三个基本要素。

启动者通常是对健康促进学校有着特别了解的人或机构。在实际工作中，如果教育主管部门能够成为创建健康促进学校的启动者，对于创建工作的推动无疑是强有力的。在这方面，深圳市罗湖区有非常好的经验。罗湖区教育局首先认识到创建健康促进学校对培养健康下一代的重要性，因而下定决心在全区开展创建健康促进学校工作，制定工作规划，下发文件，召开校长会议进行动员，召集学校领导进行培训，与校长签订责任书，把创建健康促进学校工作作为政府行为，实施行政干预。在短短的几年间，全区有50多所学校通过了评审验收，成为健康促进学校，创建工作取得了显著的成效，为深圳市乃至全省、全国树立了榜样，提供了很好的经验指导。

社会动员的投入主要是指有关健康促进学校的理论知识、操作技术和可借鉴的经验等技术性投入，以及必要的人力、物力和财力投入。它既包括来自教育行政主管部门的投入，也包括来自社会部门和社团组织的投入。后者属于对健康促进学校的社会资源的开发利用，也是创建工作的阶段性目标之一。

参与者是指被动员参与到创建过程中来的对象。只有当这些对象真正行动起来，才能为健康促进学校提供完整的支持性环境。这些参与者除了来自教育部门外，更多的来自社会部门、社团组织和学生家长。他们既包括决策层，也包括管理层与执行层，同时还包括受益层。在营造外部支持性环境时尤其应当注重动员决策层作为参与者，这样有利于创建健康促进学校的政策支持和资源配置。

社会动员的方法很多，既有面对面的人际传播，也有利用大众传播媒介进行的信息传播，还有组织综合性活动进行动员等。具体采用哪种方法应根据不同的对象、不同的个人或群体的特点和需求来选择。有效的动员方法应当是吸引被动员者主动地去了解有关信息，并根据自身实际对所了解的信息进行认真思考，然后转变为行动。在实际工作中，常常以解决学校的某个健康问题为切入点，通过对小范围人群的动员逐渐扩大影响面，达到由个人到小群体再到社会的逐级扩展，实现个人影响群体，群体影响更多的个人乃至社会的效应。

在取得外部环境支持的同时，内部环境也非常重要。因此在进行外部动员的同时，要积极做好学校内部的动员。健康促进学校的建立应保证其积极的改变能持续下去，一个学校的未来不应依赖少数员工、某个学校领导的热情和承诺。应当加强对全校师生的动员，让全校师生理解创建健康促进学校的目的和意义，认识到健康促进学校给他们带来的好处，发动他们自觉地、积极地参与创建工作。通常的做法是，理念先行，加强培训，营造氛围。学校可组织教职员工和学生分别召开动员会，进行深入的思想发动，颁发标准，同时编印发放老师、学生、家长指导手册，组织师生就创建健康促进学校相关议题进行讨论，使其了解为什么要创建健康促进学校，怎样创建健康促进学校，怎样才能达到健康促进学校的标准，让大家做到心中有数，工作有目标。此外，为了进一步促使从校长到全校教职员工转变观念，并帮助学校解决创建过程中可能出现的技术层面的问题，可邀请市、区健康教育专业机构的专家，进行创建健康促进学校专题培训，还可组织师生到已创建成功的学校实地参观学习，亲身感受健康促进学校的内涵。在进行学校内部环境动员时，要避免走入以下误区：

1. 把学校看成是单纯传授知识的地方

学校必须给学生和教职员工一种对他们健康有益的环境支持。学校同样应该成为一个重要的健康促进场所，使学生在身体、精神和社会适应方面有良好的发展。目前，人们已认识到健康是一种资源，人人都应该关心这一资源，当然学校的职责是不言而喻的。

2. 学校中只需要少数人员考虑师生的健康问题

学校的每一位教职员工都应关心学生的健康，只有这样，才能真正把健康促进学校工作纳入学校工作的议事日程，才能全方位地实施健康促进学校行动。

3. 实施健康促进学校行动是额外负担

健康促进学校的目标与我国的教育方针是一致的，而且是贯彻教育方针的极好途径。开展创建健康促进学校工作不但不会影响教育教学，反而会促进学校教育教学工作的全面发展。把健康促进工作与学校教育教学的常规化工作有机结合，推动健康促进工作常态化，可使创建工作事半功倍，健康促进工作与其他工作相得益彰，收到良好的效果。

4. 取得奖牌是创建健康促进学校的最终目标

创建健康促进学校不是搞运动，获取健康促进学校奖牌并不等于创建工作的结束。创建健康促进学校是要不断地解决健康问题，维护师生的健康并不断地满足师生日益增长的对健康的需求。获取健康促进学校奖牌，仅仅是完成了创建历程中的一个阶段性目标，而不是终极目标。师生对健康的追求是无止境的，学校培养健康人的目标是永恒的，因此创建健康促进学校的过程也是无止境的。

在加强动员、提高思想认识的同时，创建工作还需要营造浓厚的氛围。营造氛围的方法有很多，各学校可以结合自身实情开展相关工作。

（1）悬挂标语或制作固定式的创建口号。

（2）出版宣传栏，制定和颁布健康促进学校章程。

（3）利用学校小广播、网站，加强宣传报道。

（4）在学校的走廊、楼道、卫生间、课室等地方张贴或悬挂卫生知识、急救知识、健康格言等宣传板报。

（5）组织教师、学生开展创建工作专题讨论会和主题班会。

（6）组织学生家长到学校参加创建工作动员和讨论。

（7）编印和发放教师、学生和家长指导手册及其他有关宣传资料。

（8）开展一系列健康促进活动。

通过加强动员，营造浓厚的创建氛围，使全校师生、家长、社会都知道学校正在开展创建健康促进学校工作，既加强社会影响力，又使全校师生不断受到浓厚氛围的感染，时刻不忘创建工作，明确目标，牢记身上所承担的任务，全力以赴地投身创建工作。

健康向上的校园氛围环境，能对学生的健康成长起到熏陶、推动和导向的作用。为了积极地营造学校氛围，罗湖区的各个学校还积极地开展了丰富多彩的活动，如开展“周文明班”、“广播操标兵班”、“阳光少年之星”、感恩教育系列活动、“我能行”展能活动、诚信教育活动、“关爱”教育活动、“班班有歌声”活动以及打造阳光课堂活动等。学校还特别重视提高体、卫、美、劳与德、智的教育合力，坚持把体育卫生工作始终摆在重要位置，认真上好体育课、健康教育课，推广快乐体育，开展群众性的体育达标活动。

因此，积极营造这种浓厚的校园氛围对开展健康促进学校工作有着极大的推动作用，是非常必要的。

案例：

作为深圳市第一所健康促进学校的示范学校——深圳市锦田小学非常重视校园氛围的营造，让健康氛围充满校园，他们竭力使学生在校的每一天都能感受到无处不在的健康气息。校园围墙外就有醒目的“创健康学校，做健康新人”的标语。踏进校园，迎面的是“德智体美劳”和健康运动的浮雕，以简洁、生动的形式，塑造了学生“关爱、勤勉、健美、创新”的精神风貌。每一个楼梯转角处都悬挂着健康知识、健康格言和展板；在走廊楼道中，一张张制作精美的书画作品和健康手抄报展示着孩子们对健康生活的追求和向往。操场上也有醒目的“生命在于运动，健康成就未来”的标语；围墙边悬挂着创建健康促进学校的标语；墙壁上悬挂着健康促进学校章程；宣传栏上展示着全校师生开展创建活动时的相片，学生随时随地接受着健康理念的启迪。这种校园氛围在罗湖区的每一所学校都可以看到。他们将校园文化建设氛围作为提升学校品位、塑造品牌形象的重要载体，全力打造与发展自己，真正让学校每一面墙壁，每一处雕塑，每一块展板，每一条标语都成为无声的语言，让学生天天看到健康，天天想到健康，天天做到健康，在潜移默化中对师生进行健康教育。这些“会说话的墙壁”，既给学生以熏陶和享受，又增添了知识积累，还开阔了眼界，使学生眼里看到的是健康的景象，鼻子闻到的是健康的气息，嘴巴谈论的是健康的话语，耳朵听到的是健康的声音，这种和谐健康的人文校园环境发挥了良好的教育作用，促进了学生高尚人格和文明举止的形成。

第二节　校园物质环境的改善与维护

学校的物质环境与学生学习、生活密切相关。如果校园内没有一定的基础设施，没有一定的物质保证，那么就不能给学生提供一个安全、向上的学习环境，对于培养学生良好的锻炼习惯以及卫生习惯、提高学生的健康水平和培养健康的下一代来说，也就成了一句空话。因此，良好的校园物质环境对健康促进学校来说是非常重要的，应当积极地改善与维护。

学校的物质环境主要包括提供安全环境、健康的学习环境、卫生设备设施与安全用水、适当的体育运动场所与设施、安全的饮食环境和建立无烟无毒环境等。具体体现在校址的选择，校舍的建筑，操场的建设，教室的采光、照明、通风、温度、噪声、课桌椅、给水排水设备，厕所，浴室，食堂，垃圾处理，运动设施以及无烟无毒环境的建设等。

（1）学生学习、生活和娱乐时使用的建筑和设施应有利于保护和促进学生的健康，应坚固安全，远离噪声源，有良好的通风和采光条件。每位学生所占的教室面积应达到相关标准要求，学生的课桌椅应当根据学生的身高来配备，有条件的选用可升降的课桌椅。黑板无裂缝、反光及眩光，教室有完好的降温和保暖设备。教室、走廊以及学生活动的场所地面，如有高低不平，应予以整治。教室门窗、楼梯扶手以及走廊栏杆如有可能伤害学生的安全隐患，应及时改善。

（2）有足够的体育运动场所。场所中的所有设施应当坚固安全，建立责任人维护制度，定期检查登记，及时发现安全隐患并维护修整。

（3）提供清洁卫生的饮用水和安全、平衡的膳食。

（4）提供足够的男女厕所，地面应当防滑，排水良好。

（5）校园内清洁卫生，有足够的卫生桶，垃圾处理及时，校园环境有足够的绿化和美化。

（6）学校除了有内部安全保卫组织外，还应与当地派出所开展警民共建安全校园活动，切实防范外界不利因素对学校的骚扰。同时做好安全防火管理，确保师生安全。

（7）在学校围墙边所建的出租门店，应当予以关闭和拆除。因为这些出租门店有小食店、玩具店、游戏机室甚至是黑网吧，严重威胁学生身心健康，破坏校园环境，应当予以清理，还校园周边和谐健康的环境。

（8）校门口马路上应设置车辆减速带，以防止学生上学、放学、过马路时发生安全事故。为了杜绝事故的发生，校方应当在学生上学和放学期间，组织人员做好交通疏导工作，确保学生安全。

校园物质环境建设应以人为本，以学生健康为目标，创建宽松、和谐的支持性环境和良好的校园文化氛围，为学生营造一个安全、舒适、文明、健康的生活和学习环境。学校还应利用有限的空间，加强校园净化、绿化、美化，进一步完善设备设施，整治布局，广种树木花草，为学生营造绿色的、环保的校园环境。例如，这几年来，在罗湖区政府的重视和支持下，很多学校整修了体育活动场地，购置了不少设备，改善了图书馆和实验室等教学设施，设立了心理咨询室，改善了卫生设施、消防设施和供水供电系统，改造了食堂、教学楼，为保障师生在健康的环境下工作和学习，为创建健康促进学校提供了可靠的物质保证。

改造前　　改造后

图 3－1　滨河小学：天台改造前后对比

改造前　　改造后

图 3－2　碧波小学：篮球场改造前后对比

案例一：

为了有助于孩子的身心健康，深圳市锦田小学别出心裁地在校园随处放置视力表、电子秤和身高与体重对照表，孩子每天可以检查自己的视力、书包重量和体重，同时学校还自行研发了摸高器，让孩子每天蹦一蹦、跳一跳；操场上和每个楼层都摆有休闲长椅，供师生随时坐下休息、交谈，充分利用每块空地和空间展现地面文化；在新铺的地砖上，分类插入二十四节气、生肖、星座等知识；在架空层地面上画上迷宫；体育器材向全体学生开放，孩子们可以随时取用，随处进行体育锻炼活动。

案例二：

罗湖外国语学校打造和谐饮食文化，创建A级食堂，加大资金投入，改善师生就餐环境，增设学生就餐餐位，拓展就餐空间。合理利用墙壁张贴有关营养知识、肥胖的预防与控制、食品卫生与安全、传染病防控以及高血压与糖尿病防治等宣传画，使师生能够在轻松、愉悦的环境中就餐。食品安全是学校食堂的生命线，在保障食品卫生的前提下，学校还考虑学生的特殊营养需求，尽量满足学生的口味，做到每两周不重复菜式，每周菜谱经校医审验后，才进行配餐；做到粗细、荤素合理搭配的平衡膳食原则，保证师生在校吃得健康，吃得开心，吃得放心。在抓好食堂管理工作的基础上，他们还创建健康宿舍，打造温馨之家，让学生在学校感受到在家一样的温暖。这些好的做法是各学校都可以借鉴的。

案例三：

深圳市翠竹小学在获得铜奖之后，从8个方面对学校的设施设备进行更新改造，不断完善学校设施基础。

一是对地砖进行了防滑处理，并涂上了绿色地坪漆，做到既环保又安全。

二是将一校区10个单门教室的门换成了1.5米的宽大不锈钢安全门，出现紧急情况时有利于学生疏散，并且有利于教室通风。

三是原来的电子屏由于外装饰材料板老化，出现了渗水、材料脱落等情况，存在安全隐患，学校把外装饰板更换成不锈钢装饰板，使电子屏更加安全美观。

四是走廊外侧原有的花槽比较笨重，加上安装的时间长，已经不够安全，现在换上了带有艺术色彩的不锈钢花篮，既安全又美观。

五是购置安装了经卫生部门检测合格的饮水机，解决了学生在校喝水的实际问题。

六是为教师饭堂购置了新式消毒柜，保证教师的饮食安全。

七是在原来的沙池上铺盖了定做的与操场色调相符的塑胶盖垫，防止刮风时尘沙飞扬。

八是在六楼走廊东侧花台处焊接了不锈钢护栏，防止学生活动时摔倒跌落。

第三节 学校社会环境的改善

学校社会环境包括人际关系和社区关系两大方面。学校社会环境的好坏，不仅会影响学校的声誉，还会影响学风、校风，甚至影响学校在学生、家长心目中的亲和力，应引起重视，积极地予以改善。

一、人际关系

人际关系作为一种群体心理现象，是群体成员间发生直接交往的结果，是个体交往需要获得满足与否的心理状态。学校人际关系不仅反映学校成员之间的感情亲疏，而且反映学校群体、组织的凝聚力程度，是群体与组织行为有效性的指标。

学校的人际关系是指教职员工之间、学生之间以及师生之间的相互关系，其中师生和学生之间的人际关系尤为重要。

在学校组织中，领导者处于核心地位，负责提出和制定学校发展规划，执行上级的指令，并对组织活动进行管理和调控。领导者自身的行为对组织成员也有很大影响。当然，许多学校的领导往往也产生于教职工中，领导与教职工共事多年，彼此经历相似，感情相通，常常互为教育者，互为支持者，互为朋友。学校领导与教职工的关系影响着整个学校的健康发展。

无论是教师之间还是教师与职工之间，都是为教育事业而合作的同志关系。教师与职工虽然在工作性质上有所不同，在关系特点上有一定差别，但在管理学生上都需要相互支持、相互合作，这就形成了教职工之间团结协作的关系。

通过教育和教学活动，教师和学生之间形成一定的人际关系。师生关系的建立和发展，不仅影响师生之间的相互认识和态度，而且直接影响教育和教学效果。师生关系的亲密与和谐，师生彼此信任、关系融洽，可以使学生产生向师性，愿意接受教师的教导，积极参加集体活动，主动愉快地学习，从而养成良好的习惯，同时老师可以通过学生的积极反馈，不断改进教学方法，增进师生关系。因此，良好的师生关系是教育教学活动不可缺少的心理条件。

学生之间的人际关系是指学生在他们的人际交往活动中所形成的相互关系。它既包括正式的同学关系、领导与被领导的关系，也包括非正式的融洽、和谐、排斥和敌对等自发形成的人际关系。学生交往动机往往比较单纯，较少有庸俗的功利色彩，极重情感；交往多数是建立在共同的观念、兴趣、爱好、友谊和信任的基础上；交往受成人的影响，择友交友常受到家长、教师的指导等。良好的学生人际关系将会极大地促进学校的健康发展。

学校应当重视这些方面的关系，创建相互关心、信任和团结友爱的人际关系。这方面的工作重点可以从以下几个方面着手：

1．加强校风建设

学校应营造积极向上的良好校风，使学生感受到温暖和关怀，从而使学生更加安心学习，教师更加安心工作。

如学校始终要把“树健康理念，创健康校园，育健康新人”作为学校开展教育教学工作的指导思想。校长要重视情感管理，坚持抓好尊重、理解、关心教职工的具体工作，而且这些工作都要围绕着提升教职工的地位和生活质量，保障教职工权利，发掘人的潜能，塑造人的个性的思路而展开，使教师心情舒畅地、主动热情地从事教育教学工作，使学校成为一个温暖的大家庭，一个干事创业的好地方。实施师德考核和师德承诺，积极营造关爱、尊重与合作的健康和谐人际环境。

2．关注学生心理健康

学校应将关注学生心理健康教育作为一项重要的工作内容，平时注重引导学生形成积极乐观敢于面对困难的心理。举办多种活动帮助学生减轻心理压力，及时发现学生的不良情绪，对有心理问题的学生提供正向的心理疏导，开设心理健康咨询服务和心理咨询信箱，建立心理危机应急机制，防止校园自杀现象发生。

3．关注特殊问题学生

对有特殊困难的学生，学校应提供适当的支持和帮助。如帮助落后学生，尊重民族风俗习惯和防止不文明现象的发生，并对不文明行为建立严格的管教制度；对有残疾的学生给予适当的帮助，随时为学生提供积极的健康服务，同时能为家长提供特殊的教育服务等；对经济困难的学生要给予经济帮助。

4．预防暴力发生

禁止教师对学生的暴力及辱骂行为；教师应鼓励和尊重学生，鼓励学生主动学习；关注学生关系，杜绝学生间辱骂、打架和斗殴事件的发生。

5．尊重学生的个性发展

学校应因材施教，使学生的个性得到健康发展，特长得到充分发挥，以培养“合格加特长”的健康人才。这就要求学校既要面向全体，全面发展，又要注重个性，做到发展个性与全面发展有机结合，使学生个性得到健康发展。

学校只有努力做好各项相关工作，积极地营造和谐融洽的人际关系，形成一种和谐的校园健康气氛，才能有利于学生的健康成长。

案例一：

深圳市景贝小学每年给老师赠送一本健康书籍。老师们如果患病，领导、同事会去专程看望，工作上给予照顾，同级组的老师互相体谅、互相照顾。在景贝，处处都洋溢着健康和谐的人性爱和人性美。领导还十分重视教师的心理健康，提出“多琢磨事、少琢磨人”、“调整心态，发现教育细节的美丽”、“每天到校三个一”（出门之前照一照，走进学校笑一笑，见到同事夸一夸）等倡议。聘请专家和咨询师开展“如何看待人生挫折”、“给心灵洗个澡”等讲座和咨询活动，定期组织教职工参加各种文体活动。校领导还经常与教师促膝谈心，及时帮助教师排解精神压力。为帮助教师提高自我调节的能力和重新认识的自我能力，学校举办了“读健康书，做健康人”的教师读书会，不断丰富教师修身洁行的内涵，增强教师的身份认同感和主体意识。经过几年的沉淀，学校形成了和谐校园、健康文化的氛围。校园健康和谐的人文环境已经形成。

案例二：

深圳市莲南小学非常关注学校弱势群体和困难群体的健康成长，并为之开展“阳光牵手1+3”活动。（“1”指的是一名“特殊学生”，包括学困生、贫困生、思想后进生和有重大疾患学生，“3”指的是一个优秀生、一位班主任、一位党员教师。）只要有一颗帮助他人的心，就可以加入到阳光牵手活动中来，定期给予自己的牵手对象学习、经济或情感上的关怀，让爱心在莲南校园无限发展和传递。“阳光牵手1+3”活动，成为学校创建健康促进学校的一个亮点。

1. 建立“特殊学生”档案

为了全面掌握“特殊学生”的信息，了解他们的现状，教师深入家庭走访调查，为每一个“特殊学生”建立档案。档案中详细记录了“特殊学生”的家庭状况、父母受教育状况、学习生活状况等详细的个人信息。根据这些信息，一名“特殊学生”将会与一个优秀生、本班班主任和一位党员教师进行“手牵手，三帮一”活动，对帮扶的过程作详细记录，让“特殊学生”成长档案具有针对性和实效性。

2. 开展“五多”和“五不”活动

针对“特殊学生”自卑、胆怯、缺乏自信和自尊心强等特点，学校各中队开展了创建温馨集体活动。在结对帮扶的同时，要求教师要以身作则，主动施爱，做到“五多”：多表扬、多鼓励、多关心、多亲近、多尊重；要求同学尊重他们、亲近他们，做到“五不”：不嘲笑、不歧视、不挖苦、不训斥、不冷落。尽量让每一名“特殊学生”都不感到孤独和无助，使他们在班集体中时时处处感受到家的温暖，使他们完全融入温馨的集体中。

3. 开展“五个一——牵手更多爱”活动

(1) 每天早晨送出一句亲切的问候。让声声问候温暖“特殊学生”的心田。

(2) 每节课帮助化解一个疑难问题。牵手伙伴或老师要主动帮助“特殊学生”解决学习疑难问题。

(3) 每日课间共同玩一项游戏。课间 10 分钟，与“特殊学生”一起玩游戏，多给这些孩子信心与快乐。

(4) 每周赠送一句励志名言。

(5) 每周进行一次心与心的沟通交流。谈话的内容包括对“特殊学生”一周学习、生活情况的回忆、总结和评价，多肯定成绩，找优点和闪光点，并提出今后的希望和努力方向。

4. 开展“心理咨询”活动

学校成立了心理咨询指导小组，每天安排教师在心理咨询室值班，帮助有需要的学生。利用心理咨询室，对个别存在心理障碍的学生，开通知心姐姐信箱(包括网上信箱)，帮助学生解决一些实际问题。定期邀请心理学专家对教师和学生进行心理辅导，积极探索建立学生心理安全防范教育管理体系。对有心理障碍的学生及时进行心理辅导，培养学生健康向上的心态，以增强其社会适应能力和抗挫折能力。

在活动中，学校坚持关爱中尊重、平等中援助的原则，努力为“问题生”营造一个健康、快乐、平等、和谐的成长环境。优秀生的帮助、班主任的关注和党员教师的关爱，如春风细雨般感化着这些孩子，滋润着他们的心田。

二、社区关系与互动

强化社区意识，挖掘家庭和社区的力量，争取家庭、社区领导和职能部门的支持，是创建健康促进学校的重要方面，也是实施健康促进学校不可缺少的内容之一。

1. 社区关系的内涵

社区关系是指学生家庭所在社区的组织、机构、社团以及个人等和学校之间的联系。如果能多渠道地加强与社区、家庭的交流与沟通，探索学校、社区、家庭三位一体化的教育模式，形成共建、共管、共育的社会大环境，为学生提供完整的有利于健康的环境，对孩子的健康成长是非常有利的。

我们知道，学生虽有 1/3 的时间在学校，但他们却有 2/3 以上的时间在家庭和社区度过。家庭是影响个人行为最重要的场所，家长是学校实施健康教育的重要伙伴，其健康观念与行为，对学生的卫生习惯有着重大影响，家长也可以为学校提供人力资源和意见，改善学校的运作。社区蕴藏着不同种类、性质和形态的资源，社区资源可为学校带来额外的人力、物力和财力支持，学校能获得社区支持的多少与学校采取的主动性成正比，若能有多方面的社区支持或咨询，就可以使学校卫生政策更趋专业和完善，同时也能对社区产生贡献，从而达成“教育即生活，学校即社会”的目标。所以，我们要加强与社区关系的互动，允许社区积极参与学校的健康事务以及学校参与社区活动，积极争取家庭和社区的支持与配合，共同为学生的健康而努力。

社区关系包括在学校生活中提倡家庭和社区参与，共同开展健康促进活动。如食物政策、体育活动，积极主动地寻求和利用当地社区资源为学生的健康服务。同时与学生家长建立直接有效的沟通渠道，动员家长参与对学生的健康促进，鼓励学生参与当地社区活动。只有加强社区关系和社区互动，学校才能赢得社区的广泛支持，创建健康促进学校才能取得更大的成效。

图3-3　莲南小学：进社区健康知识咨询活动

图3-4　锦田小学：进社区手牵手活动

2. 学校与家庭合作应注意的问题

（1）邀请家长参与学校健康政策的制定，提供机会让家长投身于学校的健康促进活动。

（2）健康促进学校与家庭合作，必须遵循的三要素是：资源共享、伙伴关系和互通信息。

（3）学校要主动提供相关健康信息让家长共享，学生在校的生活情形与健康观念、态度及生活技能等问题都必须主动告知家长。

（4）家长对学校健康活动能适当关注，以家长协助教育的观点参与学校教育，并担任义工协助学校健康促进计划的推动。

3. 学校与社区互动应注意的问题

（1）学校寻找合适资源时，应留意社区背景、社区团体与组织、社区权力结构与关键人物、社区资源、社区舆论及社区需求等。

（2）建立“学校—家庭—社区”合作模式，学校首先要构建合作蓝图，然后逐条列举需要社区支持的项目及方式，并主动前往社区资源所在地，以获取社区具体的援助与合作。

4．社区互动的方法

社区互动的方法与形式多种多样，学校可结合自身与社区的实际来开展工作。在社区互动方面深圳市很多学校有比较好的做法。

（1）成立家长学校和家长工作委员会。家长学校的建立，为学校和家庭凝聚合力、交流信息以及搞好健康教育，构筑桥梁和纽带。如请家长给同学们上法制教育课、安全教育课，学校给家长宣讲办学新理念、新思路、办学特色和新发展规划等。为家长理解学校、支持学校，提供坚实的基础。

（2）建立校长信箱。与学生、家长联系，是取得与家长、学生心与心的沟通的途径。

（3）利用网络、短信等平台。罗湖区创建了具有独立域名的“德育前沿”网站，开展网上德育信息交流系列活动，实现了文明班级考核、家庭与学校信息交流动态化、无纸化。家长随时可以在网上了解到子女在校的多方面表现。这就密切了学校与家长、社会的联系，畅通了班主任与学生、家长沟通的途径，取得了良好的链式反应效果。此外，有些学校建立了“家校通”短信服务平台，及时与家长沟通联系反馈学生在校的情况。

（4）深入社区提供健康促进服务。学校可以在社区范围内开展与健康促进学校有关的各种活动。如学校每年可以组织学生到敬老院，开展为老人整理床铺、清扫宿舍等活动，培养学生敬老、爱老、护老的优良传统品德；组织学生到社区，进行“一日清扫”活动，培养学生讲清洁、爱卫生的良好习惯等，倡导学校、社区之间良好的和谐社会关系；组织学生到社区开展健康知识宣传活动，既提高了自身的健康知识水平和社会适应能力，又提高了社区居民的健康知识水平，从而密切学校与社区的关系。

（5）学校与派出所开展警校共建工作。通过警校共建，优化了健康环境，强化了师生的法律意识，提升了遵纪守法的自觉性，增强了自我保护能力。和物业管理公司签订《治安联防责任书》，建立学校和社区治安联防制度，在社区设立学生安全文明监督岗。

（6）利用社会资源，建立健康教育基地。开展社会文化教育，陶冶学生情操。

案例：

深圳市碧波小学在社区互动方面有着独特的经验，该校积极探索“三位一体”的教育模式，与所在社区单位建立了长期联系。学校组织师生精心制作了150幅以健康为主题的作品，并把它们挂在碧波、湖滨社区的长廊、过道和草坪上，把健康理念融入社区。学校通过在校园网站开设“健康促进学校”专栏，宣传健康促进学校创建工作，赢得了社区和家长对创建工作的支持。尤其是学校实施“健康家庭”工程，开展“小手牵大手”活动，邀请专家为家长作健康教育和家庭教育讲座；下发《给家长的一封信》等健康教育资料，保证每个学生家庭至少有一份有针对性的宣传资料；发动家长参与制作“健康家庭”手抄报、剪纸、书法等宣传品，对优秀作品予以奖励等；开展以“健康家庭”为主题的社区宣传活动，组织家长开展“我与孩子共承诺”活动，让学生、家庭签订“小手牵大手，朝着健康走”承诺书，带动家庭成员参与健康促进学校的创建工作。“健康家庭”工程，特色鲜明，成效突出，促进了社区互动和家校互动，为学生发展和健康成长提供了良好的环境支持。

第四节　无吸烟学校的创建

一、烟草危害与青少年健康

烟草危害是当今世界最严重的公共卫生问题之一。国际上已有大量研究证实，吸烟和被动吸烟是导致肺癌、慢性呼吸系统疾病、冠心病等多种疾病发生和死亡的重要危险因素。医学研究表明，青少年正处于生长发育时期，器官系统尚未成熟，对外界有害因素的抵抗力较成人弱，身体的正常生长发育容易受到损害，受烟雾的毒害也更深。因此，吸烟与被动吸烟对青少年有着更大的危害性，需要采取综合措施，预防青少年遭受烟草的危害。

据统计，全球大约有7亿儿童遭受二手烟的危害，我国15岁以下儿童有1.8亿遭受二手烟危害。目前我国约有1 500万名青少年是烟民，13～18岁青少年的吸烟率为11.5%，尝试吸烟率为32.4%，尝试吸烟的青少年则不少于4 000万。深圳市健康教育研究所在2007年开展了市民健康素养状况调查，结果显示，深圳市15～19岁的青少年吸烟率为15.78%。

我国吸烟人群低龄化现象日益明显，少数烟民开始抽烟的年龄甚至在10岁以下，这使得青少年吸烟问题变得极为突出与紧迫。

二、创建无吸烟学校的意义

1. 维护师生健康

青少年的大部分时间都是在学校度过的，接触最多的人是教师。学校环境、校风和校纪对学生的吸烟行为有着巨大影响。老师在学校吸烟，不仅会损害老师自身的健康，由此产生的二手烟还会影响学生的健康，而且会成为学生的不良榜样。因此，创建无烟校园，为青少年创造良好的无烟校园环境，能够最大限度地维护学生的健康。这不仅有益于学生身心健康的发展，而且对民族体质的增强和整体人群健康水平的提高以及社会良好风气的建立都具有深远的战略意义。

2. 保证师生安全

保证学生和老师在校安全是消防的头等大事，因此落实学校的防火工作也是校方义不容辞的责任。无吸烟学校能够最大限度地避免因吸烟不慎而造成的火灾，进而保障在校师生的安全。

3. 保持校园清洁

创建全面无烟校园，可以避免因吸烟而造成学校内教学楼、学生宿舍、食堂等各类场所空气环境的污染，减少到处散落的烟灰和烟蒂，维持良好的卫生状况，降低清洁的成本。同时无烟校园可以使学校的办公设备、仪器、文件资料等办公用品免受因吸烟而造成的烟熏或烧损，降低相应的更换成本，也可减少空调及通风设备因烟灰等污染进入而造成的损耗，减少维修费用。

鉴于创建无吸烟学校的重要性，按照《深圳市健康促进学校工作管理办法（试行）》的规定，学校必须是无吸烟学校，才具备申报评审健康促进学校的资格。深圳市于2004年开始无吸烟学校创建工作，并取得初步成效。截至2010年8月，深圳市共有无吸烟学校93所。

三、如何创建全面无吸烟学校

根据国内外创建全面无烟环境的成功经验，结合深圳市无吸烟学校的创建经验，我们总结出，全面无吸烟学校的创建一般需经历五个阶段：准备、启动、实施、评估和维持。

1. 准备阶段

（1）开展现状评估。

评价现有的无烟政策及执行情况；了解领导班子的吸烟情况以及对控烟工作的支持态度；了解教师和学生的吸烟情况；确定吸烟经常发生的地点以及校园内二手烟的暴露情况；掌握人群对吸烟和二手烟暴露危害的认识情况；掌握现有控

烟工作资源情况，如有无控烟领导及工作小组、控烟知识宣传阵地等。开展现状评估主要是为下一步提供针对性干预及戒烟帮助做准备。

（2）对师生开展吸烟和二手烟危害的宣传。

对教师和学生集中开展多次不同形式的吸烟与二手烟对健康危害的宣传，开展控烟知识讲座，特别是针对禁止校内吸烟相关规定的背景和要点的讲座。

（3）制订创建计划和无烟政策。

参考现状评估结果和全面无烟环境标准，制订本校工作计划和无烟政策；组织教师代表对禁烟标识、健康警语、宣传材料等的设置进行讨论；建立健全控烟监督管理机制，设立教师及学生控烟监督员，并在校内设立监督举报电话。

创建计划框架：①明确创建无吸烟学校工作的各部门及其职责；②讨论制定无烟政策的具体内容；③讨论召开创建启动会的形式；④实施无烟政策，包括执行和监督；⑤确定控烟宣传的策略和途径；⑥制订教师的培训计划；⑦确定为吸烟教师和学生提供戒烟支持的方式；⑧确定开展监督与评估的方式。

制定全面无烟政策的要点：①明确全面无烟的定义；②明确指出学校的禁烟区域；③对学校工作人员的要求和限定；④对学生及家长的要求和限定；⑤烟草制品销售、广告和赞助的禁令；⑥在校园内任何地方均不能摆放烟具的禁令；⑦明确奖惩制度；⑧明确学校各部门职责，明确控烟监督员的责任；⑨公布监督电话和投诉程序；⑩提供戒烟服务的细节；⑪明确无烟政策开始执行的时间、具体负责的部门。

（4）动员教师和学生。

成立一个以学校党政一把手为组长，各科各部门负责人参与的领导小组，确保无烟校园的建设得到校长及学校管理层的大力支持；领导班子成员带头不吸烟；组织教师代表对工作计划和禁烟规定的内容，各岗位在执行过程中的职责进行讨论和确定，并向全校告知，以获得全体成员的支持。

（5）为无吸烟学校的创建进行环境布置。

根据学校的具体情况在校内相应区域设置明显的禁烟标志；学校入口处设置醒目的标牌“您已进入无吸烟学校”；通过校园板报、展板、横幅和移动电视等方式在校内开展配合无烟环境创建的相关宣传；同时加强和媒体的沟通，争取社会支持与舆论监督。

2. *启动阶段*

召开创建无吸烟学校的启动大会，由校长在启动会上向社会宣布本学校无烟场所创建活动的启动，介绍创建无吸烟学校的背景和原因，向公众承诺保护教师和学生的健康，公布本校禁烟规定，将创建活动的主要内容通过行政、党团工会系统送达所有科室和教师。

同时，邀请媒体参加启动会，通过媒体报道学校的无烟环境创建启动的新闻，向社会宣布正式建立无烟校园，向社会发布承诺书，并公布监督举报电话，欢迎社会监督。承诺书应该放在学校入口处、宣传栏和醒目的位置。

图3－5　北斗小学：创建“无吸烟学校”动员会议

图3－6　碧波小学：创建“无吸烟学校”宣誓会

3. 实施阶段

（1）按照实施计划开展创建活动。

有计划地组织各类控烟主题活动，组织以吸烟和二手烟危害、遵守控烟规定等为内容的讲座，安排人员和场地开展多种形式的控烟宣传，并将创建活动融入学校的工会、党、团等文化建设活动中。

（2）针对不同岗位和职责的人员进行培训。

表3－1　培训计划表

培训对象	培训内容	培训目的
教师和学生	1. 吸烟和二手烟暴露的危害	1. 了解吸烟和二手烟暴露所造成的危害
	2. 创建全面无烟环境的意义	2. 理解无烟政策的理论
	3. 政策执行的细节（奖惩制度）	3. 熟悉如何遵守规定
控烟监督员	1. 吸烟和二手烟暴露的危害	1. 了解吸烟和二手烟暴露所造成的危害
	2. 创建全面无烟环境的意义	2. 理解无烟政策的理论
	3. 政策执行的细节（奖惩制度）	3. 熟悉如何遵守规定
	4. 对家长提醒、引导及劝阻吸烟技巧	4. 指导吸烟者在校内不吸烟
		5. 使用宣传口号以降低不遵守政策的可能性

（续上表）

培训对象	培训内容	培训目的
吸烟的教师	1. 吸烟和二手烟暴露的危害	1. 了解吸烟和二手烟暴露所造成的危害
	2. 戒烟的方法	2. 掌握实用的戒烟技巧和方法
		3. 取得同事和组织的支持
控烟工作组	1. 吸烟和二手烟暴露的危害	1. 了解吸烟和二手烟暴露所造成的危害
	2. 创建全面无烟环境的意义	2. 理解无烟政策的理论
	3. 政策执行的细节（奖惩制度）	3. 熟悉如何遵守规定
	4. 全面无烟环境创建的最佳实践	4. 指导如何创建和维护全面无烟环境
	5. 宣传口号的开发和应用	5. 掌握针对本校开发宣传口号的能力
		6. 如何支持吸烟者戒烟

（3）在实施过程中开展宣传。

对学校领导进行宣传动员，获得领导的支持；对学校教师及学生进行宣传动员，获得教师及学生的支持。在校内开展多种形式的正面宣传，让教师和学生知晓吸烟和二手烟的危害、校内的无烟规定等。充分利用媒体的力量，让公众知晓无吸烟学校的创建工作，并接受媒体及公众的监督。各学校还可以根据学校的实际情况，通过张贴各种吸烟和二手烟的危害的控烟宣传海报、教师撰写戒烟体会文章、发放各种控烟指导手册、通过主题班会进行控烟理念和制度的宣传等方式，在实施过程中做好创建的宣传工作。

图3-7　北斗小学：拒绝吸烟主题班会

图3-8　清华实验学校：控烟学校宣传栏

（4）提供戒烟服务。

寻求专业部门的支持，包括对无吸烟学校创建的技术指导和支持，以及提供戒烟帮助等。收集制作健康教育材料，开展吸烟危害教育及戒烟动员。举办各类活动，介绍戒烟的益处，教育教师及学生如何获得戒烟支持和相关资源，如何获得同事、朋友及家人的支持，以及分享成功戒烟的经验。选择适当的戒烟资源，如专业的戒烟门诊或相关机构等，寻求专业机构的帮助。评价戒烟帮助的效果，从而帮助改善戒烟措施。

（5）定期监督检查。

按照规定，明确不同岗位和职责的员工应履行的控烟职责。监督员联合工作小组组织内部日常的监督检查。一般情况下，无烟政策开始实施的前3个月要每周进行督导检查，并反馈实施结果，以无人吸烟、无烟味、无烟头为指标，根据实施情况酌情调整监督检查频率，从每周一次到每月一次，1年以后在实施状况良好的情况下，可以每半年进行一次监督检查。

4. 评估阶段

在整个创建过程中，需要建立一套过程和效果评估机制，了解工作计划的完成情况，并及时进行调整；评价无烟校园的创建效果，总结成功和失败的经验教训。

（1）开展过程评估。

过程评估指标：①监督员人数和工作情况；②控烟计划实施情况；③培训内容、次数及受训者反映；④定期公布执行情况的报表（有多少人在哪些地方吸烟）。

（2）开展效果评估。

效果评估指标：①是否符合全面无烟校园标准；②校内二手烟暴露比例；③教师和学生戒烟比例；④教师和学生对吸烟和二手烟暴露的危害的认识；⑤教师和学生对校园禁烟的态度。

5. 维持阶段

对于如何成功创建全面无烟的环境，各行业或机构都处于探索阶段，应当总结成功的经验和典型事例，并在同行业或机构内推广。

（1）巩固和维护无烟环境。

在原有工作的基础上继续巩固和加强全面无烟环境的维护，将无烟校园的创建和维护工作纳入学校常规工作，最终降低二手烟危害，维护教师和学生健康。

（2）总结经验并加以推广。

总结成功经验，归纳不足，对成功经验和成功案例进行广泛报道，向其他学校介绍和推广成功经验，并接受社会监督。

四、无吸烟学校的申报及评审

1．组织管理机构

深圳市的无吸烟学校创建工作，在市卫生行政部门的统一领导下进行。深圳市健康教育研究所作为全市开展无吸烟学校创建工作的业务管理、技术指导和评审机构。各区健康教育所承担本辖区的无吸烟学校创建的协调管理工作。

2．申报条件及程序

（1）拟申报创建的学校，必须是经深圳市教育局批准开办的公办或民办的合法学校。

（2）拟申报创建的学校，应按照《深圳市无吸烟教育机构标准（试行）》（见附件一）、《深圳市无吸烟教育机构审评操作表》自评达标。

（3）拟申报创建的学校，按要求填写《深圳市无吸烟单位、无吸烟教育机构、无吸烟医疗卫生机构申报表》（见附件二），经本辖区健康教育所批准并加盖公章后，由区健康教育所报至深圳市健康教育研究所。

3．评审方法及程序

深圳市健康教育研究所组织无吸烟单位评审组在确定的评审时间内对学校进行现场评审。

（1）听取受评学校的无吸烟学校创建工作汇报。

（2）评审组分小组进行资料查阅、现场查看、工作访谈以及现场问卷调查。

（3）深圳市无吸烟单位评审组向受评学校宣布评审结果。

（4）深圳市健康教育研究所负责把评审结果上报深圳市卫生局给予确认，并通过深圳市新闻媒体分批予以公告。

案例：

深圳菁华中英文实验中学为有效地禁止校园吸烟行为，制定了《菁华中学控制吸烟制度和奖惩办法》，规定学校控烟小组发现教职工吸烟者，即给予其经济处罚，本人评选优秀教师资格一票否决，所在部门评选先进一票否决，屡教不改者即予辞退。另外，为有效禁止学生吸烟，对违纪吸烟的学生，按情节及次数的不同，分别给予写反省书、学习吸烟危害健康知识、通报家长、适当处分、送潜力发展中心接受心理治疗等处理。值得一提的是，12 年来学校教师和学生换了一批又一批，但教师从无一人在校内吸烟，校园内学生中偷偷吸烟的人数一年比一年减少。“不吸烟”这一理念已在学校深深地扎根。

第四章 健康素养教育

第一节 师生的健康素养干预

党的十七大报告指出，健康是人全面发展的基础。而健康促进学校是培育健康新人的摇篮，是维护师资队伍健康发展的基地。创建健康促进学校的主要目标就是提高师生的健康素养和健康素质，并通过学校向家庭、社区传播健康信息，促进全社区成员的健康。良好的健康素养能促进健康。健康素养与健康素质有所不同，一个人的体质好坏，先天因素和后天因素都起重要作用，而健康素养主要靠后天培养和引导形成。从小培养孩子良好的健康素养，不仅有利于孩子的身体健康，还可以促进孩子科学文化知识的学习和提高其道德修养水平。

一、健康素养概况

1. 健康素养的概念、意义和内涵

健康素养是指个体具有获取、理解和处理基本的健康信息和服务，并运用这些信息和服务作出正确的判断和决定，维持和促进健康的能力。

健康知识是指重要的医学观念、健康问题和保持良好身心状态的相关知识；健康技能是指个体具有的沟通、理性思考和探究问题等思辨的技能。有健康素养的人有以下特点：①可以通过考虑并作出正确的决定来解决他们自己的健康问题；②有责任感并能作出有利于自己及其他人的决定；③可以在医疗环境中掌握一般的医疗知识；④可以用简洁准确的语言进行医疗知识的交流。

有健康素养的人应具有的能力是：①理解健康促进和疾病预防的概念；②选择性地接受健康信息和健康促进相关产品和服务；③分析文化、媒体、技术和其他相关因素对健康的影响；④应用人际交流技巧来增进健康；⑤应用目标制定和决策的技巧来增进健康；⑥倡导个人、家庭和（或）社区的健康；⑦实践促进健康的行为和减少健康危险因素。

健康素养既是针对个体也是针对群体的。针对个体，是指运用健康素养的基本知识和技能，维持并促进自身健康的能力；针对群体，是指运用健康素养指标，监测与促进人群健康素养的水平。

健康素养是健康素质的重要内容之一，没有良好的健康素养，健康素质就无从谈起，更谈不上整体健康水平的提高。健康素养是近年来健康促进研究的一个新领域，它既是健康教育和健康促进的目标，也可以衡量健康教育和健康促进工作的结果或产出。健康素养是健康素质最重要的影响和评价指标，健康素质很难测评，所以常用健康素养来反映健康素质。提高公民健康素养水平是提高公民健康素质的前提条件之一。

作为公民健康素质的重要组成部分，健康素养在提高公众的自我保健意识和自我保健能力、改善人口健康状况等方面具有不可替代的作用。

2. 国内外健康素养发展状况

世界各国非常重视提高国民的健康素养工作，2005 年的第六届世界健康促进大会通过的《全球健康促进的曼谷宪章》，将提高人们的健康素养作为健康促进的重要行动和目标之一。美国分别在 1992 年和 2003 年开展了两次全国范围内的成人健康素养调查，为指导国家制定和调整公共卫生的政策和策略提供了重要依据。

我国在此方面的工作才刚刚起步。2007 年年初我国公布的《国家人口发展战略研究报告》也指出，提高人口健康素质，需要从提高出生人口素质、提高全面健康素养、建立以预防为主的公共卫生体系三方面着手。2008 年 1 月，卫生部公告（2008 年第 3 号）全文发布《中国公民健康素养——基本知识与技能（试行）》。这是我国健康教育领域所发布的第一个政府公告，也是世界上第一份界定公民健康素养的政府文件，它对于界定我国公民应具备的基本健康知识和技能，推动公民健康素养监测与评价，提高健康教育与健康促进工作水平具有重要意义。

2008 年 8 月深圳市卫生局根据《中国公民健康素养——基本知识与技能（试行）》，结合深圳实际进一步细化，针对不同年龄层人群，发布了《深圳成年人、中学生、小学生和学龄前儿童健康素养——基本知识与技能》。这项工作明确了今后深圳市开展健康教育与健康促进工作的重点内容，还提供了一个全新的切入点，改变了以往以疾病为重点的传播模式。大力推行和普及健康素养——基本知识与技能的教育，不但对促进深圳市健康教育与健康促进事业的发展，而且对全面提高深圳市市民健康素养水平，都具有重要意义。

3. 健康素养的影响因素

个体因素、社会与文化、受教育水平、政府提供的医疗卫生服务等都会影响健康素养的水平。

(1) 个体文化程度差异。文化程度是影响健康的一个重要因素。文化程度低的个体往往具有较低的健康素养。如低文化程度的慢性病病人不能很好地理解关于自己所患疾病治疗和管理的基本信息。文化程度高的人在阅读理解水平、知识面、分析能力和筛选信息的能力等方面优于文化程度低的人，从而可能更准确有效地理解相同的信息。文化程度高者易采取主动寻求健康知识的行为，并且对自己的健康不良行为产生较强的约束力，对健康行为通过动力定型产生良好的行为习惯。但并不是具有高文化程度的个体就一定具有较高的健康素养。

低年级学生因阅读理解和分析能力水平偏低，其健康素养水平自然偏低，因此，对低年级学生进行健康素养教育与干预时应加以注意。

(2) 信息可读性差异。无论是在医疗场所，还是在公共卫生领域，许多普及性的健康相关信息都是以直观、生动的视听材料及书面的形式传递给病人和大众的，如《病人手册》、《出院指南》和《知情同意书》等。但是医学上往往会有很多的专业术语，面对由陌生的词汇和概念组成的复杂信息，即使有很高的文化程度，但没有医学背景的人也可能难以理解。例如，一个外科医生在帮助家人参加医疗保险时也可能会感到困扰，一个大学教师有时也可能不明白医生的处方或诊断结果，而一个会计师可能会不知道应该什么时候去进行健康检查。这些情况的存在并不仅仅是看不懂文字的问题，而是对于健康领域内某些内容缺乏理解。

(3) 父母受教育的程度等因素对子女在接受新知识、新技术等方面也起着一定的重要作用。学习成绩从某个方面对学生在学好文化课的基础上接受新知识、新技术等有一定的影响。

4. 低健康素养的危害

健康素养水平对与健康相关的各个方面都有着重要的影响，包括健康知识水平、健康状况和卫生服务的使用。直接的影响包括医患之间不能进行有效的沟通，患者对自己的权利义务不能充分了解，公众对自身健康的管理失败等。健康素养低的人不能很好地遵从医嘱或自我保健程序，不会预防性的保健，因而住院率比健康素养高的人高两倍。当他们需要治疗时，不能有效地利用复杂的医疗保健系统。有研究表明，在调查了某人群健康素养水平及相应疾病的健康知识之后，发现低素养人群中只有一半的人了解低血糖的症状，而高素养人群的这一比例为94%，而且低健康素养的高血压患者很少知道通过控制体重可以降低血压。低健康素养还导致公众和国家卫生投入增加及卫生资源的浪费。

老师的健康素养偏低会对自身健康，乃至教学质量产生一定影响，此外，还直接或间接地影响到学生健康素养的水平。一个健康素养高的老师可能会传授更多的健康信息给学生，这对于促进学生养成科学的生活方式，提升学生的健康技能将起到一定的正面作用。学生的健康素养如果偏低，将不利于自身的健康成长，不利于自身健康素质的提升，导致健康状况偏差，缺课率上升，甚至影响到上课学习的效率和质量。

5. 健康素养基本知识与技能内涵

深圳市卫生局颁布的《深圳成年人、中学生、小学生和学龄前儿童健康素养——基本知识与技能》，基本涵盖了不同年龄层的人群。根据教育部对学校健康教育内容的要求，学校应在完成基本健康教育内容的情况下，重点突出健康素养基本知识与技能的教育。

（1）成年人健康素养基本知识与技能内涵。

深圳成年人健康素养基本知识与技能包括 80 条，在中国成年人健康素养——基本知识与技能（66 条）的基础上，增加了 14 条，但其内容分类一致，分为基本知识和理念、健康生活方式与行为、基本技能 3 个部分，以健康理念和行为为切入点，确定了 80 条可通过健康教育干预，针对公众健康生活方式的基本知识与技能，其主要内容涉及个人卫生习惯、合理营养、常见疾病的预防、环境卫生、心理卫生、急症自救与互救、用药知识、健康技能等 8 个方面。此外，还包括传染病、慢性非传染病、预防伤害与自救互救、地方病、心理健康和精神卫生、职业卫生、环境卫生、学校卫生、妇幼保健与生殖健康、食品安全、口腔卫生、合理利用卫生服务的技能、健康生活方式、卫生法律法规及其他保健信息等 15 个主要领域。

因为教师既是接受健康素养教育的客体，又是实施健康素养教育的主体，所以针对教师自身进行的健康素养普及教育内容应以成年人健康素养基本知识与技能为主，而为了能够对学生实施准确的健康素养教育，教师又应该熟悉和掌握学生的健康素养内容。

大学的健康素养教育内容应以成年人健康素养基本知识与技能为主，重点加强自我保健能力与意识培养以及性心理与性卫生教育。

（2）中学生健康素养基本知识与技能内涵。

深圳中学生健康素养基本知识与技能包括 50 条。初、高中的青少年大多已进入青春期，教育的重点内容是青春期生长发育的知识、性知识、人际沟通和交往的知识和技能、运动与健身的知识和技能、心理健康知识和技能、环境保护知识、预防意外伤害的知识和技能、急救和互救知识技能、拒绝吸烟、不酗酒、远离毒品等知识和技能。

（3）小学生健康素养基本知识与技能内涵。

深圳小学生健康素养基本知识与技能包括40条。小学阶段是健康教育的关键时期，这一时期的儿童求知欲强、可塑性强，对于健康教育的内容易于接受。童年期健康教育的重点是良好的行为和生活习惯的养成、儿童常见病防治知识、预防意外伤害的知识及技能等。

（4）学龄前儿童健康素养基本知识与技能内涵。

深圳学龄前儿童健康素养基本知识与技能包括20条，主要是卫生和行为习惯、伤害预防和急救求助技能等内容。

二、健康素养的监测

师生健康素养水平的提高是一项长期的工作，不仅需要进行长期的普及教育，而且也要开展必要的监测工作，因为普及教育重点内容的确定和教育成效如何，必须通过连续的监测来评价。通过监测掌握老师和学生的健康素养水平，了解不同特征人群健康素养的现状及其影响因素，制定有针对性的干预策略和措施，提高科学依据，对有效地开展健康素养教育，促进师生健康素质逐年提高有着重要的意义。

1. 监测的方法

对师生健康素养监测的方法主要有问卷调查法、访谈法和观察法等。

（1）问卷调查法。

在健康素养监测中，问卷调查法是获得第一手原始资料的主要方式之一。问卷调查法就是依据调查目的设计的问题，即问卷调查表，采用直接询问等方式收集资料的方法。问卷调查的关键是问卷调查表的设计。

①问卷由题目、调查与填表说明、问卷主题内容和核查项目组成。

题目：要求能反映调查的主题，使师生迅速了解调查目的，增强其回答问题的兴趣。如“2009年××学校学生健康素养调查”。

调查与填表说明：向师生解释此项调查的目的和意义，消除其顾虑和紧张而配合调查。此外，还需说明填写方式，比如是用打钩、画圈挑选答案，还是直接把答案写在横线上等。这部分内容会直接影响调查问卷的回收率和真实性。

问卷主题内容：问卷的主题是通过一个个具体问题体现出来的，让填写者回答。问题的内容包括基本情况、健康素养情况。基本情况主要是年龄、性别、年级、班级、父母亲文化程度等，问卷一般不填写姓名，以保障填写的真实性；健康素养情况包括基本健康知识与理念、健康生活方式与行为、基本技能3个方面，涉及控烟、膳食营养、用眼卫生、运动锻炼、安全、卫生习惯、心理健康、禁毒、性病艾滋病预防等知识与技能方面的内容。

②问卷答案的设计类型。

问卷答案的设计类型主要有开放式问题、封闭式问题和半开放式问题。

开放式问题：对问题的答案没有任何限制，由调查对象自由回答，适用于调查者不清楚答案是什么或者答案很多的情况等，如年龄。

封闭式问题：根据问题的答案，提出两个或多个答案供调查对象选择，常用“是”与“否”或多项选择的形式。一般来说，健康的生活方式多用“是”与“否”，健康知识多用多个答案，需要注意的是健康知识的答案中应有一项是“不清楚”。

半开放式问题：指通常给出主要部分答案，而将来给出的答案或用其他一栏表示，或留以空格，由访问员（被调查对象）自行填写。

③问卷调查的方式。

知情人填写：学龄前儿童自己不能填写调查表，可由班主任、老师或家长询问代为填写。一二年级的小学生如果不能独立完成调查填写，可由老师统一口述，学生同时填写。

被调查者填写：小学三年级以上的学生可自己填写问卷。调查人员应先对调查表进行简要的说明，然后请被调查者填完后交回。

（2）访谈法。

访谈法是以谈话为主要方式来了解某人、某事、某种行为或态度的一种调查方法。按参加访谈的人数，可分为集体访谈与个别访谈。集体访谈是指由一名或数名访谈调查员亲自召集一些调查对象，就调查者需要调查了解的主题征求意见的一种调查方法。集体访谈运用得当可以节省调研时间，使调研视野开阔，使调研内容深入，容易找出问题的原因；访谈调查可以用于预警某些健康危险行为（如喝止咳露、上黑网吧、打架斗殴等）的发生或对个人的心理问题进行追踪监测。

（3）观察法。

观察法是在一定时间内由研究者对特定个体或群体的行为表现或活动等进行观察，从而判断其健康素养掌握程度。观察法比较适合对易暴露的健康生活行为与方式或不良生活方式与行为、健康技能进行测量和监测。比如检查学生的手指甲是否过长、便后是否洗手、走楼梯是否靠右慢行、是否使用温度计测量体温等。

2. 资料整理与分析

（1）数据的整理与录入。

采用问卷调查法、访谈法等收集到的监测资料，其整理和分析方法也有所不同。问卷调查资料的整理和分析相对较为复杂。调查问卷在经质量核查后应录入数据库，常用的数据录入软件有 EpiData、SPSS、Excel 等，如果调查样本量较多，数据录入最好使用 EpiData，因其有使用方便和核查纠错等优点。

（2）分析。

用 EpiData 录完调查数据后，将数据转入 SPSS 或 Excel。SPSS 或 Excel 不仅可以分析不同班级、不同年级、不同性别等特征人群的健康知识知晓率、健康行为形成率和健康技能掌握率，还可以对不同时间监测的调查数据进行前后比较，做统计学差异分析，从而计算干预是否有效果。

表 4-1　罗湖区某校 2007—2008 年银奖创造前后学生健康知识知晓率对比

健康知识	干预前（%）（$n=1\ 500$）	干预后（%）（$n=1\ 500$）	升高（%）
学生健康观念	87.46	95.93	8.47 *
烟草危害	87.24	96.65	9.41 *
膳食营养	87.08	97.34	10.26 *
用眼卫生	86.03	96.48	10.45 *
个人卫生习惯	88.31	96.80	9.76 *
口腔卫生保健行为	86.58	96.63	10.50 *
运动锻炼	88.74	97.48	8.74 *
安全知识	87.91	96.89	8.98 *
心理健康知识	86.87	96.98	10.11 *
毒品危害相关知识	87.79	97.02	9.23 *
艾滋病预防基本知识	88.57	97.64	9.07 *
均值	87.51	96.89	9.39 *

* $P<0.05$

三、干预的形式

各级各类学校要根据学生年龄、季节特点，通过学科渗透、专题讲座、主题班会、校园广播、知识竞赛、电化教育、卫生小报等多种形式、多种渠道向老师和学生传播与普及健康知识。

1. 图文传播

要求版面清新、活泼、温馨、美观，文字通俗易懂，图文并茂。图文传播的主要形式有：①小册子、折页、海报、宣传单、温馨提示、报刊、图书、校本健康读本；②展览、橱窗、专栏、板报、画廊；③健康小报、校园期刊、少先队报。

学校可以统一确定健康主题，组织学生自己动手制作健康小报或手抄报，一年可以策划几个主题，好的作品统一收回，并进行评比或交流，这样可以增强学生的自主意识，不断提高其健康知识与技能水平。

图 4－1　莲南小学：墙面健康标语

图 4－2　锦田小学：健康指导卡

图 4－3　东晓小学：健康教育宣传栏

图 4－4　红桂小学：健康展板

图 4－5　东湖中学：健康黑板报

2. 传媒传播

学校可以充分利用有关传媒向师生传播健康知识。例如：

(1) 电视、校园广播。

(2) 报刊、杂志。

(3) 互联网：在校园网设立健康教育专栏、QQ 在线交流。

(4) 短信：利用家校通平台发送健康短信息，加强沟通。

3. 综合教育

（1）健康讲座。

学校可请校医或学校老师，甚至邀请医疗卫生机构的健康教育、心理保健、康复保健及其他专业技术人员为老师和学生开展定期、不定期的健康讲座和咨询等，传授健康知识和技能，增强其健康意识，提高其健康素养水平。

（2）健康活动。

学校可以开展健康主题班会、队会、团会、参观、演出、夏令营、社会实践、关爱活动、运动会、趣味活动、知识竞赛、演讲、漫画、剪纸、书法征文比赛等活动，寓教于乐，将健康知识与技能的学习渗透其中，从而取得事半功倍的效果。

健康活动的目的在于促使学生通过亲身体验加深印象，提高学习效果。因此，健康活动应与课堂教学相互配合，使知识与实际行为结合起来。健康活动种类较多，可根据年龄特点选择适宜的活动。实践表明，参加各种实践活动有助于培养和提高学生的组织能力、自助意识和自我教育效果。

健康教育活动是课堂教育的重要补充。通过亲身参与健康活动，能够促使学生把课堂教育的内容与实践活动有机地结合起来，加深印象，强化学习效果。针对不同年龄段的学生，可组织不同的有针对性的活动，如可以开展健康知识竞赛、健康演讲比赛、健康绘画比赛、健康征文比赛，组织学生志愿者参加社区卫生服务活动，组织学生参加环境清洁与保护活动等。

图4－6　新秀小学：突发公共卫生事件应急管理培训

图4－7　罗湖外国语学校：教职工跑步锻炼

图4－8　东湖中学：德育队伍拓展训练

（3）健康教育课。

开设健康教育课进行课堂教育是健康知识和技能普及的最有利的形式之一。健康教育课应有完整的教学计划，做到教学进度、教学内容与教学计划一致。开设健康教育课应有课表、课时、教师、教材、教案、考核。教案应有课时、课题、教学目的、教学重点、教具、教学内容及过程、教学小结等多项内容，教案书写应做到无概念错误、整洁、简练。

健康教育课可采用由健康教育权威部门编写的健康教育教材，不同年级应有规范系统的健康教育教程；国家有关部门要求，健康教育课时安排每两周应不少于1个课时。为开设健康教育课，学校应配置必要的健康教育课师资，授课教师最好接受过学校健康教育培训，既有一定的医学基本知识和技能，又有教育学背景，知道如何进行教育，注重科学性与趣味性的结合，做到生动活泼、有吸引力，避免灌输式教学。要做到使学生全面参与进来，就应经常开展课堂讨论、健康问题案例分析及角色扮演等课堂活动。有条件的学校可使用网络、投影录像、多媒体等现代化教育手段，使健康教育的课堂教育取得事半功倍的良好效果。

（4）同伴教育。

近年来，国外有学者推荐一种崭新的教育方法——同伴教育。由经过培训的高年级学生向低年级学生实施教育。由于他们文化背景、阅历相同，彼此易于沟通，因而效果显著。目前，该方法多应用在生殖健康、劝阻吸烟、环境卫生以及保护和节约资源等多种教育领域。

（5）健康咨询与健康行为指导。

健康咨询是学生（或家长）与咨询人员（如教师、医生、护士及有关人员）面对面地接触，集中讨论某一健康问题或决定某一健康活动的方法。健康行为指导是指通过教育指导，让青少年认识到什么是健康行为和不健康行为。对于不健康行为应按专门设计的程序模式，提供学习经验，逐步加以纠正，从而建立有利于健康的行为和生活习惯。

健康咨询与健康行为指导均可分集体与个体两方面。前者往往以小组、班级或学校为单位，对学生中普遍存在的或应当特别关注的问题提出建议，如在夏令营活动前给学生讲解野外活动时要注意的安全事项及自身防护知识，如预防溺水、雷击、皮肤晒伤及其他意外伤害等，鼓励孩子关注自我保健。个别咨询和指导指以个别的方式，向学生（或家长）提供保健信息，帮助学生建立健康行为和习惯，对学生进行诸如吸烟、酗酒等不良行为的纠正与指导。

（6）学科渗透。

健康课程教学主要指把健康教育纳入学校正规课程的各科教学，也可以包括在其他课程中融入健康教育内容的联络教学。目的是促使学生获得较系统的卫生知识，培养健康态度，学习基本的保健技能，建立科学的健康观，并有效地帮助学生建立有利于健康的行为。

课堂教学除了开设健康教育课外，还可采取渗透教学的方法，即把健康教育融入其他学科的教学过程之中，如语文课可以结合心理健康和道德健康，数学课可以结合常见病防治的统计计算，地理课可以结合环境保护知识，生物课可以结合人体新陈代谢知识等。与其他课程的结合可以促进学校健康教育的可持续发展。

学校有其自身的教学任务与安排，健康教育只有在不影响正常教学秩序，不增加教学负担的前提下，切入学校正规教育之中，与其结合、互补，才能受到教育部门与教师的欢迎，如渗透到课内教学（思想品德课、语文、外语、美术、实验课等）。

（7）参与式干预。

参与式干预的最大特点在于以学生为中心、为主体开展活动，通过学生主动参与健康活动。参与式干预的另一特征是学生与活动的组织者、学生与学生之间、教师之间的双向或多向交流，学生不是被动地接受信息，而是在活动中与其他参与者随时交流体会与心得，如开展同伴教育、小组讨论等。参与式活动的最大优点在于学生通过亲身的实践可以加深对问题的认识，有助于摒弃不良生活行为，并引导其采纳健康行为。下面介绍几种常用的参与式干预的教育方法（见表4－2）。

表4－2　参与式干预的教育方法

教育方法	描述	优点	过程
课堂讨论（小组或大组形式）	全班共同研究一个令人感兴趣的问题或话题。其目的是为了更好地理解某一个问题或某一项技能，得出最好的解决方法，或者为本组挖掘一些全新的想法和行为方向。	为学生提供向他人学习以及向他人求助以解决问题的锻炼机会，使学生加深对被讨论话题的理解，同时联想到自身与这一话题的关系；帮助发展倾听、坚定自信和了解他人心声的技能。	1. 决定如何安排讨论时学生的座位； 2. 确定讨论的目的并向学生清楚地说明这一目的； 3. 提出意味深长、可自由回答的问题； 4. 了解讨论的过程。

（续上表）

教育方法	描述	优点	过程
头脑风暴	学生在规定的、通常较短的时间内主动地就某个特定的话题或问题提出各式各样的意见。对这些意见进行的评估和辩论将在随后进行。	使学生可以迅速、自主地提出意见。帮助学生利用他们的想象力，并不受固定反应模式的束缚。由于班上的学生可以颇具创造性地提出各种意见，因此会形成良好的讨论机制。同样重要的是评估每种意见的正面性与反面性，或根据特定的标准对这些意见进行排名。	1. 指定一位组长和一位记录员； 2. 陈述事件或问题并寻求学生的意见； 3. 学生可以提出任何意见； 4. 当这些意见刚刚被提出时，不要对它们进行讨论； 5. 将意见记录在一个大家都能够看到的地方； 6. 集体讨论过后，对这些意见进行回顾，增加、减少分类。
角色扮演	角色扮演是一种非正规的戏剧表演，在这种表演中人们可以诠释一种给出的情景。	为练习技能提供了一种优秀的策略；感受人们可能会如何应对真实生活中的潜在情景；增进了解他人和他人观点的能力；增强对自身感受的洞察力。 比如，有的学生欺侮小同学，常对别人拳脚相加。对这些学生，可设计一些游戏，让他们在游戏过程中扮演被别人欺侮的角色，从而感受到被欺侮的痛苦、委屈，知道要与别人友好相处。通过一系列的游戏，学生的人际交往障碍问题也得到了改善。	1. 描述角色扮演所针对的情景； 2. 选择角色扮演的人员； 3. 向角色扮演人员传达指令； 4. 开始进行角色扮演； 5. 对所发生的情况加以讨论。
小组活动	要采取小组作业的形式，一个大班通常要分成若干个由6人或更少的人所组成的小组。在规定的时间里，这些小组必须完成一项任务，采取某种行动，或者讨论一个具体的话题、难题或疑问。	在参与人员众多以及时间有限的情况下，这一方法是十分有用的。它能够最大限度地促进学生在教学中的投入，让他们更加清楚地了解对方并考虑他人的感受。同时，这一方法还将帮助学生听取、学习同龄人的经验。	1. 陈述讨论的目的以及所给的时间； 2. 分成若干小组； 3. 合理地安排座位，从而让各小组都能听到各自所陈述的观点、意见； 4. 让小组指定一位记录员； 5. 在讨论的最后，让记录员对刚刚所进行的讨论加以描述。

（续上表）

教育方法	描述	优点	过程
游戏和模拟	学生所玩的游戏可以当作促进教学的活动。这些活动能够用于讲述教学内容、训练批判性思考、解决难题、做决定以及复习、巩固所学的知识。组织像“仿真”这样的活动是为了让学生能够感受到真实生活中所发生的种种经历。	当参与者正努力证明自己的观点或争取得分时，游戏和模拟可以提高课堂的娱乐性，增加学生学习的主动性，同时增强课堂讨论的丰富性和多样性。这两种方法需要将知识、态度和技能加以结合，同时允许学生在一个相对安静的环境中对种种假设和能力进行测试考验。	游戏： 提醒学生注意这种活动突出的是娱乐性，谁胜谁负并不重要。 模拟： 模拟的过程要简单并且马上就此进行讨论，这样的效果最佳。必须要求学生设想自己身处某种情景之中，或是参与到一个预先设计好的游戏当中并体验由此带来的感受，而这种感受在身处另一个环境之中是有可能出现的。
情景分析和个案研究	情景分析使学生能够思考、分析和讨论他们有可能会遭遇到的情景。个案研究中的个案都是真实生活中所发生的故事，这些故事详细描述了出现在小区、家庭、学校或个人身边的种种情形。	情景分析使学生可以对各种问题和疑问进行探究，并在一个安全环境下测试各种解决方法；这种分析提供了团体合作、意见共享的机会，同时也让学生了解到在看待事物时，有时候人们的想法是不一致的。个案研究是思考和讨论的强大的催化剂。学生会对那些促使个人或团队采取一致行动的力量进行通盘考虑，然后再评估它们所带来的结果，通过参考这种思考过程，学生就可以提高他们做决定的能力。个案研究可以和具体的活动联系起来，从而帮助学生在遭遇某种威胁健康的危险前练习各种健康反应。	1. 具有引导性的问题对激发思考和讨论是十分有好处的； 2. 指导人员必须能够熟练地对关键信息点加以梳理，同时跳出事件本身并提出一些更大的具有广泛代表性的问题； 3. 情景分析和个案研究需要有足够的时间来加以处理，进行创造性的思考； 4. 教师应该充当指导者和教练的角色，而不是答案和知识的唯一来源。

（续上表）

教育方法	描述	优点	过程
讨论	在讨论过程中，教师给全班学生一个具体的问题或事情。学生必须在讨论中商量如何解决这一问题或事情。讨论可以以全班或小组的形式进行。	给学生提供了能够深入地、创造性地解决某个具体问题的机会。有关健康的问题是值得讨论的。学生可以通过讨论得出结论，例如是否应该禁止公共场合内的吸烟。使学生能够对自己的观点进行维护。提供机会以锻炼更高层次的思维能力。	1. 让学生选择自己愿意站在哪一边。如果有太多的学生站到同一边，那么就在学生中挑选一些自愿者，并让他们持反对意见； 2. 使学生有时间就话题进行数据的收集； 3. 不要让某些学生主导讨论，在这种情况下，其他学生的发言机会就会很少； 4. 确保学生尊重其他参与讨论人员的观点和想法； 5. 保持对课堂秩序的控制，并确保讨论紧扣话题。
讲述故事	由教师或学生向某个小组讲述或朗读一个故事。可以运用图片、喜剧表演、摄影小说、电影和幻灯片等方式进行说明。在讲述完故事后，要鼓励学生就故事中提及的要点或方法（与健康相关的）进行思考和讨论。	可以帮助学生思考自身的问题，并发展批判性思维的能力。学生能够运用他们创造性的能力将故事写下来，或者整个小组可以通过互动的方式来讲述故事。讲述故事有助于帮助学生发现健康的解决方式。	1. 保持故事的简单明了，讲述一个或两个要点； 2. 确信该故事（以及图片，如果有的话）与学生的日常生活有关； 3. 让故事具有起伏跌宕的情节，以保持其趣味性。尝试在故事中加入欢乐、悲伤、激动、勇敢、严肃思考、决策等场景以及解决问题的行为。

（8）校外教育。

校外教育会对学校健康教育起到明显的强化作用，是学校健康教育的组成部分。校外教育中最重要的是家庭教育，学校应利用家长会、发放成绩单、“给家长的一封信”等方式，把学校健康教育的目的、意义、内容和方法广泛告知家长，取得家长的配合，共同创建健康促进学校，创造强化学校健康教育的家庭环境。如学校正在讲授吸烟有害的知识时，有吸烟习惯的家长应主动做到不在孩子面前吸烟；学校在讲授膳食与营养知识时，家长应主动教育孩子不要偏食和挑食等。

不同的学校，健康教育资源、学生特点等不尽相同，健康素养干预形式也应有所侧重。比如某校的某项调查显示，听讲座、观看展览、媒体宣传是该校学生接受健康素养知识的三个重要途径。此外，针对不同年级与年龄的学生，健康教育的策略也应有所偏重。不同疾病健康素养的干预方式也应不同，比如针对幼儿健康教育，应由校医或保育人员具体负责，应采取儿歌、游戏、训练、辅导、授课等形式进行。网上咨询、QQ 交流、热线电话、咨询室等方式受到年轻人的欢迎，也能更好地保护青少年的个人隐私。对于低年级的学生，因为他们识字不多，教材的选用应避免以文字为主，可多用图片、幻灯片、故事、儿歌等形式，进行形象化教育。中学生善于钻研科学原理，可增加讨论和科学小实验，帮助他们较广泛地了解课外的卫生知识。

第二节　健康素养教育的学科渗透

所谓健康素养教育的学科渗透，是指借助于科学的方法把健康素养内容和具体的科学知识糅合在一起，教师在学科教学中，采取积极的措施增进学生的身体健康、心理健康和社会适应能力的全面发展，不仅要让学生掌握学科知识，更重要的是让学生在学习和掌握知识的过程中，产生积极健康的情感体验，在潜移默化中提高健康素养水平。不同学科的教育教学中，蕴涵着丰富的健康素养教育资源。学科教学的效率与提高学生的健康素养水平之间是相辅相承的。

一、学科教学中渗透健康素养教育的意义

学科教学是学校健康教育工作的最常用、最有效的途径之一，是学校健康素养教育的重要组成部分，在学校教育活动中，它所占的比重最大。因此，有效地、充分地利用各学科的教学进行健康素养教育，对于提高当今师生健康素养的水平极为重要。通过学科教学来渗透健康素养教育具有其他教育方式所不可替代的优势。

（1）面广、量大、时间长。学科教学是学校生活的最主要内容，占用学生在校的大部分时间和精力。

（2）有切实保证。学科教学有固定的课程、稳定的课时、专职的教师和比

较完善的管理机制。

（3）有丰富的知识载体，具有强大的说服力和感染力。

（4）潜移默化。让学生在学习各科知识的同时受到感染和熏陶，符合健康素养形成的基本规律。

二、学科教学中渗透健康素养教育的原则

1. 坚持有意原则

牢固树立在每一学科的教学中都要渗透健康素养教育的思想。在教学中充分吃透教材，针对学生的认识水平与心理特征，确立本学科健康教育目标体系，实行健康教育目标控制，有意识地对学生进行健康教育。做到总体目标一以贯之，学科目标具体明确，课时目标落实到位。

2. 坚持有序原则

根据学生认知规律和健康教育内容结构的序列性和完整性，对教学中的健康教育内容进行系列组合，以得到良好的整体效应。做到渗透健康素养进程有条不紊，层次清楚；健康教育内容由浅入深，循序渐进。

3. 坚持有机原则

找准渗透点，选择教学的某一环节、某一知识点或训练点作为突破口，适当、适时、适量地进行健康素养渗透，做到知识与健康教育水乳交融，避免穿靴戴帽、牵强附会。

4. 坚持示范性原则

教师是课堂中健康教育的渗透者，也是学生学习健康知识的生动教材。教师要不断规范自己的言行，提高自身的健康素养水平，努力成为身心健康的楷模、学生自觉学习的榜样。

三、学科教学中渗透健康素养教育的方法

（1）紧扣教材，从教材实际出发，寓于知识的讲授或训练之中，使科学性与思想性水乳交融，切忌生拉硬扯、牵强附会。

（2）结合学科特点，把握本学科性质，充分发挥本学科优势，增强健康教育的生动性。

（3）寻求最佳结合点，不仅要与知识传授、能力培养结合，而且要选准健康素养教育要求与学生精神要求的最佳结合点，还要深入了解学生的思想状况，善于体察和把握学生的思想脉搏，以增强针对性、提高实效性。

四、学科教学中渗透健康素养教育的途径

1. 在课堂讲授中渗透

各科教学课前，必须深入备课，既要弄清教材的知识内容，又要对教材内在的教育因素深入体味；授课时应力求融知识传授、能力培养、智力开发和思想教育于一体。

2. 在教学环境中渗透

通过整个校园内存在的客观物体创造一种雅静的境界和特定的文化氛围来达到环境育人的作用。“让每一堵墙壁都在与学生们对话”。比如，深圳市锦田小学校门口的“健康运动”浮雕，深圳市莲南小学教室走廊墙壁上写的“时时喝水保健康，天天运动精神爽”，洗手间内写的“明天的美丽始于今天的点滴”等，所有这些不仅给学生以美的艺术感染，而且还增长其知识、提高其健康素养，同时也会给学生许多启迪和帮助。整齐、清洁、安静、优美的校园，使学生更加热爱大自然、热爱生活，在内心产生与环境相协调的心境，更能激发学生的上进精神，并努力改善自己的行为。

3. 在丰富多彩的课外活动中渗透

只有在课外活动中，才能使学生产生真切的体验和感受，才能为学生良好行为和技能的形成搭建广阔的舞台。为此，学校应鼓励学生参加课外活动，比如组织“拒吸第一支烟，做不吸烟的新一代”的签名活动，开展关注学校弱势群体和困难群体健康成长的阳光牵手活动，举办消防疏散演习等，让学生对活动中所遇到的问题、场景进行讨论、反思，形成正确的认识，并落实到自己的行动中。在丰富学生课余生活，扩展学生知识视野，发展学生个性特长的同时，促使学生树立正确的人生观和价值观，培养良好的思想品质和健康的生活情趣。

4. 在教学的日常活动中渗透

科任教师在课堂管理和与学生的日常接触中，针对学生的表现，进行随机教育，以自己身心健康的表现，充分发挥表率作用，激发学生的学习动机，促使学生认真积极地投入到学科学习中，提高自己的健康素养水平。

五、各学科渗透健康素养教育的要求

（1）品德与社会、品德与生活课：通过该课的教学，以学生的生活为主线，将身心健康知识渗透在品德行为规范和法制教育中，使得学生在形成良好思想品德的同时，提高其健康素养，努力成为身心健康、品德高尚的人。

（2）语文课：应深入挖掘文本内涵，在语言文化学习中培育学生健康向上

的思想感情，重视提高学生的审美情趣，帮助学生逐步养成良好的个性和健全的人格，形成健康的心理。

(3) 数学课：深挖数学教材中所蕴涵的健康教育因素，要从学生已有知识基础和认知目标出发，充分利用数学的学科特点，点点滴滴，有机渗透，耳濡目染，潜移默化。

(4) 英语课：针对学生实际，通过引导学生进行大量的课内、课外阅读和开展适当的课外活动，进一步培养学生多方面的兴趣和爱好，提高他们自立、自强的健康心理，使他们走出校门后，能适应学习、工作、生活等多方面的要求。

(5) 体育课：通过体育基础知识的教学，帮助学生发展良好的个性，努力成为身心全面发展的、具有创造精神的现代人才；通过课外的各种体育活动，培养学生的创造精神、献身精神、拼搏精神与合作精神，达到身心和谐健康的目标。

(6) 科学课（自然课）：通过科学教育使学生逐步领会科学的本质，乐于探究，热爱科学，并树立社会责任感，学会用科学的思维方式解决自身在学习、生活中遇到的问题，了解自觉保护自然环境和人类健康生活的重要关系。

(7) 艺术课（音乐、美术）：培养学生多方面的艺术兴趣和爱好，陶冶他们美好的心灵和高尚的审美情操；拓展学生的艺术视野，培养其正确的审美观；培养学生的创造能力，提高学生整体素质，使学生在艺术学习中获得成功感，培育美好心灵。

(8) 综合实践课：让学生了解世界和我国的资源、人口和环境现状，形成正确的资源观、人口观和环境观；懂得共同创造适于人类生存的美好环境的重要意义，激发学生热爱生命、热爱生活的健康心理。

六、学校如何落实学科教学中渗透健康素养教育

(1) 教育行政部门要确保师生健康素养干预工作规范化、常规化。应该按阶段、分年级、根据不同学科特点，提出具体要求，建立完整的目标任务体系。学校应发挥听课、评课活动的导向作用，在各类优质课评选活动中均要把健康素养教育渗透情况作为课堂评价的重要内容，定期开展优秀课、优秀教案、优秀论文的评选活动，交流经验，改进方法。

(2) 学校要把学科渗透健康素养教育纳入教师年终考核目标之中，作为考核教师履行岗位职责的一项重要内容，要求凡是教师都是健康教育工作者。要在教学目标要求中明确规定各学科、各年级健康教育要求的任务，做到健康教育的层次化、系列化，使教师明确任务，掌握尺度，做到适度。要加强对教师的教学计划和教案的检查，及时发现问题，寻求解决方案。

（3）教师是提高学科渗透健康素养教育实效性的基础，各学科教师要不断更新教育理念，深刻挖掘各科教学内容和教学过程的健康资源，有目的、有计划、自觉地在学科教学中渗透健康素养教育。要积极改善教学行为，努力创设和谐的课堂氛围，寓健康教育于学科教学内容和教学过程之中。

学科渗透教学案例

小学二年级　数学课　找规律

（授课老师　深圳市锦田小学黄翔）

一、教学目标

（1）使学生结合具体情境，用平移的方法探索并发现简单图形覆盖现象中的规律，能根据把图形平移的次数推算被该图形覆盖的总次数，解决相应的简单的实际问题。

（2）使学生主动经历自主探索与合作交流的过程，体会有序列举和列表思考等解决问题的策略，进一步培养发现和概括规律的能力。

（3）使学生在他人的鼓励和帮助下，努力克服学习过程中遇到的困难，体验数学问题的探索性和挑战性，获得成功的体验。

（4）和实际联系起来，学习要讲规律，生活休息也要讲规律，这样才能有健康的身体和良好的心态。

二、教学重点

（1）探索简单图形沿一个方向进行平移后覆盖次数的规律。

（2）联系生活实际，学习要讲规律，生活休息也要讲规律，这样才能有健康的身体和良好的心态。

三、教学难点

能根据把图形平移的次数推算被该图形覆盖的总次数，解决相应的简单的实际问题。

四、教学过程

引入：同学们，你们的生活有规律吗？你们的学习有规律吗？谁能说说看？其实我们的生活是有一定规律的，比如说早上该做什么，中午要做什么，晚上可以做什么。我们的休息也是要有一定规律的，如果不按正常的作息时间来学习和工作，那么人体的生物钟就会被打乱，从而影响身体的健康。

1．谈话激趣

（1）如果我想在第一排选座位相邻的四人小组，可以怎样选？有多少种选法?学生讨论后回答。如果在第2排选呢？又可以怎样选？有多少种选法？

（2）这中间有没有什么规律呢？这节课我们就一起来学习“找规律”。

2. 初步经历探索规律的过程，感知规律

谈话：（出示下表）下表的粗框中两个数的和是3。在表中移动这个粗框，可以使每次框出的两个数的和各不相同。

1	2	3	4	5	6	7	8	9	10

提问：一共可以得到多少个不同的和？请大家拿出自己手上的数表想一想，也可以用这样的方框试着框一框。

学生可能想到的方法有：

（1）列表排一排 $1+2=3$，$2+3=5$……$9+10=19$ 一共可以得到 9 个不同的和。

趁机引导：这样列表排一排，要注意什么？（有序思考，不重复、不遗漏）

（2）用方框框 9 次，得到 9 个不同的和。

引导：你能把你用方框框数的过程演示给大家看吗？

结合学生的演示，强调：从哪里开始框起？方框依次向哪个方向平移？一共平移多少次？得到几个不同的和？

比较两种方法，哪种更简便？

（第一种要算出每个具体的和，第 2 种方法只要考虑把长方形平移多少次就行了。）

3. 再次经历探索的过程，发现规律

提问：如果每次框出三个数，一共可以得到多少个不同的和？你能用平移的方法找到答案吗？拿出能框 3 个数的长方形框自己试一试。

学生操作后组织交流：你是怎样框的？（强调按顺序平移）一共平移了几次？（7 次）得到多少个不同的和？（8 个）

提问：如果每次框出 4 个数、5 个数呢？再试着框一框，看看分别能得到多少个不同的和？组织学生交流结果。

操作要求：刚才我们用方框在数表里每次框出了 2 个数、3 个数、4 个数和 5 个数。你能联系每次平移的过程和得到的结果，把下表填写完整吗？

每次框几个数	平移的次数	得到几个不同的和
2	8	9
3		
4		
5		

引导：观察表格，自己想一想，平移的次数与每次框几个数有什么关系？得到几个不同的和与平移的次数有什么关系？把你发现的规律在小组里交流。

学生可能得到：平移的次数与每次框出的数的个数相加正好是10；得到不同和的个数比平移的次数多1；每次框出的数越多，平移的次数与得到不同和的个数就越少；每次框出的数的个数增加1，得到不同和的个数就减少1……

追问：利用大家发现的规律想一想，如果每次框6个数，平移的次数是几？能得到几个不同的和？

4. 尝试用规律解决问题，加深对规律的认识

(1) 完成“试一试”。

提问：(出示题目) 如果把表中的数增加到15，你能用刚才发现的规律说说每次框出2个数能得到多少个不同的和吗？每次框出3个数或4个数呢？

引导：让学生交流自己的想法并有条理地表达自己的想法。(如果部分学生感到有困难，也可以让他们边操作边思考)

(2) 完成“练一练”。

提问：(出示花边) 这是小红设计的一条花边。每次给相邻的两个方格盖上红色的透明纸，一共有多少种不同的盖法？

提问：如果给紧连的3个方格盖上红色的透明纸，一共有多少种不同的盖法？每次盖5个方格呢？鼓励学生简捷地推算出答案。

提问：按一定规律排列的花边，你觉得好看吗？能给你一种美的享受吗？

五、课堂小结：联系实际，应用规律

这节课我们探索了什么规律？是用什么方法发现规律的？

今后，我们在学习上也要讲规律，按一定的学习规律来学习，让我们的学习变得更加轻松；我们的作息也要讲规律，按一定的作息时间来休息，这样我们的身体才会变得更加健康！

小学六年级　语文课　鲁滨孙漂流记

(授课老师　深圳市锦田小学吕勇)

一、教学理念

(1) 正确、流利地朗读课文，复述故事；培养学生在逆境面前勇敢战胜困难的大无畏精神。

(2) 了解鲁滨孙在荒岛战胜困难、谋求生存的非凡经历，体会鲁滨孙敢于战胜困难的积极的生活态度；教育学生从小培养健康的心理，经常锻炼身体。

1．揭示课题

（1）板书课题：鲁滨孙漂流记。

（2）解题："漂流"是什么意思。（随着水浮动）

读了课题，你想知道什么？

2．整体感知

（1）自读课文，并思考课文讲了一件什么事；记下疑难问题。

（2）检查自学情况。

①本文写的是一位叫鲁滨孙的英国人，在一次航海中因翻船而漂流到一座荒无人烟的小岛上，战胜种种困难，历尽磨难，生活了二十多年之久，最后终于获救回到英国的一件事。

②质疑，梳理问题。

3．细读课文，深入理解课文

（1）默读课文。

在默读课文的过程中思考：鲁滨孙漂流到荒岛，遇到了什么困难？这时，他的心理素质重要吗？他是怎么想的？他是怎么解决的？从中你体会到什么？

（2）同座交流。

（3）全班交流。

遇到的困难：冷、饿、无住处，孤立无援，野人的威胁。

解决的办法：调整心态，接受现实；搭起帐篷、打猎捕鱼、养羊种麦；在住所前的空地插树桩，羊群分养，救下"星期五"为伴。

从中的体会：鲁滨孙很有智慧、很勇敢，不怕困难，心理素质好，身体强壮，有顽强斗争求生存的精神。

（4）朗读课文。（读出鲁滨孙当时的艰难和他在困难面前的勇敢）

（5）质疑、解疑。（随机解决，教师穿插背景知识及相关细节简介）

4．总结、扩展

（1）鲁滨孙的经历给了我们什么启发？在学习和生活中遇到困难时，你是怎样做的？应该怎样做？（联系实际谈）

（2）你想详细了解鲁滨孙吗？可读一读原著。

5．布置作业

找到《鲁滨孙漂流记》原著，读一读。

二、教学反思

（1）通过正确、流利地朗读课文，复述故事；培养学生在逆境面前勇敢战胜困难的大无畏精神；通过上网找到有关资料。

（2）观看影片《鲁滨孙漂流记》帮助理解课文，激发兴趣。

（3）引导阅读讨论，适时点拨。

初中一年级　历史与社会课　你我他的世界

（授课老师　罗湖文锦中学吴研）

一、教学设计思想

1．教材结构分析

本课通过现实生活中发生的事例，进一步指出你、我、他在共同生活的社会中，形成了各种关系。在社会的大舞台上，如何更好地与人交往、理解和尊重他人，是社会中的每个人尤其是初中生必须认真思考和正确面对的问题。

教材通过沟通与理解、尊重与平等、友谊和诚信三方面的内容，说明人与人和谐交往的第一步是要善于与人沟通，通过沟通架起交往的桥梁，每个人只有相互理解，才能建立起融洽和谐的人际关系；而和谐交往的重要前提是相互尊重，是建立在相互平等和自我尊重的基础上的尊重；最后指出追求真挚的友情，发展真诚的友谊是人的正常的心理需求，只有坦诚、诚实、守信，才能创设一种平等、尊重、诚实、友爱和健康的人际氛围。

教材逐层深入展开分析，帮助学生理解在社会中人与人之间交往的重要性及其作用，以实际存在的现象为案例，进行剖析、解释，有利于解决学生在青春期遇到的困惑和问题，促进学生身心的健康发展。

2．教学目标

（1）了解自己与长辈在许多观念上存在的差异，并了解产生差异的原因。

（2）面对生活中存在的代沟、误解或其他种种矛盾与冲突，学会与人沟通，学会体谅别人，在日常生活和学习中建立起良好的人际关系。

二、教学过程（摘录部分内容）

同学们，通过上节课的学习，我们知道了每个人都生活在社会中，人离不开社会。那么生活在这个社会中，就不会一个人独处，你肯定会接触很多人，很多的人生活在一起，就形成了各种各样的关系。比如我们，和我们接触较多的是长辈和同龄群体。长辈主要包括父母和老师，同龄群体主要包括同学和朋友。虽然我们接触的范围不是很广泛，但要处理好和这些人的关系，也不是很容易的。在现实生活中，我们可能都有这方面的体会。那么是什么原因使人和人之间出现矛盾和冲突？我们应该如何建立起和谐融洽的人际关系呢？让我们走进你我他的世界，共同探讨这个问题。

[展示课件，学生探究]

你对宁宁有什么看法？生活中你有类似的烦恼吗？你是怎么处理的？

展示文字资料：（笑话）祖母要去另一个城市，临行前问孙女：“我想给你买件衣服，可不知你喜欢什么样的?”孙女回答说：“您只要把服装店里您瞧着最不顺眼的衣服买回来就行了，保准我最喜欢!”祖母点了点头，又困惑地摇了摇头。

[综合探究]

祖孙之间的想法为什么会有如此大的差异?（代沟）

这种差异还表现在生活中的哪些方面?

不限定答案，同学们可畅所欲言，能反映这一问题即可。

通过“宁宁的烦恼”和“祖孙的对话”，对下面的问题发表你的看法：

有代沟是正常的，任其发展?

这种差异是代沟，要设法解决。怎么解决?

学生发表看法后，教师进行归纳：同学们，长辈与年轻人在一起，有时会出现矛盾和冲突，这是由于两代人生活的时代背景不同，因此就有不同的人生观、价值观和生活习惯，对事物的看法也会不同，这是社会上十分普遍的现象，被称作“代沟”。对于这种情况，如果你处理得好，“代沟”就会逐步消除，人们也会相互谅解；如果处理得不好，矛盾也有可能激化，甚至发生冲突，影响我们的亲情。

那么如何消除代沟呢?这需要长辈和晚辈共同的努力，我们总是强调家长不理解我们，不关心我们，那么你对自己的父母又关心和理解多少呢?（做一个调查：你是否记得父母的生日?你为父母祝贺过生日吗?父母是否记得你的生日?父母是如何为你庆贺生日的?你生病的时候，父母是怎样照顾你的?父母生病的时候，你为他们做过什么?）同学们，要建立和谐融洽的家庭关系，不仅需要父母对我们的理解和关心，也需要我们对父母的理解和关心。而我们要想相互理解，就必须知道各自的想法，并经常进行交流，也就是说要沟通。经常沟通有助于彼此之间的理解，这样就不会把自己的想法和做法强加给对方，矛盾就会缓和或消失。只要双方能彼此理解，“代沟”就会逐步消除，进而建立起和谐的家庭关系。

三、课堂活动

请同学们完成下面的问题

1. 每周沟通时间（　　　　　　　　）

2. 沟通的主动性（　　　　　　　　）

A. 父亲主动　　B. 母亲主动　　C. 我主动　　D. 双方都主动

3. 沟通的兴趣度（　　　　　　　　）

A. 很感兴趣　　B. 兴趣不浓　　C. 毫无兴趣

4. 沟通的主要内容（　　　　　　　　）

A. 谈学习　　B. 谈生活琐事　　C. 谈同学　　D. 谈老师

E. 谈新闻　　F. 其他

5. 有时不想沟通的原因（　　　　　　）

A. 无话可说　B. 没有机会　C. 得不到理解　D. 家长爱生气

E. 家长不可信　F. 难以启齿　G. 家长厌烦，甚至讨厌我

问题：除了谈话，还有哪些沟通的方式？

学生得出沟通的方式有：写信、发短信、发 E-mail、由他人转告等。

四、作业

“爸爸妈妈我想对你说”（父母对孩子的信发表看法，交上来后交流）。

我们不仅和父母之间需要沟通，其实我们与其他人之间同样需要沟通。

（其他内容略）

高中一年级　物理课　生活中的圆周运动

（授课老师　罗湖外国语学校张勇）

一、教学目标

1. 知识目标

（1）知道火车在转弯时是做圆周运动的，并且要知道在转弯时内外轨有高度差，转弯时所需的向心力几乎完全由重力 G 和支持力 N 的合力来提供；知道向心力是效果力而不是性质力，因此向心力可以由某一个力提供，也可以由几个力的合力来提供，而不是物体单独受到的一种特殊的力。（可以从力的产生离不开施力物体这个角度去说明）

（2）知道向心力和向心加速度是一种瞬时对应关系，即使是变速圆周运动，在某一瞬时牛顿第二定律同样成立，向心力公式照样可以使用；会求变速圆周运动中物体在特殊点的向心力和向心加速度，但是在运用向心力公式时其半径 R 应为在该点所对应的圆周的半径；知道汽车过桥时通过凹形或凸形桥时对桥的压力和重力的关系。当然离心运动也是有害的，应设法防止。例如砂轮的转速若超过规定的最大转速，砂轮的各部分将因离心运动而破碎；又如火车转弯时，若速度太快会因倾斜的路面和铁轨提供给它的向心力不足以维持它做圆周运动，就会因离心运动而造成出轨事故，所以我们在平常的生活中，骑自行车或开车时应注意车辆转弯时限速，以避免造成交通事故。

（3）知道航天器在地球表面附近做圆周运动时，宇宙飞船和宇航员受到的地球引力近似等于他们在地面上的重力，当宇宙飞船的速度为 $\sqrt{gr}$ 时，（r 为地球的半径）坐椅对宇航员的支持力为零，宇航员处于完全失重状态。

(4) 知道什么是离心现象和物体做离心运动的条件是 F（合外力）小于 F（向心力），即合外力突然消失或不足以提供做圆周运动所需的向心力时，物体才做离心运动；了解离心现象在生活中的应用以及离心运动的应用和防止。

2．过程与方法

通过对圆周运动的学习以及对实例的分析，尤其是通过对离心运动的了解，提高学生分析问题、解决问题的能力和应用综合知识解决问题的能力，以及把物理规律与生活实际相联系的能力。教学中要让学生认识到地球是一个巨大的拱形桥，使学生的思维得到锻炼和开发。

3．情感态度与价值观

从对课本上实例的分析使学生认识到物理学在生活中的应用，从匀速圆周运动到变速圆周运动的研究渗透从特殊到一般的辩证的观点，通过离心运动的防止和应用学会看问题要用辩证的观点，从物理学的角度逐渐树立自己的人生观和世界观。

二、三点剖析

1．重点讲述

该节的重点是找出向心力的来源。找向心力之前要结合物体的运动情况来对物体进行受力分析，向心力可以由重力、弹力、摩擦力等力单独提供，也可以由某一个力的分力或几个力的合力来提供，总之，只要达到维持物体做圆周运动效果的力就是向心力。

例：下列物体做匀速圆周运动时，向心力分别由什么力提供？（略）

2．难点透析

理解做匀速圆周运动的物体受到的向心力是某一个或某几个力的合力，而不是一种特殊的力，可以从力的概念来分析，因为任何一个力的产生都要有施力物体。可以把施力物体找出来，然后再分析向心力，这样就很容易知道向心力是一种效果力。

3．疑点细说

本章内容虽然主要是研究匀变速圆周运动，但是在竖直平面内的圆周运动一般情况下是变速圆周运动，物体能否经过最高点是有条件的，这个临界条件对学生来说是个疑点。

以下分几种情况来讨论一下。（略）

三、观察并思考

(1) 汽车、自行车等在水平面上转弯时，为什么速度不能过快？

(2) 观察滑冰运动员及摩托车运动员在弯道处的姿势，并分析其受力情况。

第五章

学校卫生服务

第一节　学校卫生服务配置基本要求

学校卫生是预防医学理论体系的一个重要组成部分，其工作职能主要体现在学校卫生监督、学校卫生管理和学校卫生服务 3 个方面。以《学校卫生工作条例》实施为标志，学校卫生工作步入了法制化轨道。随着我国社会主义市场经济体制的逐步完善，以学生常见病防治、传染病预防控制和学生体质健康检查为主要内容的学校卫生服务，在整个学校卫生工作中居于重要地位。了解开展学校卫生服务工作的基本要求，并贯彻落实，对于保障学校卫生工作的正常开展，保证广大中小学生的健康成长具有重要意义。

国家教委颁布的《学校卫生工作条例》明确规定，城市普通中小学设卫生室，按学生人数六百比一的比例配备专职卫生技术人员，学生人数不足 600 人的学校，可以配备专职或者兼职保健教师，开展学校卫生工作。在《学校卫生工作条例》以及相关标准和政策规定的基础上，教育部、卫生部、财政部又制定了《国家学校体育卫生条件试行基本标准》（以下简称《标准》），明确了开展学校卫生工作的最基本要求。根据《标准》，学校卫生服务配置基本要求如下：

一、卫生（保健）室设置

（1）卫生室是指取得《医疗机构执业许可证》的学校卫生机构，承担学校预防保健、健康教育、常见病和传染病预防与控制、学校卫生日常检查，并为师生提供必要的医疗服务，处理一般伤病事故。

（2）保健室是指未取得《医疗机构执业许可证》的学校卫生机构，在卫生专业人员指导下开展学校预防保健、健康教育、常见病和传染病预防与控制、学校卫生日常检查。

（3）寄宿制学校必须设立卫生室，非寄宿制学校可视学校规模设立卫生室或保健室。

二、卫生（保健）室人员配备要求

（1）寄宿制学校或600名学生以上的非寄宿制学校应配备卫生专业技术人员。卫生专业技术人员应持有卫生专业执业资格证书。

（2）600名学生以下的非寄宿制学校，应配备保健教师或卫生专业技术人员。保健教师由现任具有教师资格的教师担任。

（3）卫生专业技术人员和保健教师应接受学校卫生专业知识和急救技能培训，并取得相应的合格证书。

三、卫生（保健）室设施与设备

1. 卫生室

（1）卫生室建筑面积应大于40平方米，并有适应学校卫生工作需要的功能分区。

（2）卫生室应具备以下基本设备：视力表灯箱、杠杆式体重秤、身高坐高计、课桌椅测量尺、血压计、听诊器、体温计、急救箱、压舌板、诊察床、诊察桌、诊察凳、注射器、敷料缸、方盘、镊子、止血带、药品柜、污物桶、紫外线灯、高压灭菌锅等。

2. 保健室

（1）保健室建筑面积应大于15平方米，并有适应学校卫生工作需要的功能分区。

（2）保健室应具备以下基本设备：视力表灯箱、杠杆式体重秤、身高坐高计、课桌椅测量尺、血压计、听诊器、体温计、急救箱、压舌板、诊察床、诊察桌、诊察凳、止血带、污物桶等。

有条件的学校可根据实际情况和需要，高于本标准进行配备。

第二节　师生体检与健康管理

一、学生体检与健康管理

根据《中小学生健康体检管理办法》，学生健康体检应遵循以下规定：

1. 健康体检基本要求

（1）新生入学应建立健康档案。学校应组织所有入学新生进行健康体检，并建立健康档案。小学新生可在家长或监护人的陪伴下前往指定的健康体检机构或由健康体检机构人员前往学校进行健康体检。

（2）在校学生每年进行1次常规健康体检，每年进行2次视力测试。

（3）在校学生健康体检的场所可以设置在医疗机构内或学校内。设置在学校内的体检场地，应能满足健康体检对检查环境的要求。

2. 健康体检项目

（1）病史询问。

（2）内科常规检查：心、肺、肝、脾。

（3）眼科检查：视力、沙眼、结膜炎。

（4）口腔科检查：牙齿、牙周。

（5）外科检查：头部、颈部、胸部、脊柱、四肢、皮肤、淋巴结。

（6）形体指标检查：身高、体重。

（7）生理功能指标检查：血压。

（8）结核菌素试验＊。

（9）肝功能＊＊：谷丙转氨酶、胆红素。

（注：“＊”指小学、初中入学新生必检项目；“＊＊”指寄宿制学生必要时到符合规定的医疗机构进行的体检项目。）

其他项目应根据国家相关法律、法规、规定所要求开展的检查项目或根据地方具体情况，进行适当增补，涉及实验室和影像学检查时必须在医疗机构内完成。

3. 健康体检机构资质

（1）具有法人资格、持有有效的《医疗机构执业许可证》、由政府举办的公立性医疗机构（包括教育行政部门所属的区域性中小学卫生保健机构）；学生健康体检机构必须报经学校主管教育行政部门备案。

（2）能独立开展学生健康检查工作。

（3）能对学生健康检查状况进行个体和群体评价、分析和反馈，并提出健康指导建议。

（4）有独立、固定的办公场所和足够的学生健康检查场所、工作条件和必备的、合格的医疗检查设备与检验仪器。

（5）有健全的规章制度，有国家制定或认可的医疗护理技术操作规程。

4. 体检结果反馈

（1）学生健康体检机构在体检结束后，应分别向学生（家长）和学校反馈学生个体健康体检结果与学生群体健康评价结果；学校应协助其完成体检结果反馈，确保学生、家长了解健康体检结果。

（2）健康体检机构分别以个体报告单形式和汇总报告单形式向学校反馈学生健康体检结果。

（3）个体报告单内容应包括学生个体体检项目的客观结果、对体检结果的综合评价以及健康指导建议；学校汇总报告单内容应包括学校不同年级男女生的生长发育、营养状况的分布、视力不良、龋齿检出率、传染病或缺陷的检出率，不同年级存在的主要健康问题以及健康指导意见。

（4）个体报告单应于健康检查后2周内反馈给学生；学校汇总报告单应于检查后1个月内反馈给学校；学校应于检查后2个月内将学生体检汇总情况上报当地教育行政部门。

5. 学生健康管理

（1）学校应建立完备的学生健康档案，将学生健康档案纳入学校档案管理内容。学生体检表只是学生健康档案的一部分，为建立完整的学生健康档案提供重要的体检数据。学校可结合实际，设计出简便实效的学生健康档案，可实行学生健康资料台账管理制度，有条件的学校可设计使用电子健康档案，使其真正起到动态反映学生健康状况的作用，为制定干预措施、促进学生健康成长提供科学依据。

学生健康档案应包含学生的个人基本情况、健康体检状况、主要健康问题、影响健康的主要因素、制定的干预措施、干预记录和评价等方面。（见附录八：健康促进工作样表之“学生健康档案示范表”）

（2）学校应根据学生健康体检结果和体检单位给出的健康指导意见，研究制定相关政策，加强健康教育，采取干预措施，有针对性地开展促进学生健康的各项工作。

二、教师体检与健康管理

1. 健康体检基本要求

（1）全体教职员工每年进行1次常规健康体检。

（2）由学校组织到专业体检机构集中进行。

2. 健康体检的项目

健康体检的项目包括成人健康体检的常规项目。

（1）一般项目：身高、体重、血压等。

（2）内科：心率、心界、杂音、肺、肝、脾、肠鸣音、双肾、神经系统等。

（3）外科：皮肤、甲状腺、淋巴结、乳腺、脊柱、四肢关节、泌尿生殖、肛门、前列腺等。

（4）眼科：视力（左、右）、辨色力、结膜、眼底及裂隙灯检查。

（5）耳鼻喉科：听力（左、右）、外耳道、鼓膜、鼻窦、鼻腔、咽、喉、扁桃体等，检查有无耳疾或咽、喉癌变。

（6）口腔科：唇、腭、齿、牙龈、黏膜、舌。

（7）妇科：月经史、孕产史、手术史、外阴、阴道、分泌物、宫颈、宫体、附件、阴道涂片、宫颈涂片等。

（8）特殊检查：放射科检查（胸部、腰椎、颈椎）、心电图、腹部 B 超以及红外线乳透。

（9）化验检查：尿常规、血常规和血液生化检查。

3. 健康体检机构资质

上级教育、卫生行政部门指定的符合有关要求的专业体检机构。

4. 体检结果反馈

（1）健康体检机构在体检结束后，应分别向教师和学校反馈教师个体健康体检结果与教师群体健康评价结果。

（2）健康体检机构应以个体报告单形式和汇总报告单形式向学校反馈教师健康体检结果。

（3）个体报告单内容应包括教师个体体检项目的客观结果、对体检结果的综合评价以及健康指导建议；学校汇总报告单内容应包括教师存在的主要健康问题以及健康指导意见。

（4）个体报告单应于健康检查后 1 周内反馈给教师；学校汇总报告单应于检查后 2 周内反馈给学校。

5. 教师健康管理

学校各级领导应牢固树立教师是学校主体和以人为本的理念，时刻将教师的健康摆在首位，要从社会的、法制的高度去关注教师的身心健康，认清校方的责任和义务，高度重视教师健康和健康管理，这样才能建立健康管理的计划，制定健康管理的制度、措施。作为健康管理的主体，教师要充分认识健康管理的意义，要有积极参与对自己健康进行管理的意愿，这样才能在以后的行为层面贯彻和执行健康管理的策略。

（1）学校应建立完备的教师健康档案，将教师健康档案纳入学校档案管理内容；教师健康档案主要内容可参照学生健康档案。

（2）根据教师健康体检结果和体检机构给出的健康指导意见，研究制定相关政策，积极创造条件，加强健康教育，采取干预措施，有针对性地开展促进教师健康的各项工作。

第三节　学生常见病的预防与控制

保障青少年学生健康，降低常见病患病率，是提高学生健康素质的重要策略。目前，我国学生常见病主要包括视力不良、龋齿、肥胖、营养不良、贫血和沙眼等。下面将对这些常见病的现状、概念、症状及其预防传播措施等逐一进行介绍。

一、视力不良

1. 现状

我国学生近视眼患病率长期居高不下，近视眼的患病总人数居世界第一，患病率仅次于日本，居世界第二位，且仍有增加的趋势。历次全国学生体质健康调研结果均证实，学生视力不良患病率随着年级上升而增加，城市高于乡村，女生高于男生。教育部公布的2004年学生体质健康监测报告显示：学生视力不良检出率分别为小学32.5%、初中59.4%、高中77.3%、大学80.0%。

2. 什么是视力不良

（1）定义。通常用远视力表检查视力，凡裸眼视力低于5.0，都被称为视力不良。其中，4.9为轻度视力不良，4.6～4.8为中度视力不良，4.5及4.5以下为重度视力不良。现世界卫生组织规定视力低于0.05为盲。各种屈光不正（近视、远视、散光）、弱视和其他眼病均可造成视力不良，但大多数由近视所引起。

（2）危害。视力不良直接影响学生的学习和生活，视力低于0.3者读写困难，视力低于0.1者许多劳动都不能参加。相当一部分学生因视力不良而被限制了升学录取、专业选择的机会。

3. 症状

（1）视力减退。近视时，眼睛辨别远方（5m以上）目标的视觉能力低于正常。此时，从远处来的平行光线经过眼的屈光系统，提前在视网膜前聚焦成像，因此看不清远处的物体形象。

（2）视力疲劳。表现为眼胀、眼痛、头痛、视觉有双影虚边的症状。

（3）外斜视。中度以上近视患者在近距离作业时很少或不使用调节，相应地减弱辐辏作用，可诱发眼位向外偏斜，形成外斜视。

（4）眼球突出。轴性近视由于眼轴增长，外观上呈现眼球向外突出的状态。

4. 如何预防

保护视力、预防近视应兼顾各方面，采取有针对性的综合措施。

（1）减轻学习负担，改善学习环境。

学校和家长要切实减轻学生学习负担，保证每天有充足的睡眠时间(9~10 小时)。学校应定期检查教室的采光、照明状况，自然采光不足的应增加人工照明；及时检修损坏灯具；教室墙壁要定期粉刷，黑板要平整无反光；课桌椅应根据学生身高进行调整，定期轮换座位；保证学生正确的读写姿势。

（2）限制近距离用眼时间，培养良好的用眼习惯。

预防近视的根本措施是限制长时间近距离用眼。教师和家长密切配合，强调用眼卫生。在学校坚持每日两次眼保健操制度，要求动作准确规范，辅以班级之间的检查评比活动。实践证明，眼保健操和其他用眼卫生措施相结合，可有效控制近视眼的新发病率，起到保护视力、防治近视的作用；家长要在家限制孩子看电视、玩电脑的时间等。坚持正确的读写姿势，做到“三个一”，即“写字时眼距书本或笔记本一尺，胸距桌近缘一拳，手指距笔尖一寸”。注意做到“二要二不要”，即“读书、写字姿势端正，眼睛和书本的距离要保持 30cm；连续看书、写字 1 小时左右，要休息片刻或向远处眺望一会儿；不要在光线昏暗和直射阳光环境下看书、写字；不要躺在床上、走路或在行进的车厢里看书”。

（3）合理饮食，注意营养。

合理营养是预防近视的综合措施之一。要教育学生养成良好的饮食习惯，不偏食、不挑食；保证各种营养素平衡摄入，尤其应补充足够的优良蛋白质、钙、磷、维生素以及锌、铬等微量元素；同时限制精制糖的摄入。

（4）开展体育锻炼，增加室外活动。

体育活动有助于眼压下降，因此每天要保证 1 个小时的体育活动时间；积极参加爬山、郊游等户外活动，使眼睛在绿色世界中得到充分的放松和调节，预防近视的发生和发展。

（5）定期检查视力。

学校应每年进行 2 次视力检查，了解学生的视力变化，以便及时采取措施，控制近视的发生发展。

图 5－1　滨河小学：近视预防讲座

图 5－2　碧波小学：眼保健操

案例：

深圳市新秀小学在创建健康促进学校银奖的过程中，针对铜奖评审时评审组提出的“学校应进一步加强教室灯光采光、灯桌距、黑板反射等，以便保护学生视力”的建议，积极采取措施，进行整改。为了改善学生视力不良的状况，学校要求师生们做到五个到位：

（1）认识到位。学校首先从思想认识上转变师生对视力不良的基本认识，通过健康知识培训班、国旗下讲话、健康促进会议、教师会议等多种方式，反复强调要把学生的视力放在第一位，要想方设法保护好学生的视力。

（2）措施到位。为保护好学生的视力，学校采取了三包措施。一是校医要包培训眼保健操领操员，保证每个学期培训 2～3 次眼保健操领操员。二是任课老师要包每一位学生做好眼保健操，不管是不是班主任，只要到了做眼保健操的时间，所有的学生都要在科任教师的帮助、监督下认真做好眼保健操。三是巡检到位，每一次学生做眼保健操，都有值日行政人员巡视检查，按照文明班评比标准进行登记扣分，保证全体学生严格、规范地做好眼保健操。

（3）课室的灯桌距和黑板整改到位。学校适当地调整学生的课桌椅，把一些较低的课桌椅更换掉，根据不同年级重新配置桌椅，缩短灯桌距。学校还投入 5 万多元资金，更换教室的黑板，使每一间教室的黑板达到检测标准；在每一间教室增加两对灯管，增加光线的强度。

（4）保护视力的教育到位。学校把对学生保护视力的教育划分成三大板块：一是加强视力保护的措施宣传，通过校园宣传栏、黑板报、广播站等大力宣传眼睛保健的方法。二是班主任在班级里强调做好眼保健操既能保护自己，又能维护班集体的荣誉，是每一个学生都应做好的事情。三是开展新的眼保健操评比活动，提高学生做眼保健操的质量。

（5）针对部分视力不良的学生，学校采取了多管齐下的办法加以干预。一是由班主任找此类学生进行谈话，鼓励他们树立信心，配合治疗，接受干预。二是对患有严重视力不良的学生，由校医就有关学生的视力状况与其家长进行沟通，分析病因病况，制订治疗方案或到眼科医院进行物理治疗。三是重点监控此类学生的卫生习惯和做眼保健操的情况，定期评估视力改善情况，及时调整干预措施。

通过实施以上综合措施，学生的视力不良的状况得到明显的改善，2009 年与 2006 年相比，学生的视力不良患病率和视力不良新发病率分别下降了 5.88% 和 5%。一些患有严重视力不良的学生视力均有所提高。

二、沙眼

1. 现状

新中国成立前，沙眼是致盲的首位原因，沙眼患病率平均约 60%，农村高达 75% 以上。随着沙眼防治力度的加强和医疗卫生条件的改善，现在沙眼的发病率已大为降低，是学生常见病中防治效果最为显著的疾病之一。全国城、乡中小学生沙眼患病率 1992 年分别为 15.88% 和 17.87%，1995 年下降为 9.4% 和 11.94%，到 2000 年则进一步下降为 7.5% 和 8.0%。2005 年至 2008 年，深圳市中小学生沙眼患病率为 3% ~5%，达到了《全国学生沙眼综合防治方案》控制沙眼患病率在 5% 以下的目标。

2. 什么是沙眼

（1）定义。沙眼是由沙眼衣原体引起的一种慢性传染性结膜角膜炎。

（2）危害。沙眼主要是由于不良的卫生习惯所引起的病原体的传播。沙眼感染晚期受累的睑结膜发生瘢痕，以致眼睑内翻倒睫，加重角膜的损害，可严重影响视力，甚至导致失明。

3. 症状

沙眼潜伏期约为 5 ~12 日，多发生于儿童少年时期。多为急性发病，病人有异物感、畏光、流泪，有大量黏液或黏液性分泌物。数周后急性症状消退，进入慢性期，此时无任何不适或仅觉眼易疲劳。如此时能治愈或自愈，可不留瘢痕。但在慢性病程中，在流行地区，常有重复感染，病情加重。角膜上有活动性血管翳时，刺激症状变为显著，视力减退。晚期常因后遗症，如睑内翻、倒睫、角膜溃疡及眼球干燥等，症状更为明显，并严重影响视力，甚至导致失明。

4. 如何预防

沙眼主要通过接触传染，凡是被沙眼衣原体感染的手、毛巾、脸盆、水及其他公共物品都可传播。因此，预防重点是防止接触感染。主要措施有：

（1）积极治疗现患者。这是预防沙眼传播的最主要措施。在治疗青少年患者的同时，还应抓紧治疗保教人员和家长中的现症者。

（2）加强健康教育。向学生、家长和教师传授有关沙眼的病因和防治方法，注意培养儿童爱清洁、讲卫生的习惯，如勤洗手，用流动水洗脸，不共用毛巾和脸盆，不用脏手、衣服或不干净的手帕擦眼睛等。

（3）治疗方法。治疗沙眼主要使用酞丁安滴眼液或利福平、四环素族、金霉素等抗生素。眼药水应一人一支，不能混用。施治者在点眼药水前须洗净双手，防止衣原体通过污染手带入眼内。

三、龋齿

1. 现状

龋齿是影响儿童生长发育的一种常见病，世界卫生组织将其列为全球范围内需重点防治的第三位非传染性疾病，口腔健康已成为社会文明的标志之一。目前，发达国家通过综合性预防措施，已使龋齿患病率明显下降，但在我国随着生活水平的提高、饮食的日趋精细化和食糖消费量的大量增加，龋齿患病率仍呈上升趋势。

2. 什么是龋齿

（1）定义。龋齿是一种由口腔中多种因素复合作用所导致的牙齿硬组织进行性病损，表现为无机质脱矿和有机质分解，随病程发展而从色泽改变到形成实质性病损的演变过程。

（2）危害。儿童患龋后不仅引起疼痛，而且影响食欲、咀嚼和消化，对生长发育造成不利影响。龋齿如不及时治疗，还可能会继发牙髓炎和根尖周炎，甚至引起齿槽脓肿和颌骨炎症；龋蚀的牙齿作为各种细菌的藏匿地，还可以通过变态反应等方式，诱发诸如风湿性关节炎、心脏病、肾炎、心内膜炎等全身性疾病。

（3）龋齿好发牙和好发部位。好发牙是第一、二乳磨牙（第四、五乳牙），第一、二恒磨牙（第六、七恒牙）；好发部位以咬合面为主。因此，向学生宣传刷牙的正确方法时，应强调重点刷磨牙及其咬合面。

3. 致病因素

龋齿病因明确，由细菌、食物、宿主（主要指牙齿对龋病的抵抗力或敏感性）和时间 4 种因素共同作用而造成。

（1）细菌。细菌是龋齿发生的必不可缺的因素。主要致龋菌是变性链球菌，其次是放线菌和乳酸杆菌。

（2）食物。碳水化合物（尤其是蔗糖）是主要的致龋食物。故儿童爱吃的带有黏性的甜食、精细点心、饼干糖果等易黏附在牙面，或滞留在牙齿窝沟内发酵，诱发龋齿。睡觉前吃糖、饮含糖饮料更易于致龋。

（3）宿主。牙齿的形态结构、排列是否整齐，唾液的流量，以及营养状况等与抗龋力有关。

（4）时间。龋齿的发生，从开始形成菌斑到出现小的早期损害，进而发展为龋洞，是一个缓慢的发展过程，平均需要 18 个月。如能在其不同发展阶段及时干预，可收到良好的防治效果。龋齿易发生在牙萌出后 2 ~4 年内，即牙釉质表面的成熟过程中易患龋。

4. 如何预防

（1）合理营养和体育锻炼。日常饮食中应供给合理充分的营养，充分咀嚼食物，尤其应注意摄入钙、磷、维生素（尤其维生素 D）；适当多补充豆类、乳、肉类、蛋等优良蛋白质，芝麻、鱼虾等富含钙的食物，富含纤维素的蔬菜等。茶叶含氟较多，可适量饮用或用茶水漱口。限制精制糖摄入，尤其不宜多吃黏稠甜食和黏点心。还应加强体育锻炼和户外活动，接受充足的日光，促进身体和牙齿发育，增强抗龋能力。

（2）注意口腔卫生。学校应和家长密切配合，督促孩子从小养成口腔卫生习惯，养成早晚刷牙、饭后（或吃甜食后）漱口、睡前不吃零食的习惯。掌握正确的刷牙方法，推广使用保健牙刷和含氟牙膏。

（3）窝沟封闭。这是 WHO 推荐的重要防龋措施，窝沟封闭的防龋效果非常明显，一般可使龋患率下降 60% ~99%。封闭第一恒磨牙宜在 6 ~7 岁，封闭双尖牙、第二恒磨牙应在 12 ~13 岁。为防止涂料脱落，应定期检查和复涂。

（4）定期口腔检查，龋齿填充及时。每年应保证至少一次口腔检查，发现龋齿应及时进行龋齿填充治疗，防止龋蚀进一步发展。

（5）加强口腔保健。对牙齿排列不齐、咬合关系不正常、不良修复体要及时修复，以防止食物嵌塞、牙垢堆积。此外，每天早晚空口咬合（叩齿）数十次，不但能增强口腔的自洁作用，还能增强牙体组织的抵抗力，对口腔保健有一定的作用。

图 5 –3　碧波小学：预防龋齿讲座

图 5 –4　锦田小学：护牙小报

案例:

深圳市碧波小学在创建健康促进学校金奖过程中，实施“健康护齿工程”，以“涂氟保护漆”为突破口，在学生龋齿防治上下工夫，进行了科学有效的干预。具体措施包括：

（1）加强爱牙教育，提高认识。通过爱牙日、爱牙周、校园广播、主题班队会、健康小报、“给家长的一封信”以及家长会等形式，向学生、家长广泛宣传口腔卫生知识，养成人人刷牙、正确刷牙、食后漱口的良好习惯。

（2）把社区的健康服务与学校的健康服务联系起来。邀请区卫生局“氟保护漆护齿”小组进校为全体学生进行牙齿涂氟保护漆。因家庭经济比较困难而无能力涂漆的学生，学校为他们承担涂漆费用，确保学生牙齿涂漆率达100%。作为区慢病院的课题学校之一，口腔医生为三、四年级的学生进行牙齿的窝沟封闭。

（3）家庭介入。聘请口腔专家为全校学生家长作“口腔保健知识”讲座；对三、四年级的学生及家长进行口腔保健知识的问卷调查，针对问卷中存在的知识问题对学生加强宣传教育，并通过“给家长的一封信”，提高家长的口腔保健意识，让他们更有效地指导孩子的口腔卫生行为习惯。将学生的体检结果及时反馈给家长，要求家长进一步做好预防保健工作，并带孩子到专科医院进行龋齿的填充和窝沟封闭。

通过以上干预措施，2008年与2005年相比，学生龋齿患病率下降了0.8%，龋齿发病率下降了1.1%。

四、单纯性肥胖

1．现状

在全球范围内，肥胖也已成为一个重要的公共卫生问题。欧美发达国家儿童少年肥胖检出率一般为10%～20%。我国自20世纪90年代开始，超重、肥胖检出率迅速增加，部分大城市男性小学生的肥胖检出率已接近15%，接近发达国家水平。

2．什么是肥胖

（1）定义。肥胖是一种常见的营养代谢性疾病。肥胖者全身脂肪细胞增多，或细胞体积增大，或两者同时存在，导致体内脂肪成分显著增多，体重明显超过正常范围。

（2）诊断标准。目前，由中国肥胖工作组制定的BMI（Body Mass Index，又称“体重指数”，kg/m^2）分性别—年龄百分位数标准，已取代“身高标准体重法”，成为我国筛查7～18岁学龄青少年超重、肥胖的全国统一标准。（见表5－1）

表 5-1　中小学生超重和肥胖 BMI 标准

年龄（岁）	男		女	
	超重	肥胖	超重	肥胖
7~	17.4	19.2	17.2	18.9
8~	18.1	20.3	18.1	19.9
9~	18.9	21.4	19.0	21.0
10~	19.6	22.5	20.0	22.1
11~	20.3	23.6	21.1	23.3
12~	21.0	24.7	21.9	24.5
13~	21.9	25.7	22.6	25.6
14~	22.6	26.4	23.0	26.3
15~	23.1	26.9	23.4	26.9
16~	23.5	27.4	23.7	27.4
17~	23.8	27.8	23.8	27.7
18~	24.0	28.0	24.0	28.0

注：此表采用2003年国际生命科学学会中国办事处/中国肥胖问题工作组（WGOC）提出的 BMI 标准。计算公式：BMI 值 = 体重（kg）/身高的平方（m^2）。

（3）分类。肥胖有两种类型：一种是单纯性肥胖，主要是由摄食量过多、“以静带动”的生活方式、缺乏运动等原因所引起。另一种是继发性肥胖，由神经和内分泌功能失调或代谢性疾病所引起。

（4）危害。青少年的超重和肥胖，与心血管疾病、糖尿病密切相关，对青少年个性、性格、气质、情绪和社会化能力的发展都有长久的不利影响，甚至为成年期Ⅱ型糖尿病、动脉粥样硬化、原发性高血压等疾病的发生留下重大隐患。

3. 如何预防

肥胖一旦发生，要减肥比较困难，因此，预防超重和肥胖的发生是最经济和最有效的措施。肥胖的治疗是一个综合过程，它要求从运动、饮食、心理等多方面着手，避免药物减肥。

（1）平衡膳食。科学合理地安排一日三餐，不盲目节食，保证蛋白质的摄入，减少高热量和高脂肪的摄入。提倡饮食多样化，平时应多吃新鲜蔬果、粗粮和豆制品等；少吃高脂快餐、软饮料、甜食、冷饮和巧克力等。

（2）合理运动。加强体育锻炼与户外活动，是预防肥胖发生的最主要措施。应养成每天坚持锻炼的良好习惯。慢跑、快走、爬山、游泳和有氧体操等都能通过低强度、有节奏、持续一定时间的有氧运动，消耗体内多余脂肪，达到有效减肥、促进身体健康的目的。

图 5-5　滨河小学：预防学生肥胖讲座

图 5-6　滨河小学：肥胖干预资料

案例：

面对肥胖在全世界范围流行的趋势，以及深圳市学生肥胖防控形势不容乐观的局面，2006 年至 2008 年深圳市健康教育研究所开展了深圳市预防控制肥胖健康促进项目，深圳市滨河小学成为试点学校，该校也以防控小学生肥胖为切入点成功创建健康促进学校金奖。

针对正常学生与肥胖学生的不同，滨河小学实施各有侧重的干预措施。对体重正常学生，主要侧重于对肥胖的认知和预防干预；对肥胖学生，则主要侧重于正确看待肥胖、掌握有效减肥方法和实施行为干预。具体措施包括：

（1）强化宣传学习，转变对肥胖的认识。学校邀请了营养专家为全体师生作“认识肥胖”讲座，使学生对饮食营养与肥胖、运动与肥胖的关系以及肥胖对健康的危害认识深入；以肥胖干预为主要内容发放“致全体家长的一封信”，呼吁家长重视孩子的肥胖问题，教给家长预防和干预肥胖的方法；学校利用红领巾广播站、健康宣传专栏、班级黑板报宣传肥胖预防知识；各班利用班队课多次开展以“营养与健康”、“饮食习惯与健康”、“肥胖的预防与控制”为主题的健康小天使活动；结合社会力量组建了肥胖干预项目义工队，参与到学校的肥胖干预工作中来。

（2）结合教学改革，促进肥胖干预深入开展。学校制定了“滨河小学学生假期健康套餐”，指引学生进行营养与肥胖知识的学习与运动；开发了涵盖“营养饮食”与“肥胖干预”的《营养与健康》校本教程；开展了“走进肥胖”、“吃出健康”、“肥胖干预”等综合实践活动；召开了各个层面的“学生肥胖干预”教学研讨会。

（3）加强行动管理，使学生养成良好的饮食习惯。加强课间餐的管理；举行全校性的“告别不良饮食习惯，做健康少年”演讲活动和“肥胖与健康”知识竞赛。倡导健康的生活方式和良好的饮食习惯；组织全校各班开展“拒绝零食”签名活动，并在班级张贴，成为每个学生每天的警示语；建立肥胖学生档案，定期测量肥胖学生身高体重和饮食运动情况。加强肥胖学生饮食和运动方面的监测指导；制定了学生饮食运动日记表。学生每天自评，班主任、家长周评，督促学生养成良好的饮食习惯；组建学生健康促进小组，开展同伴互助、同伴教育。

（4）分层递进安排体育活动，培养学生良好的运动习惯。做好学生肥胖运动干预的计划和安排，对肥胖学生实施个性化运动干预计划。

（5）正确疏导，关注肥胖学生心理健康。在开展一系列肥胖干预活动的同时，学校对肥胖学生的心理健康也比较重视，专门召开年级组长和班主任会议，要求各班要创设宽松的班级氛围，不能取笑、讽刺、挖苦肥胖学生。此外，校医对肥胖学生开展以“正确对待肥胖，快乐健康成长”为题的集体心理辅导，经调查，辅导前后对比因肥胖而感到自卑、不开心的学生人数由25人下降到3人。

通过以上措施，学生的健康营养知识知晓率和健康饮食行为形成率普遍提高，学校肥胖学生人数从124人下降到103人，学生肥胖率比干预前下降了4.5%。

五、营养不良

1．现状

目前，随着生活水平的提高，我国学生的营养与健康状况有了很大的改善。但由于缺乏合理的营养知识，膳食摄入的不均衡，导致青少年中出现了营养不良和肥胖同时存在的“双峰现象”。据2000年中国学生体质与健康调研报告显示，目前我国7～9岁儿童中，轻、中度营养不良检出率，城市男生分别为1.01%和0.15%，城市女生分别为2.22%和0.14%。

2．什么是营养不良

（1）定义。营养不良指蛋白质—热能营养不良，是由于进食不足，或进食不能被充分吸收利用，或因为慢性疾病消耗较大所引起的一种慢性营养缺乏症，主要表现为优质蛋白质及维生素A、维生素B、钙、铁、锌等维生素和微量元素的缺乏或摄入不足。

（2）诊断标准。学生营养不良筛查标准主要采用身高别体重法。评定以同等身高标准体重值为100%，体重在标准体重的90%～110%范围内为营养状况良好；低于90%为营养不良（80%～90%为轻度营养不良，70%～80%为中度营养不良，

<70%为重度营养不良）。

（3）分类。营养不良有三种类型。一种是消瘦型，是由于热能严重不足所引起的，表现为个子矮小，消瘦，皮下脂肪消失，皮肤弹性差，头发干燥易脱落，体弱乏力，萎靡不振等；另一种是浮肿型，是由于严重蛋白质缺乏引起的，表现为周身水肿，眼睑和身体低垂部水肿，头发脆弱易断和脱落，指甲脆弱有横沟等；第三种是混合型，它介于消瘦型和浮肿型之间。

（4）危害。学生时期正是身体的生长发育高峰期，若出现营养不良，会严重阻碍学生的正常生长发育，降低学习能力，甚至影响一生的身体健康。据经济学家估计，儿童时期蛋白质—热能营养不良可使智商降低15分，导致成年后收入及劳动生产率下降10%。

3. 如何预防

开展营养指导，尽早发现营养不良并及时纠正；认真防治各种急、慢性疾病，合理安排生活作息制度，加强体育锻炼。

（1）保证合理营养。学龄儿童和青少年生长发育旺盛，需供给营养丰富的食物，如牛奶、鸡蛋、豆浆、豆腐、鱼、肉类和蔬菜水果等。合理安排膳食结构，实现营养素均衡摄入。保证早餐吃饱、吃好；积极创造条件，组织学校营养午餐，以每天主要营养素需要量的40%在午餐中供给为准，满足生长发育需要。

（2）培养良好的饮食习惯。应从小纠正挑食、偏食、吃零食过多等不良习惯，定时、定量进餐。发现儿童和青少年食欲下降应及时查明原因，合理调配膳食，使其尽早恢复正常的营养摄入。

（3）对症治疗。以学校为单位，通过定期体检及早筛查和确诊营养不良，积极治疗肠道蠕虫感染和消化道疾病等。对处于消耗性疾病康复阶段的学生，应提供专门的营养指导，配合营养治疗和体育锻炼，以促使其早日康复。

图5-7　滨河小学：营养不良防治讲座

图5-8　滨河小学：告别不良饮食习惯演讲

六、缺铁性贫血

1. 现状

缺铁性贫血是目前世界上最常见的微量营养素缺乏症，全球约有2亿多人受其影响，WHO已将缺铁性贫血作为世界范围内需要重点防治的公共卫生疾病之一。缺铁性贫血也是我国学生的常见病之一。

2. 什么是缺铁性贫血

（1）定义。缺铁性贫血是指周围血液中的血红蛋白浓度、红细胞数和红细胞比积低于正常，体内铁的储存不能满足正常红细胞生成的需要而发生的贫血，是由于铁摄入量不足、吸收量减少、需要量增加、铁利用障碍或丢失过多所致。

（2）诊断标准。血红蛋白浓度（g/L）是筛检缺铁性贫血最简单最有效的指标。依据1998年国家颁布的《儿童少年血红蛋白筛检标准》，儿童少年血红蛋白正常值下限见表5－2：

表5－2　儿童少年血红蛋白正常值下限

年龄（岁）	性别	正常值下限（g/L）
6～	男、女	110
12～	男	120
	女	115
15～17	男	130
	女	120

（3）危害。缺铁性贫血对儿童青少年的健康和生长发育产生的影响极为明显，除使身体耐力下降外，还可降低儿童青少年的认知能力，损害其智力发展，出现行为问题，同时还会降低机体免疫能力，使人体对疾病的抵抗力下降。

3. 症状

（1）上皮组织损害引起的症状。约10%～70%患者有口角炎与舌炎；萎缩性胃炎与胃酸缺乏；皮肤干燥、角化和萎缩、毛发易折与脱落；指甲不光整、扁平甲、反甲和灰甲。

（2）神经系统症状。15%～30%患者表现为神经痛（以头痛为主），感觉异常，严重者可有颅内压增高和视乳头水肿。5%～50%患者有精神、行为方面的异常，例如注意力不集中、易激动、精神迟滞和异食癖。

（3）肝、脾、淋巴结肿大。由于骨髓外造血反应，肝、脾、淋巴结有轻度的肿大，年龄愈大，病程愈长，贫血愈重者，肿大愈明显。

4. 如何预防

儿童少年贫血发生率高，防治任务重，宜采取以下措施：

（1）营养健康教育。以铁营养为重点，进行科学营养知识宣教；自幼培养良好饮食习惯，不挑食、不偏食；定时定量进餐，不以糕点等零食代替正餐。

（2）合理膳食。选用补铁食物时，尽量选择含铁量和吸收率高的食物，而且应考虑其综合营养效用；多食用瘦肉、动物肝脏和鸡鸭血汤等富含铁的食物，以及豆制品、粗面粉、蔬菜、水果等，增加芝麻、蘑菇、木耳、虾皮、鱼、海带等含铁丰富的副食。

（3）合理应用强化含铁食品。强化铁奶粉、强化铁饼干、猪血饼干和含铁饮料等，多含易被吸收的二价无机铁，是快速纠正缺铁性贫血的重要途径。但是，强化铁食品不宜过量摄入，以免引起铁中毒。

（4）积极治疗贫血患者。定期检测学生血红蛋白浓度，以尽早发现贫血患者。铁缺乏症和轻度贫血的学生以膳食调整为主，中度贫血以上的学生以药物治疗为主，血红蛋白在100g/L以下的学生，学校应通知家长带其去医院诊治，并重点观察。

七、学生伤害

学生伤害目前是世界各国面临的一个严峻的公共卫生问题与社会问题。世界卫生组织在《2004年全球疾病负担》报告中指出，伤害与暴力每年导致约950 000名18岁以下儿童死亡，是10~19岁儿童死亡的主要原因，此外，它还导致全球上千万儿童的住院与终生残疾。在我国，少年儿童“安康计划”和教育部的调查表明，全国平均每天有40多名中小学生因交通事故、建筑物倒塌、食物中毒、溺水、治安事故等死亡。

1. 伤害的定义与诊断标准

（1）伤害的定义。凡因为能量（机械能、热能、化学能等）的传递或干扰超过人体的耐受性所造成的组织损伤，或窒息导致缺氧，影响了正常活动，需要医治或看护的，称之为伤害。

（2）我市中小学生伤害监测系统的伤害定义：①到医疗单位诊治，诊断为某一类损伤；②因损伤请假（休工、休学、休息）1日以上。符合两条件之一即可诊断为伤害。

2. 伤害的分类

伤害的种类复杂，目前国内外对伤害的分类方法很多，尚无统一的分类标准，根据造成伤害的意图分为：

(1) 意外伤害。意外伤害是指无目的性、无意识的伤害，主要包括车祸、跌落、烧烫伤、中毒、溺水、切割伤、动物叮咬和医疗事故等。在伤害死亡中，意外伤害导致的死亡占第一位。

(2) 自杀与自伤。自杀与自伤是指受伤害人对自己的有意识伤害，包括自杀、自虐和自残等。

(3) 暴力与他杀。暴力与他杀是由他人有意识地加害而造成的伤害，包括家庭暴力、虐待儿童、强奸、他杀和斗殴等。

3. 学生伤害的干预策略

(1) 重视校园安全工作，加强制度建设。

教育部门、卫生部门和全社会都要高度重视中小学生的安全和健康成长的大环境，增强安全防范意识，加大安防人员投入力度，校园安全措施应当做到滴水不漏，切实做好各种伤害的预防控制工作。加强法规制度建设，严格执行《深圳市学校安全管理条例》，不断完善突发公共事件应急管理制度，责任落实到人。

(2) 加强安全器具的应用。

安全器具的研发和推广可显著降低学生伤害的发生率。例如，戴自行车头盔可将各年龄组骑车者头部受伤和严重脑伤的风险降低63%～88%；而烟雾探测器可将火灾致死率降低70%。

(3) 加大经费投入，改善校园环境。

学校应当为学生提供符合安全标准的校舍、场地、教学设施和生活设施。学校的建筑和附属设施的配备必须严格按照《学校卫生工作条例》、《深圳市学校安全管理条例》和《中小学校建筑设计规范》的要求执行；不合格的应及时整改，定期排查隐患和进行脆弱性评估，消除安全隐患。如体育运动器材的定期检查和更新、运动场地的改造、设置楼梯围栏、楼道上下行界线的划分等。

(4) 加强安全教育和防护。

学校应尽早开展预防伤害的健康教育，开设健康教育课程，通过校园广播、校园网、墙报、健康课和讲座等多种形式，有计划地对全体师生进行安全教育和急救知识培训，不断提高师生预防伤害的知识和技能。如正确使用消防器材和掌握逃生与自救的方法、如何避免他人伤害的技能等。同时鼓励学生把学校健康教育资料带给父母家人，实现父母与学生对伤害预防知识的共同学习，增强防护意识。

4. 几种常见的学生伤害

(1) 道路交通伤害。

①定义。指发生在公共路段上，至少涉及一辆移动车辆的碰撞或事故所引起

的致命性或非致命性伤害。车辆通常包括机动车、摩托车、自行车等。

②干预措施。

• 重视全社会交通法规教育，必须从幼儿园开始进行安全教育。教育孩子过马路要避让车辆；不在马路上游戏、乱跑和翻越护栏；不在马路上揉眼；不在马路边嬉戏。

• 行人应严格遵守交通规则。行人走人行道，过马路走人行横道，红灯停、绿灯行。

• 驾驶员应该自觉遵守道路交通管理法规，杜绝违章开车、酒后开车、疲劳驾驶、快速抢道和冒险飙车。不开带病车和超载车，确保行车安全。

• 做好安全防护措施，戴头盔，系安全带以及使用儿童固定座椅。

• 加强对青少年摩托车驾驶者的定期培训与考核，并适当提高驾驶员年龄限制。

• 在校园、居住区和游戏场所周围强制车辆减速。

• 禁止边驾驶边使用移动电话。

（2）运动伤害。

①定义。青少年运动伤害主要是指学生在体育运动中发生的各种软组织、骨关节的急、慢性损伤。常见的有骨关节损伤、软组织损伤、下腰部损伤、外伤性炎症等。

②干预措施。

• 运动前做好准备活动，提高中枢神经的兴奋性，使全身的关节和肌肉迅速地进入运动状态。

• 合理指导大、中、小学生安排体育锻炼及训练项目，根据学生的年龄、性别和专业特点，指导学生合理进行各种不同的体育运动，教会学生在运动中自我保护的方法，避免互伤，杜绝故意伤人的行为。

• 学校应定期检修、维护运动器械，以确保其安全性；加强运动场地的基本建设，做到跑道和沙池平整、软硬适中，无乱石、无积水。

• 在容易发生伤害的部位，带上头盔、护腕、护膝、护踝等防护用具；跌倒或滑倒时，尽量避免骨关节或头部直接接触地面。

• 孩子在水中发生肌肉拉伤抽筋时，在保护孩子的同时，尽量让孩子不要紧张，以免拉伤抽筋加剧。

• 穿上适宜运动的宽松、透气、吸汗的运动服装，脚穿防滑胶底球鞋。

（3）坠落伤。

①定义。指人不慎跌到地面、地板或其他较低平面上的事故。坠落点越高，损伤越重，伤情越复杂。跌倒可能会造成头骨断裂和颅脑损伤。如果跌倒后出现

呕吐、头痛、头晕、昏迷、耳朵鼻子出血等症状，应立即送到医院治疗。

②干预措施。

• 学校应加强体育活动监管，防止学生在打球、跑步、骑车过程中发生意外坠落。

• 设计游戏场、房屋和家具、地面和楼梯时都要考虑到伤害的可能性。

• 非逃生用的窗户或阳台要装上防盗网，未设置防盗网的阳台应加高栏杆的高度，栏杆上不要有可脚踏攀爬的横杆；栏杆间的宽度要窄（<9 厘米），防止学生钻出。窗台和阳台边不放椅子、凳子等家具，防止学生攀爬。

• 楼梯处白天和黑夜都要有足够的亮度；楼梯上不可放置任何东西，至少一边应设置有扶手；学生不要在楼梯上推拉玩耍。

• 保持地面干爽，地面有水时，应立即拖干；在洗手间、洗手盆前铺防滑垫。

（4）烧烫伤。

①定义。由热辐射导致的对皮肤或其他机体组织的损伤。当皮肤或其他组织的部分或全部细胞被热的液体（烫伤）、固体（接触烧伤）或火焰（火焰伤）损害时就发生了烧烫伤。其他由于辐射、放射、电流、摩擦或接触化学物质导致的皮肤或其他机体组织的损伤也属烧烫伤。

②干预措施。

• 日常生活中注意热汤、热水等热液的安全放置。

• 教育学生不玩火，不靠近产生热源、热能的器具。

• 教育学生使用煤气、酒精炉、煤油炉时必须有人照看，定期检修，不能带故障使用。使用酒精炉、煤油炉等炉具应熄火后再添加燃料。

• 教育学生使用蚊香、香烛时不直接放在易燃的地板、桌子上，应远离地毯、窗帘、床上用品等易燃物品。

• 使用合格的电器并定期维护保养。不超负荷使用电器，防止电路老化，不乱接电线。不破坏、变动住宅的防火消防设施。不随意存放易燃、易爆物品。

• 不要徒手接触强力清洁剂，如碱水、除污粉等。

• 正在打雷闪电时不要到树下躲避或站在路牌旁，更不要在这些地方使用手机或小灵通。

• 不要站在潮湿的地面上接触带电体，也不要湿手触摸电器，如湿手换灯泡，湿布擦拭电器、触碰开关或插座等。搬动电器时应先拔掉插头。

（5）溺水。

①定义。指儿童的呼吸道中浸入液体，导致呼吸损伤的事故。溺水在我国是 1 ~ 14 岁儿童伤害死亡的首要原因，是婴儿死亡的第二位原因；有些非致命的溺

水也可以导致严重的神经系统损害。深圳市每年都发生多例学生溺水的事故，应引起各方的高度重视。

②干预措施。

• 学生不应独自一人外出游泳，也不应到不知水情或比较危险且易发生溺水伤亡事故的地方去游泳。

• 选择合格的场所游泳，游泳池边（四周）应设置隔离护栏，配备救生员和就地营救的复苏设备，确保学生在遇险时能获得及时救治。学生下水前应穿戴好漂浮器具。

• 游泳前要做好热身运动。如泳池水温太低则应先在浅水处用水淋洗身体，待适应水温后再下水游泳；镶有假牙的同学，应将假牙取下，以防呛水时假牙落入食管或气管。

• 太饿、太饱，有开放性伤口、皮肤病、眼疾，感冒，身体不适或虚弱者不宜游泳。

• 在游泳中如果突然觉得身体不舒服，如眩晕、恶心、心慌、气短等，要立即上岸休息或呼救。

• 对自己的水性要有自知之明，下水后不能逞能，不要贸然跳水和潜泳，更不能互相打闹，以免呛水和溺水。不要在急流和漩涡处游泳，更不要酒后游泳。

• 学校应开展心肺复苏术训练及水中自救训练，提高学生对溺水的防范意识。

（6）中毒。

①定义。指因吸入、摄入、注射或吸收有毒物质或毒物而导致的细胞损伤或死亡。影响中毒严重性或关键因素包括：毒物的性质、剂量、配方及暴露途径，是否同时接触其他的毒物，中毒学生的营养情况或禁食状况，年龄及此前健康状况等。

②干预措施。

• 教育学生冬季取暖、使用热水器时应特别注意室内通风，预防一氧化碳中毒。

• 在服用药物前应仔细阅读药物的作用、储藏方式与有效期限，严格按照药品说明书服用，并注意及时丢弃过期的药物。常备药品必须放在适当的地方，严禁与衣物放在一起，有些药品即使放在冰箱里，也要与其他食品分开，确保孩子拿不到。选择有儿童安全瓶盖的药品。

• 家庭中的毒物及潜在有毒物品应有明确标签，药品、清洁剂、杀虫剂、消毒剂等应存放在贴有危险标签的容器中，不能倒入杯子或饮料瓶里，以避免误用，且应放置在橱柜中并上锁，放在儿童拿不到的地方。

• 不要随意采摘、食用野果、野蘑菇。

• 控制环境铅污染，勤洗手，特别是饭前和吃东西之前洗手，减少铅中毒对儿童身体的影响。

• 提高中毒的急救水平，普及中毒抢救的基本知识、技能和方法。采用催吐、喝大量的水和牛奶来中和毒性等方法减轻毒性，并尽快送医院治疗。

案例：

深圳市罗湖中学地处南湖路与春风路交界处，常有大量车流经过，而校门口未设置任何安全措施，学生上学、放学穿梭在车流中，很不安全。为保障学生交通安全问题，学校与市交警局沟通，在路口安装红绿灯，添加警示牌；皇岗口岸大队在路口增派交通协管员。此外，学校在大门口安装可推拉的铁闸门，与主干道机动车道隔离，避免外来车辆停放在校门口，减少了学生伤害事故的发生。

在校园周边安全治理方面，学校也做了大量的工作。为避免周边社会闲杂人员打扰学生，学校与南湖派出所签订协议，每半小时派警员到校了解治安情况，并且增派巡防员24小时不间断地加强校园周边的巡逻。

改造前

改造后

图5－9 春风路与南湖路交汇处安装红绿灯

改造前

改造后

图5－10 南湖路添加了警示牌

改造前　　　　改造后

图 5－11　安装可推拉的铁闸门

第四节　学生健康危险行为的监测与干预

改革开放带来了我国经济的腾飞，随着经济的发展，人们的思想也在发生变化。在这样的形势下，青少年的思想受到各种影响，其健康危险行为也呈现出多样化的趋势。健康危险行为对青少年的健康成长及成年后的健康和生活质量造成直接或间接的危害。不同类型的健康危险行为会造成不同的危害，因此要针对不同类型的健康危险行为采取不同的干预措施。

近期深圳市青少年健康危险行为调查表明，深圳市青少年面临的健康危险行为主要体现在伤害相关行为（详见本章第三节）、不健康性行为、物质成瘾行为、网络成瘾行为、缺乏运动锻炼行为和不良饮食行为等。

一、健康危险行为监测

青少年健康危险行为监测，是指对青少年健康危险行为的发展、变化趋势进行系统的、连续的资料收集、整理、分析和利用的过程。定期监测本身就是一个干预过程。通过分析青少年健康危险行为的人群变化趋势和特征，制定相应的干预策略和措施，尽快加以实施，再通过今后的监测过程将这些策略、措施逐步加以完善，最终实现全面控制、减少或消除健康危险行为的发生、发展，达到促进青少年人人健康的目的。

1．青少年健康危险行为的流行特点

（1）随社会经济的发展而变化。

各类行为的发生、发展都随社会经济的发展而变化。随着社会经济的发展而出现的环境变化，如都市化、工业化、生活现代化、生活方式改变和价值观变化以及信息的多元化等，导致青少年健康危险行为中的大多数流行率和严重程度均在上升。

（2）易受大众媒体、流行时尚、技术革新等因素的影响。

青少年身心发展的重要特征之一是易受大众媒体、流行时尚、技术革新等因素的影响，尤其反映在健康相关行为方面，无论是健康行为，还是危险行为；相反，其流行对社会潮流产生的反向作用也大。因此，许多健康危险行为的指标表现是不稳定的，通常每2～3年就会出现明显变化。必须经过多次测量，才能揭示其规律性；而了解这些规律，对预测这些行为的未来发展趋势作用很大。

了解青少年健康危险行为的流行特点和规律，目的是为各级政府制定相应的政策、法规和宏观干预策略，指导学校、社区、家庭采取具体的预防、教育措施提供科学依据。假如数据反映的情况已过时，干预效果通常较差。

2. 青少年健康危险行为监测的意义

当前的学校卫生面临两大转折：一是伤害（包括故意和非故意伤害）已取代躯体疾病，成为发达国家和包括我国在内的“社会转型国家”青少年的首位死亡原因；二是随着经济高速发展和都市化、生活现代化进程，人们的生活方式正发生由“动”转“静”的急剧变化，给肥胖及其相关慢性疾病的发生、发展留下巨大隐患。伤害、早逝与不健康行为习惯、生活方式的关系密切；在欧美、日本等发达国家，3/4的青少年死亡与健康危险行为有关。可见，开展青少年健康危险行为研究顺应了形势发展的需要，有鲜明的时代特征，将显著提高我国学校卫生工作的水平。

3. 青少年健康危险行为监测的实施

根据深圳市学校卫生工作的实际情况，深圳市、区疾病预防控制中心建立了学生健康危险因素监测网络，开展学生健康危险行为监测工作，并针对主要问题开展干预控制工作。

（1）监测对象。

监测对象覆盖深圳各区小学、中学、职业中学不同年级的学生。

（2）监测内容。

监测内容主要包括：①学生基本情况；②饮食相关行为；③运动锻炼相关行为；④故意和非故意伤害相关行为；⑤吸烟、饮酒和吸毒等物质成瘾行为；⑥电子游戏、网络成瘾和赌博等成瘾行为；⑦易导致意外怀孕和性传播疾病的性行为；⑧不良心理状态等。

（3）监测方法。

主要运用现场流行病学的调查方法，利用统一设计的问卷，定期定量地收集监测点学校学生健康危险行为的发生情况信息；找出主要健康危险行为及其影响因素；针对主要危险因素实施干预。

二、健康危险行为的干预策略和措施

1. 干预策略

针对青少年健康危险行为的形成和发展特点，应采取以下干预策略：①以公共卫生理念为基础，建立学校—家庭—社会三联防治屏障，着重改善环境；②以生活技能为主体的教育干预模式；③将健康促进学校作为干预平台，实施整体干预。

2. 干预措施

（1）争取政府和各部门配合。

利用各种机会和场合，向各级领导和各部门宣传、汇报健康危险因素监测与干预的重要性，提高各级领导和各部门对健康危险因素监测与干预的认识。

（2）加强大众传媒宣传。

对于青少年的教育，不只是学校和家庭的任务，更是全社会的责任。社会环境对青少年健康的教育和促进相当重要。大众传媒的宣传是营造氛围的重要手段。

（3）学校教育。

学校是教书育人的场所，学生在学校不但要学习包括健康在内的知识，还需要培养良好的道德品质、健康心理、健康人格和健康的生活方式等。健康促进学校是实施行为整体干预的有效平台，通过开展各种健康教育与健康促进活动，向师生宣传健康观念和健康知识，促进师生健康行为的形成。

（4）家庭教育。

父母、家人是青少年最早最直接的教师，父母的言传身教会对孩子产生潜移默化的影响。青少年健康行为习惯的培养和形成除了与学校教育有关外，还受家庭、社会等诸多因素的影响。以社区为平台把健康教育推广至每个家庭，同时鼓励学生把学校的健康教育的内容和资料带给父母家人，实现学校与社区的健康教育资源互动与促进，逐步提高家庭每位成员的健康意识和培养良好的健康行为习惯。

三、几种常见的青少年健康危险行为

1. 不健康性行为

（1）现状。

在“性自由”、“性解放”思潮的影响下，世界各国青少年的性观念在发生改变，过早发生性行为现象越来越普遍。美国有46.7%的高中生曾经发生过性行为，14.4%的学生有4个以上的性伙伴，4.2%的曾经怀孕或使别人怀孕。国内诸多调查结果表明，青少年学生发生性行为的现象在各地是普遍存在的，且有上升的趋势。上海市报告有2.3%的高中生曾发生过性行为，男生明显高于女生。重庆市在2002年对当地的28所高校中的本科大学生进行的随机抽样调查表明，有12.8%的大学生有过性行为，其中男生占23.5%，女生占10.2%。相对于1997年的同类调查的男生占10.9%、女生占8.4%和全体占10.1%的结果，这个结果说明大学生发生性行为的比率在增加，而且有7.3%的学生（12.8%的男生、2.6%的女生）在上大学之前就有过性行为，说明性行为在中学的发生率也在扩大。

（2）干预措施。

在不可能杜绝性行为发生的前提下，为了防止性传播疾病的蔓延和意外妊娠的发生，我们有责任开展宣传，引导青少年进行安全性行为，正确合理使用安全套。同时，提倡青少年参加有利于身心健康的文体活动，追求高尚的精神生活，推迟首次性行为的年龄。

①取得政府及各部门的支持。利用各种机会和场合，向各级领导和各部门宣传、汇报不良性行为的发生情况以及采取预防和干预措施的重要性，引起政府和各部门的重视，从而加大投资力度，如举办家长学校，培养家长正确的教育观念和教育方式；开办青少年专业性教育网站，利用网络避免孩子难于向长辈启齿的尴尬；加大力度打击黄色网站，为开展良好的性行为教育以及预防、干预措施提供外部保障。

②加强学校的教育力度。开设性教育课程，把性生理、性心理和性道德教育三者有机地结合起来，并且把有关的内容渗透到各类课程当中，使其制度化。根据不同年龄安排不同内容，帮助青少年正视性，安然度过性困惑期；引导学生懂得爱情的真谛，树立正确的恋爱观；结合多种方式强化教育结果。如采用征文、知识竞赛等方式客观公正地对待性相关知识；适当地介绍一些避孕知识以及宣传安全套的防病作用，以便预防艾滋病和性传播疾病。

③重视家庭教育。家长应以正确的态度对待孩子的性问题，在孩子不同的年龄阶段给予相应的性教育，培养孩子形成正确的性价值观。

④大众媒体宣传。有研究表明有23.8%中学生的性知识来源是书刊、录像和影碟等传播工具，可见媒体是青少年获得性知识的重要来源。因此可以通过公益广告、报刊和互联网等大众传播方式加深青少年对性相关知识的认识，强化学校和家庭教育的结果。

2. 物质成瘾行为

(1) 什么是物质成瘾。

①定义。物质成瘾又称物质依赖，这里的“物质”指的是来自体外、可影响精神活动并导致成瘾的物质。1973 年世界卫生组织指出物质依赖是由于物质与机体相互作用所造成的一种精神状态，有时也包括身体状态，表现出一种强迫性或定期用药的行为和其他反应，为的是体验它的精神效应，有时也是为了避免由于断药所引起的不适感。

②危害。物质成瘾行为包括吸烟、酗酒、吸毒以及滥用药物等行为，是常见的青少年健康危险行为。由于青少年时期身体系统和器官发育尚不完善，功能尚不健全，抵抗力较弱，与成年人相比，物质成瘾对青少年的危害更大。因此对青少年物质成瘾行为的干预就显得重要且迫切。

(2) 干预措施。

①加强部门协作，加大媒体宣传力度。向青少年宣传物质成瘾的危害及其预防措施，为青少年营造健康、安全的生活环境。

②加强学校教育力度。根据不同年龄段学生的特点开展教育，如小学高年级可结合自然常识课教学，进行浅显的物质成瘾危害教育；初中可结合生理卫生课进行物质成瘾危害的教育；高中可让学生参与物质成瘾危害宣传，从中得到教育。加强青少年的法制观念和道德品质教育，培养学生高尚情操和良好行为习惯，增强抵御能力；帮助学生树立正确的人生观、价值观，开展丰富多彩的文体活动，增加学生对美好生活的向往，从而减少使用物质。

③重视家庭教育。家长要以身作则，用自身的行为习惯告诫孩子远离物质；家长应学会识别早期的青少年物质成瘾，及时予以干预，以便及时解决。此外，家长还要帮助青少年解决成长中出现的各种问题和困难，帮他们养成良好的生活方式。

④寻求帮助。对于个别严重者要寻求专业人员的帮助，进行必要的矫正。

3. 网络成瘾行为

(1) 现状。

国内外的很多研究都表明，青少年网络成瘾行为已经成为日益突出的社会问题。一项关于深圳市在校学生网络使用情况的调查表明：9.4% 的学生患有网络成瘾综合征，男生（12.7%）明显高于女生（6.7%）。其中，职业中学学生发生率最高，达 13.5%。

(2) 什么是网络成瘾。

①定义。网络成瘾，又称因特网性心理障碍，是由于重复地使用网络而导致

的一种慢性或周期性的着迷状态，并且带来难以抗拒的再度使用的欲望，同时对上网带来的快感一直有生理及心理依赖。

②网络成瘾的诊断。根据美国学者 Young 的网络成瘾诊断量表，如果以下 10 项中至少有 5 项符合，就可诊断为“网络成瘾”：过去 7 天内平均每天上网时间超过 4 小时；不上网时仍想网上内容；因不能上网而感到无聊和焦虑；期望上网的时间比目前更长；上网时间经常超出预期；想不上网，但无法自控；因上网而不能完成作业或逃学；向家长、同学、老师隐瞒上网事实；因上网而与老师或家长发生冲突；借上网摆脱困境、抑郁、无助和焦虑。

③危害。网络成瘾对青少年的心理健康造成很大的威胁。过分沉迷于网络会导致青少年思维迟钝、精力不足、无心学习，甚至为上网而旷课、逃学；花费过多时间上网导致了与社会隔离，与同学、亲人和朋友之间的沟通大大减少，人际关系淡薄，从而导致抑郁症、社交恐惧症、自我封闭人格和强迫症等心理疾病。

（3）干预措施。

正是因为青少年的这种特点，所以及时、正确的引导可以有效地预防和改变网络成瘾行为。

①帮助学生认识到网络成瘾的危害。对学生进行网络成瘾危害教育，让学生认识到沉湎于上网会使人沉湎于虚拟世界，自我封闭，与世界产生隔阂，严重影响学习，甚至中断学习、中断学业。久而久之，还会影响正常认知情感和心理定位，导致人格的偏离，甚至发生意想不到的可怕后果。

②帮助学生学会科学安排上网时间。对学生进行健康上网的思想教育，让学生学会科学合理地安排上网时间和上网内容，在上网之前，根据任务量限定上网的时间，时间一到，马上下网，不找任何借口，不原谅自己，不宽容自己。

③帮助学生养成新的习惯来代替上网。举办各类有益活动，培养学生新的兴趣爱好，用新行为和新习惯来代替上网习惯。

④改善家庭教育方式。家长要尊重孩子，和孩子平等对话，建立民主和谐的家庭环境，让孩子感受到家庭的温暖，减少利用网络发泄不良情绪的可能。家长应结合孩子的个性和爱好，跟他们一起聊聊网上的轻松话题，将他们的兴趣引到一些有利于孩子成长的网络信息上来等。

⑤寻求帮助。对于个别严重者要寻求专业人员的帮助，进行必要的心理矫正。网络成瘾越早治疗效果越好，对于不太严重的可以采用心理咨询给予矫正，对于严重的要去专门机构采用药物治疗与心理咨询相结合的综合疗法。

4. 缺乏运动锻炼行为

（1）现状。

近年来，青少年缺乏运动锻炼越来越常见，肥胖及超重青少年不断增多，由此而引发的一系列健康和社会问题已经在世界范围内引起了关注。

一项国内的研究表明，我国青少年严重缺乏锻炼，只有16.2%的学生每天至少运动60分钟，43.6%的学生每周至少有3天每天运动60分钟，而56.3%的学生每周每天运动至少60分钟的不足三天。而且随着年级的升高，运动率逐渐降低，尤其是高校、职中的女生更是体育锻炼薄弱群体。

（2）干预措施。

WHO的专家明确指出，预防青少年肥胖，体育活动比膳食控制更重要。体育锻炼和体育活动不足是导致现代社会青少年肥胖流行的主要原因之一。

①建立健全学校体育工作机制，认真落实学校体育课和学生体育活动，确保开足、开齐体育课。

②加强体育卫生设施和师资队伍建设，积极推进体育教学改革，不断提高教学质量，并且监督教师不得占用体育课时间。

③通过调动学生参加课内外体育活动的积极性，有效增强学生体质，使学生掌握科学锻炼身体的基础知识和基本技能，同时不断培养青少年热爱体育、崇尚运动、健康向上的价值观，形成良好的体育锻炼习惯，为终身体育打下坚实基础。

5. 不良饮食行为

（1）现状。

饮食行为与许多慢性疾病如肥胖、糖尿病、心脑血管疾患等相关。青少年时期是体格和智力发育的重要时期，也是饮食行为和生活方式发展的关键时期，需要合理全面的营养供给，偏食和盲目摄食都可能引起青少年营养的不均衡。然而随着生活的富裕，各类软饮料、方便食品、中国式快餐的大量兴起，人们的饮食方式和习惯已经有了比较大的改变。尤其是对青少年来说，“垃圾食品”已经走进他们的生活。

有调查表明，60.5%的学生偏食，2.6%的学生不吃早餐，男生不吃早餐的问题更严重。一周时间里，每天吃甜点1次以上的学生占23.2%；不喝牛奶或豆浆的占20.1%；相对于女生，更多的男生在一周内没有喝过牛奶，他们喝汽水饮料的情况较普遍；而女生则更喜欢吃甜食。

肥胖除了会对青少年的生理健康产生威胁之外，还会对他们的心理健康产生很大的威胁。如肥胖会使得青少年自卑感水平较高、心理紧张、人际关系敏感、行为偏异、社会适应能力差等。

对此，有些青少年会采用极端的方式来控制体重。有研究表明，42.2%的学生通过节食方式减肥，57.1%的学生通过锻炼减肥，13.3%的学生通过长时间禁食减肥，9.2%的学生通过吃减肥药减肥，6%的学生通过吃腹泻药减肥。盲目极端的减肥方式对正处于生长发育关键阶段的青少年会造成严重的不良影响。

（2）干预措施。

不良饮食行为会对青少年的身心健康造成极大的不良影响，因此要及时地预防和干预。如举办健康饮食家长学校，进行家庭膳食指导，让父母学会合理安排饮食，为青少年养成良好的膳食习惯提供必要的环境支持。

①教育青少年了解不良饮食行为以及不健康减肥方式对身心健康的危害。

②家长的饮食行为对子女的饮食行为有直接的影响，因此家长要主动改善生活方式，科学合理地安排膳食，帮助青少年养成每天吃早餐、每天喝牛奶、少喝饮料、少吃甜食、少吃洋快餐等良好的饮食习惯。

③引导青少年加强体育锻炼，增强青少年的体质，从而减少不良饮食和不健康减肥的发生概率。

由于青少年所处年龄段的特殊性和青少年本身所具有的很强的可塑性，所以健康危险行为会对青少年造成很严重的影响；也正是由于可塑性很强，所以及时、适当的干预可以将健康危险行为的危害降到最低。

对青少年健康危险行为的干预需要动员学校、家庭、政府各级部门以及全社会共同努力，营造一种和谐、宽松、平等、健康的外部环境，为孩子的健康成长提供必要的支持和帮助，让他们健康成长，把他们培养成心理健康、人格健全、知识丰富的跨世纪人才。

第五节　教师主要慢性疾病的预防与控制

教师作为一类职业人群，在社会人才培养及促进社会发展与进步方面发挥着不可替代的作用，他们不仅面临着与普通人相同的健康问题，而且也面临着特定职业卫生问题的威胁。2005 年中国教师职业压力和心理健康调查结果显示，近四成教师生存状况不佳，82.2%感觉压力大。生活不规律、脑力劳动大、体力活动少是教师主要健康问题的诱因，容易诱发高血压、心肌劳累、咽喉炎等疾病。因此，有必要对教师这一特殊人群实施有效的健康监测与指导，制定有效的健康促进策略和措施，实施健康促进干预。

一、高血压

近年来，由于社会经济的快速发展和人们生活方式的改变，我国心血管疾病的发病率及相关危险因素均有增长趋势。2002 年全国居民营养与健康状况调查资料显示，我国成人高血压患病率为 18.8%，全国约有高血压患者 1.6 亿。高血压的危害性除与患者的血压水平相关外，还取决于同时存在的其他心血管危险因素及合并的其他疾病情况。据有关资料统计，深圳市部分学校教师高血压患病率高达20%以上。

1. 高血压的定义

高血压是以体循环动脉压增高为主要表现的临床综合征，是最常见的心血管疾病。

2. 高血压的诊断

在未服用抗高血压药的情况下，2次或2次以上非同日多次测量安静休息血压值为收缩压≥140mmHg和/或舒张压≥90mmHg，可诊断为高血压。患者既往有高血压史，目前正在服用抗高血压药，血压虽然低于140/90mmHg，也应该诊断为高血压。

3. 高血压发病的危险因素

研究证实与高血压发病显著相关的因素是超重、高盐膳食及中度以上饮酒。

（1）超重或肥胖。

成人正常体重指数［BMI=体重（kg）/身高^2（m^2）］为18.5~24，体重指数≥24为超重，≥28为肥胖。人群体重指数的差别对人群的血压水平和高血压患病率有显著影响。肥胖的类型与高血压的发生关系密切，身体的脂肪过多地集中于腹部，形成腹型肥胖者容易发生高血压。腹型肥胖的标准是中国成人腰围男性≥85cm、女性≥80cm。

（2）饮酒。

饮酒量与血压水平线性相关，每天饮酒量超过50g乙醇者，高血压发病率明显增高。男性持续饮酒者比不饮酒者4年内高血压发生危险率增加40%。

（3）膳食高钠盐。

不同地区人群血压水平和高血压患病率与钠盐平均摄入量显著有关，摄盐越多，血压水平和患病率越高。我国北方人群食盐摄入量约为每人每天12~18g，南方为7~8g，北方人群血压水平高于南方。人群平均每人每天摄入食盐增加2g，收缩压和舒张压则分别升高2.0mmHg及1.2mmHg。

（4）心血管病发生的其他危险因素。

①遗传因素。高血压具有明显的家族聚集性，父母均有高血压，子女的发病概率高达46%，约60%的高血压患者可询问到有高血压家族史。

②精神应激。城市脑力劳动者高血压患病率超过体力劳动者，从事精神紧张度高的职业者发生高血压的可能性较大。

③吸烟。吸烟是公认的心脑血管疾病发生的重要危险因素。吸烟者冠心病发

病的相对危险比不吸烟者增高2倍，缺血性卒中危险增高1倍，癌症死亡危险增高45%，总死亡危险增高21%。

④血脂异常。血清总胆固醇（TC）和低密度脂蛋白胆固醇（LDL－C）升高是冠心病和缺血性卒中的危险因素。

⑤缺少体力活动。体力活动减少是造成超重或肥胖的重要原因之一。

4．高血压的预防与控制

（1）减轻体重：尽量将体重指数（BMI）控制在<25。

（2）减少钠盐摄入：每人每日食盐量以不超过6g为宜。

（3）平衡膳食，减少脂肪摄入：新鲜蔬菜每日400～500g，水果100g，肉类50～100g，鱼虾类50g，蛋类每周3～4个，奶类每日250g，食用油每日20～25g，膳食中脂肪量应控制在总热量的25%以下，少吃糖类和甜食。

（4）增加及保持适当体力活动：根据年龄及身体状况选择合适的运动，一般每周3～5次，每次持续30～60分钟。如运动后自我感觉良好，且保持理想体重，则表明运动量和运动方式适合。

（5）保持乐观心态，提高自我防病能力：通过宣教和咨询，提高人群自我防病能力。提倡选择适合个体的体育、绘画等文化活动，提高生活质量。

（6）戒烟、限酒：不吸烟，限制饮酒。饮酒，男性每日饮酒精量不超过25g，即葡萄酒小于100～150mL（2～3两），啤酒小于250～500mL（0.5～1斤），白酒小于25～50mL（0.5～1两）；女性则减半量，孕妇不饮酒。不提倡饮高度烈性酒。高血压及心脑血管病患者应戒酒。

（7）规律作息，避免熬夜，劳逸结合。

（8）坚持定期测量血压，并规律服药，使血压控制在正常水平内。

二、冠心病

冠心病是动脉粥样硬化导致器官病变的最常见类型，也是严重危害人类健康的常见病。

1．冠心病的定义

冠状动脉粥样硬化性心脏病是指冠状动脉粥样硬化使血管腔狭窄或阻塞，导致心肌缺血缺氧而引起的心脏病，它和冠状动脉功能性改变（痉挛）一起，统称冠状动脉性心脏病，简称冠心病。

2．冠心病发病的危险因素

研究表明冠心病是多因素引发的疾病，为多种因素作用于不同环节所致，高血压、血脂异常及吸烟是冠心病发病的三大危险因子。

（1）高血压。血管内压力增高，容易损伤血管内膜，使血中胆固醇等更易通过血管壁而沉积，加重动脉粥样硬化程度。高血压病人患此病者较血压正常者高4倍。

（2）血脂异常。血液脂质含量异常，如总胆固醇、甘油三酯、低密度脂蛋白或极低密度脂蛋白增高，高密度脂蛋白降低，都是冠心病的致病因素。

（3）吸烟。吸烟者血中一氧化碳、碳氧血红蛋白浓度增高，可损伤血管内壁；而尼古丁又会使动脉收缩痉挛导致血压上升，心率增快，心肌耗氧增加。吸烟者与不吸烟者比较，此病的发病率和病死率增高2~6倍，且与每日吸烟的支数成正比。被动吸烟也能增加患病的危险。

除了这三大危险因素外，还有其他因素：

（1）年龄。冠心病是中老年人的常见病，多发生在40岁以后，每增加10岁，患病率递增约1倍。

（2）性别。冠心病多见于男性，男女比例约为2∶1。这种差别可能与女性激素有防止动脉粥样硬化作用及降低血脂作用相关，女性绝经后，发病率开始上升。

（3）遗传因素。家族中有在较年轻时患此病者，其近亲得病的机会可5倍于无家族史者。遗传因素可能造成代谢缺陷，发生高脂血症、肥胖、高血压等，这些因素均可促使动脉粥样硬化形成，诱发冠心病。

（4）肥胖。肥胖者易患冠心病。影响体重增加因素是摄入总热量过多，体力活动较少。

（5）糖尿病。糖尿病病人中此病发病率较无糖尿病者高2倍，40岁以上的糖尿病人半数伴有冠心病。

3. 冠心病的预防与控制

预防冠心病的关键，是要积极防止动脉粥样硬化。动脉硬化是渐进性的老年病，要及早防避其危险因素，注重老年保健。

（1）合理调整饮食。一般认为，限制饮食中的胆固醇和饱和脂肪酸，增加不饱和脂肪酸，同时补充维生素C、B、E等，限制食盐和碳水化合物的摄入，可预防动脉粥样硬化。

（2）适当从事体力活动。从事一定的体力劳动和坚持体育锻炼，劳逸适度，对控制危险因素（减低血脂、降低高血压、减轻体重），改善冠心病患者的血液循环有良好的作用。

（3）保持乐观态度。提倡选择适合个体的体育、绘画等文化活动，保持健康心态，避免过度紧张和情绪激动。

（4）作息规律。要养成早睡早起的习惯，特别注意避免熬夜。劳逸要结合，避免干粗重的体力活。

(5) 控制吸烟。吸烟在冠心病的发病中起着一定的作用。有研究显示，在35～54岁死于冠心病的人群中，吸烟者比不吸烟者多4～5倍，吸烟量多者危险性更大，可高达4～5倍。戒烟后心肌梗塞的发病率和冠心病的死亡率显著减少，而且戒烟时间越长效果越大。

(6) 治疗有关疾病。定期进行健康检查，可早期发现和积极治疗高血脂、高血压、糖尿病等与冠心病有关的疾病。尽可能消除和控制这些危险因素，对冠心病防治十分重要。

三、糖尿病

糖尿病是一种以血中葡萄糖水平增高为基本特征的代谢性疾病。随着生活方式的改变和老龄化进程的加速，我国糖尿病患病率呈快速上升趋势，成为继心脑血管疾病、肿瘤之后的另一个严重危害人类健康的重要慢性非传染性疾病。

1. 糖尿病的诊断

中华医学会糖尿病学分会建议在我国人群中采用WHO（1999）诊断标准。

①糖尿病症状+任意时间血浆葡萄糖水平≥11.1mmol/L（200mg/dL）或②空腹血浆葡萄糖（FPG）水平≥7.0mmol/L（126mg/dL）或③OGTT试验中，2小时PG水平≥11.1mmol/L（200mg/dL）。

2. 糖尿病发病的危险因素

(1) 1型糖尿病。主要与遗传易感性、自身免疫、病毒感染、牛乳喂养、药物及化学物等有关。

(2) 2型糖尿病。主要危险因素是遗传易感性、体力活动减少及（或）能量摄入增多、超重（24≤BMI≤28）、肥胖（BMI≥28）、向心性肥胖（腰围，男≥85cm，女≥80cm）、胎儿及新生儿期营养不良、中老年、吸烟、药物及应激等。

3. 糖尿病的预防与控制

糖尿病是一种复杂的慢性终身性疾病，因此对糖尿病的治疗是一项长期并随病程进展不断调整的管理过程。糖尿病的管理除根据糖尿病病情及时调整治疗方案外，还包括对糖尿病患者的教育、帮助患者掌握糖尿病自我管理的技巧、对糖尿病并发症的监测和治疗，以及对糖尿病患者相关数据的系统管理等。

(1) 饮食治疗的原则。

饮食治疗是糖尿病治疗的基础，是糖尿病自然病程中任何阶段都必不可少的防控措施。饮食治疗应个体化：膳食总热量的20%～30%应来自脂肪和油料；碳水化合物所提供的热量应占总热量的55%～65%；蛋白质不多于总热量的15%。

单独或配合药物治疗来获得理想的代谢控制（包括血糖、血脂、血压），有利于对糖尿病慢性并发症的预防；限制饮酒（特别是肥胖、高血压和/或高甘油三酯血症的患者）。酒精可引起应用促胰岛素分泌剂或胰岛素治疗的患者出现低血糖；可用无热量非营养性甜味剂；食盐限量在6g/d以内，尤其是高血压患者。

妊娠的糖尿病患者应注意叶酸的补充以防止新生儿缺陷，钙的摄入量应保证1 000～1 500mg/d，以减少发生骨质疏松的危险性。

（2）运动治疗的原则。

具有充沛体力活动的生活方式可加强心血管系统的功能和体能感觉，改善胰岛素敏感性，改善血压和血脂。经常性的运动可改善血糖的控制并减少降糖药物用量。因此，运动治疗应成为所有糖尿病患者糖尿病管理方案中一个必不可少的组成部分。

运动治疗的原则是适量、经常性和个体化。以保持健康为目的的体力活动为每日至少30分钟中等强度的活动，如慢跑、快走、骑自行车、游泳等。

（3）戒烟。

吸烟对糖尿病患者的危害尤其大，它与糖尿病的发病有关，并促进糖尿病大血管并发症的发生和发展，也是促使糖尿病患者早亡的主要原因之一。大量研究证据表明，吸烟增加心血管疾病、肿瘤、卒中及肺部疾病的危险性，而停止吸烟将降低这些疾病的危险性。

（4）控制体重，避免肥胖。

肥胖是糖尿病的主要危险因素，它与糖尿病的关系非常密切。体重每增加1千克，患病的危险至少增加5%。肥胖者发生2型糖尿病的危险性是正常人的3倍，约50%的肥胖者将来会患上糖尿病。肥胖可以使2型糖尿病患者的期望寿命缩短多达8年。故减轻体重可降低患糖尿病几率。

四、高脂血症

由于脂肪代谢或运转异常使血浆中一种或几种脂质高于正常称为高脂血症，可表现为高胆固醇血症、高甘三酯血症或两者兼有。高脂血症和许多疾病的发生、发展有密切关系，有的学者把它称为“多病之源”，高脂血症能引起动脉硬化，损害心脑血管，导致冠心病、高血压病、心肌梗塞、脑中风等致死率、致残率很高的严重疾病。

1. 高脂血症的分类

根据血清总胆固醇、甘油三酯和高密度脂蛋白—胆固醇的测定结果，通常将高脂血症分为以下4种类型：

（1）高胆固醇血症。血清总胆固醇含量增高，超过572mmol/L，而甘油三酯含量正常，即甘油三酯 <1.70mmol/L。

（2）高甘油三酯血症。血清甘油三酯含量增高，超过 1.70mmol/L，而总胆固醇含量正常，即总胆固醇 <5.72mmol/L。

（3）混合型高脂血症。血清总胆固醇和甘油三酯含量均增高，即总胆固醇超过 572mmol/L，甘油三酯超过 1.70mmol/L。

（4）低高密度脂蛋白血症。血清高密度脂蛋白—胆固醇（HDL－胆固醇）含量降低，<9.0mmol/L。

2. 高脂血症的危险因素

（1）膳食因素。饮食是血脂的主要来源，食用过多的动物脂，血中β－脂蛋白的含量升高最明显。

（2）精神因素。紧张的脑力劳动会使血中胆固醇升高。

（3）内分泌因素。垂体激素、肾上腺皮质激素、甲状腺素、性激素等可影响脂肪代谢。如甲状腺功能减退或性激素分泌少，内分泌功能失调等皆可引起血脂升高。

（4）体力劳动因素。增加体力劳动或相应的体育锻炼，可以增加热量的消耗，加速过高的血脂成分在体内的消耗。

3. 高脂血症的预防与控制

（1）合理膳食。限制总热量和糖类摄入量，减少脂肪摄入量，合理膳食，荤素搭配。坚持“四低一高”饮食，即低热量、低脂肪、低糖、低胆固醇和高纤维饮食。多食用鱼、瘦肉、家禽类、新鲜蔬菜、水果和植物蛋白豆制品食物。年过 40 岁者即使血脂正常，也应避免经常食用过多的动物性脂肪和含胆固醇较高的食物。

（2）控制体重，避免肥胖。正常体重应控制体重指数 BMI 在 18.5～24 的正常范围，避免肥胖和消瘦。

（3）适当运动。参加一定的体力劳动和体育活动，如打球、跑步、登山、做保健体操、打太极拳等。多行走，少坐车，少吃零食，夜间避免加餐，生活要有规律，保证充足睡眠，合理安排工作和生活，保持乐观，避免过度劳累和情绪激动。

（4）做好血脂血糖监测。正常人两年监测一次血脂血糖，40 岁以上男性、绝经期妇女一年监测一次。已有冠心病、高血压、糖尿病、脑血管病、眼睑黄色素瘤多、有家族史者，要三个月监测一次。

五、脂肪肝

脂肪性肝病正严重威胁国人的健康，成为仅次于病毒性肝炎的第二大肝病，已被公认为隐蔽性肝硬化的常见原因。

1. 脂肪肝的定义

脂肪肝是由于某种原因引起肝脏脂肪代谢功能发生障碍，肝细胞脂肪变性和脂肪堆积，超过肝重量的5%。B 超可以检查出是否患有脂肪肝。

2. 脂肪肝的危险因素

（1）长期酗酒。酒精是损害肝脏的第一杀手，酒精对肝细胞的毒性可使肝细胞对脂肪酸的分解和代谢发生障碍，引起肝内脂肪沉积，造成脂肪肝。

（2）营养不良。长期营养不良造成低蛋白血症时，胆碱、氨基酸或趋脂物质缺乏，脂肪酸增加，大量脂肪酸从脂肪组织中释放进入肝脏，使肝内脂肪堆积，形成脂肪肝。

（3）营养过剩。长期摄入过多的动物脂肪、植物油、蛋白质和碳水化合物，过剩的营养物质便会转化为脂肪储存起来，导致肥胖、高血脂和脂肪肝。肥胖是非酒精性脂肪肝最常见和较为肯定的危险因素。

（4）药物性肝损害。四环素、乙酰水杨酸、糖皮质类固醇、合成雌激素、胺碘酮、硝苯地平、某些抗肿瘤药及降脂药等数十种药物与脂肪肝的发生有关，它们能抑制脂肪酸的氧化，引起脂蛋白合成障碍，减少脂蛋白从肝内的释放，从而使脂肪在肝内积聚。

（5）糖尿病。糖尿病患者由于胰岛素合成不足，体内游离脂肪酸显著增加，这些脂肪酸不能被充分利用，使肝脏的脂肪合成亢进，从而引起脂肪肝。

（6）血脂异常。高血脂症、高胆固醇血症与脂肪肝关系密切，其中以高甘油三酯与脂肪肝关系最为密切，绝大多数脂肪肝患者常伴有肥胖、糖尿病和酒精中毒。

3. 脂肪肝的预防与控制

（1）生活规律。生活规律时，大脑皮层就会形成相应的条件反射，以保证内脏器官有条不紊地工作，促进肝脏功能正常。

（2）节制饮食。控制热量的摄入，把体重减轻至标准体重作为目标，做到能量消耗高于能量摄入。轻度脂肪肝患者要多进食蔬菜和水果，它们富含维生素和矿物质，可以加速肝细胞修复，其中的膳食纤维还能减少胆固醇的吸收，加速胆固醇排泄，降低血脂。

（3）戒烟、限酒。最好戒酒，因为酒精可促使内源性胆固醇及甘油三酯的合成，加重脂肪肝程度，并对肝脏有损害。

（4）适当运动。脂肪肝患者应选择以锻炼全身体力和耐力为目标的全身性低强度动态运动，也就是通常所说的有氧运动，比如慢跑、中快速步行（115 ~

125 步/分钟）、骑自行车、上下楼梯、爬坡、打羽毛球、踢毽子、拍皮球、跳舞、做广播体操、跳绳和游泳等，这类运动对降脂减肥、促进肝内脂肪消退的效果较好。

（5）慎用药物。有症状的脂肪肝患者，在选用药物时要慎重，谨防药物的毒副作用，对肝脏有损害的药物绝对不能用，避免进一步加重肝脏损害。

（6）心理调适。尽量保持情绪乐观，不暴怒，少气恼，生活规律，注意劳逸结合等。

（7）定期体检。多了解脂肪肝的预防知识，提高保健意识，通过定期体检等行为干预，可预防或减少发病率。

（8）饮食治疗。这是大多数脂肪肝病人的基本治疗方法，也是预防和控制脂肪肝病情进展的重要措施。脂肪肝是可逆性病变，尤其是轻度脂肪肝，如果持之以恒地进行饮食调节，并配合适当的运动，是可以使细胞内沉渍的脂肪逐渐减少、肝功能恢复正常的。

六、肥胖

人体正常的体重指数 BMI［BMI = 体重（kg）/身高^2（m^2）］为 18.5 ~24，≥24 为超重，≥28 为肥胖。当进食热量超过消耗热量，多余的热量以脂肪的形式储存于体内时则形成肥胖。肥胖可使糖耐量降低、血脂升高、嘌呤代谢障碍、尿酸升高，增加患冠心病、高血压、糖尿病、胆石症、痛风的风险。妇女肥胖还会导致月经减少、闭经、不育等。

1. 肥胖的危险因素

（1）遗传因素。肥胖有一定的遗传倾向，父母亲体重正常，其子女肥胖发生率约为 8% ~10%；双亲中有一人肥胖，子女肥胖发生率约为 40%；双亲均肥胖，子女肥胖发病率高达 70% ~80%。

（2）物质代谢与内分泌功能。主要为胰岛素、肾上腺皮质激素、生长激素等代谢的异常。

（3）能量摄入过多。能量摄入过多主要表现在食欲亢进，大多数人肥胖是因为他们从食物中摄取的热量比身体需要的多。此外，活动减少可导致能量摄入与消耗的不平衡。

（4）脂肪细胞数目增多。这与肥大脂肪细胞数目的逐渐增多、年龄增长及脂肪堆积程度有关。

（5）神经精神因素。表现为对某种食物的强烈食欲，以及通过视觉、嗅觉和人为吞食比赛刺激反射所引起的食欲增加。

（6）饮食习惯。大量食用肉、奶油及多糖饮食等。

（7）饮食。摄入热量过多。

2. 肥胖的预防与控制

（1）适量运动。科学地选择运动疗法，能达到减肥的预期目的。以减肥为目的的体育锻炼，应选择轻松的慢跑、散步、游泳、体操及太极拳等有氧运动项目。

（2）控制饮食，增加体力活动。对热能摄入的控制要遵循循序渐进的原则，注意营养均衡。限制摄入过多的脂肪，脂肪应占总热能的20%～25%，每日用烹调油10～20g左右。碳水化合物应限制在占总热能的40%～55%，控制食用单糖食物和蔗糖、麦芽糖、果糖、蜜饯等，谷类食物应以杂粮为主。

（3）限制食用辛辣、刺激性食物及调味品。辣椒、芥末、咖啡等食物可以刺激胃酸分泌增加，容易使人增加饥饿感，提高食欲，增加进食量，导致减肥失败。食盐也应限制，因其可引起口渴和体重增加。

（4）多吃新鲜蔬菜。蔬菜含膳食纤维多，水分充足，属低热能食物，有充饥作用。有的蔬菜可生食，如豆芽、菠菜、萝卜丝、小白菜和冬笋等，以最大限度地保留其中的营养。

（5）培养良好的饮食习惯。少吃零食、甜食，少喝含糖饮料，吃饭细嚼慢咽，一日三餐定时定量。不吃早餐、午餐对付、晚上会餐不利于减肥。

（6）对出生体重明显超重者、青春发育期肥胖者，以及有家族肥胖史者要提出告诫，要求他们尽量不要养成喜欢吃零食、甜食和油炸类食品的习惯。

（7）慎用减肥药。减肥药和其他药物一样，在产生治疗作用的同时，对身体也会有副作用。所以对每个想减肥者来说，能否服用减肥药，要结合自己的实际情况权衡利弊。

七、慢性咽喉炎

慢性咽喉炎是教职工群体中最常见的一种疾病，与职业密切相关，常严重困扰患者的日常生活和工作。来自咽喉以及食道的长期非特异性刺激，都会造成咽喉不适。

1. 慢性咽喉炎的症状

局部症状主要表现为咽部疼痛、不适或灼热，有干燥感、异物感，声音嘶哑，发音不清亮，容易疲劳，咽喉部如有较黏稠的分泌物，患者往往频繁干咳、清嗓。上述症状可在用嗓过度、受凉或疲劳时加重。

2. 慢性咽喉炎的病因

（1）长期鼻塞、张嘴呼吸、鼻涕倒流刺激咽喉。鼻腔有将空气加温及湿润的功能，肥厚性鼻炎或下鼻甲烧灼过度而丧失生理功能时，可因干冷空气直达喉部而产生干痛。

（2）持续或复发性的咽喉感染。反复感冒或扁桃体发炎可造成咽喉有痰或有异物感。

（3）胃酸逆流烧灼咽喉。常见于喜欢在睡前大吃大喝后倒头便睡者，此时酸性胃液会逆流而上，烧灼食道及咽喉，长期刺激，患者常会于睡醒时发觉咽喉灼热、干痛。

（4）刺激性饮食及不当口腔卫生。喜欢喝酒，嗜食辛辣及刺激性食物，饭后来根烟，却忘了要经常刷牙及漱口，这样每餐饮食都是一次刺激，不久就会得慢性咽喉炎。

（5）讲话过多，水分补充不足。说话多了口干舌燥，加上有些中老年人本身唾液分泌不足，此时应多补充水分，少量多次饮水比一次大量喝水更能滋润喉咙。

（6）工作压力、情绪紧张、睡眠障碍。中年女性常常觉咽喉有异物感，可能是因压力或过度紧张引起咽喉部肌肉紧绷而造成。

（7）高温灰尘多，或有刺激性气体的工作环境。长期处于不良的工作环境中较易得慢性咽喉炎。

3. 慢性咽喉炎的预防与控制

（1）及时治疗。由感染因素所致的慢性咽喉炎，症状较重者或在急性发作期，可根据细菌药物敏感试验选择抗生素适量治疗，并选用有抗病毒、抗菌作用的中草药治疗。局部应用含漱液及含片治疗，进行抗生素和激素雾化吸入，并可饮用有清咽利喉作用的中草药袋泡茶。

（2）慢性咽喉炎声音嘶哑患者一定要注意发声休息，采用舒适音说话，避免过度用声，并可进行发声训练和发声矫治。

（3）避免接触过敏源。对过敏因素所致的咽喉炎，应避免接触过敏源，注意避免刺激性气体和粉尘吸入，同时可应用抗组胺药、肥大细胞膜稳定剂、抗胆碱药、免疫调节剂治疗。

（4）注意季节气候变化，及时增减衣物，避免着凉感冒。

（5）养成良好生活方式。注意营养，合理安排作息时间，保证充足睡眠；锻炼身体，增强体质；不吸烟，少饮酒、浓茶、咖啡和可乐等刺激性饮料。

八、子宫肌瘤

子宫肌瘤是女性生殖系统最常见的良性肿瘤，也是人体最常见的肿瘤，在30～50岁女性中发病率极高。女性教职工工作压力大、生活不规律，可增加诱发子宫肌瘤的几率。子宫肌瘤主要是由子宫平滑肌细胞增生而形成，临床观察和实验结果证明，肌瘤是一种依赖于雌激素生长的肿瘤，在高雌激素环境中，如妊娠、外源性高雌激素等情况下生长明显，而绝经后肌瘤逐渐缩小，但如果绝经后肌瘤反而增大迅速，应警惕恶性病变的可能。

1. 子宫肌瘤的常见症状

子宫肌瘤多无明显症状，仅在盆腔检查时偶尔被发现。症状出现与肌瘤部位、生长速度及肌瘤变性关系密切，与肌瘤大小、数目多少关系不大。

（1）不规则的子宫出血。表现为月经周期缩短、经量增多、经期延长、不规则阴道流血等，长期月经过多导致继发性贫血。

（2）腹部肿块。腹部胀大，下腹正中扪及块状物。肌瘤压迫膀胱时，可出现尿频、排尿障碍、尿潴留等症状。

（3）白带增多。肌壁间肌瘤使宫腔面积增大，内膜腺体分泌增多，并伴有盆腔充血致使白带增多。

（4）较少见症状。如急性腹痛、不孕、流产等。

2. 子宫肌瘤的预防与控制

子宫肌瘤临床上通过妇科内诊检查，结合B超、宫腔镜、腹腔镜、CT或MRI等协助诊断并不困难。检查出患了子宫肌瘤不必过分紧张，早期发现早期对症治疗，此病的预后良好。引起子宫肌瘤的因素很多，女性教职工可从以下方面做好预防与控制：

（1）均衡饮食。高脂肪食物易促成某些激素的生成，从而导致子宫肌瘤。注意培养良好的饮食习惯，不暴饮暴食，多吃瘦肉、鸡蛋、绿色蔬菜、水果等，多吃五谷粗粮、营养丰富的干果类食物，同时少食辛辣、酒类和冰冻食品。

（2）心理健康。保持良好的心理状态，懂得适时调节情绪，平和面对来自工作、学习和生活的各种压力，保持心情舒畅，切忌忧思烦怒、大喜大悲。

（3）注意保暖，避免受寒、淋雨和饮用生水，劳逸适度。在经期及产后，暂停性生活，保持外阴和阴道清洁。

（4）做好避孕措施。对子宫肌瘤患者进行人流手术有一定难度，容易出血多。

（5）中药治疗子宫肌瘤时要定期做妇科和B超检查，了解子宫肌瘤变化情况，如发现以下情况，应及时进行手术治疗：有明显症状，特别是月经过多或腹痛，治疗无效者；肌瘤迅速增大，或大于3个月妊娠子宫者；子宫肌瘤伴变性者；子宫肌瘤位于子宫颈部或突出于阴道者。

九、乳腺增生

乳腺增生是由内分泌紊乱引起的一种非炎症非肿瘤性疾病，多见于25～40岁女性。主要表现为乳房刺痛、胀疼，有时会向腋下或肩部放射，常与月经周期有关，乳房内可触及不规则的结节，少数患者可伴有少量的乳头溢液。育龄妇女发病率高达28%～40%。

1. 乳腺增生的发病原因

乳腺增生症的发病原因尚未清楚，一般认为与卵巢内分泌功能紊乱有关。据统计，未婚、未生育、未哺乳或哺乳不良者容易发病。多数病人月经不规则、经量少、经期短或乳房发育较差，青春期前及绝经期后极少发病。

2. 乳腺增生的预防与控制

乳腺增生是内分泌紊乱所致的良性疾病，不需特殊治疗。此病虽然对患者健康影响不大，但由于极少数病患有恶性病变或患乳腺癌的可能，这对患者的精神方面产生很大压力，使患者到处求医，在一定程度上影响工作。正规医院检查是必要的，但更重要的是让患者学会自己检查乳腺，以随时观察乳房变化，以免耽误病情。在日常生活中应避免或减少对乳腺增生不利的因素。

（1）保持良好心态。过度紧张、刺激、忧虑、悲伤，会造成神经衰弱，加重内分泌失调，促使增生症的加重，故应解除各种不良的心理刺激。对于心理承受能力差的人来说更应注意少生气，保持情绪稳定，开朗的心情有利于增生康复。

（2）改变饮食习惯。防止肥胖，少吃油炸食品、动物脂肪、甜食及过多进食补品，多吃蔬菜、水果类和粗粮。多吃核桃，黑芝麻、黑木耳、蘑菇、黑黄豆最宜。

（3）保持良好生活习惯。生活规律、劳逸结合、性生活和谐，可调节内分泌失调；保持大便通畅，可减轻乳房胀痛症状。

（4）减少体内雌激素。多运动，消耗多余脂肪，防止肥胖；保护肝脏，加强肝脏对多余雌激素的灭活。

（5）控制雌激素摄入。禁止滥用避孕药物及含雌激素的美容用品，少吃用饲料（含有激素）喂养的家禽、水产品，慎用含有雌激素的保健品，慎用激素替代疗法缓解更年期症状。

（6）其他。避免多次人工流产、药物流产，多鼓励产妇母乳喂养，防增生于未然。

（7）自我检查和定期复查。

第六节　学校心理健康教育

一、学校心理健康教育的概念

学校心理健康教育是教育者根据学生生理、心理发展特点，运用心理学、教育学、社会学及其他相关学科的理论与技术，从学生心理实际出发，有计划、有目的地对学生心理素质的各个方面进行积极的教育和辅导，促进学生调节心理机能，开发心理潜能，发展健康个性，进而促进学生身心全面和谐发展和素质全面提高的教育活动。

二、学校心理健康教育的作用

1. 促进和维护学生心理健康

学校心理健康教育运用现代心理科学的成果，针对学生心理素质发展中出现的问题，采取有效的干预措施（如咨询辅导、心理训练等），消除学生的心理障碍或矛盾，使其处于心态平和、情绪稳定、积极进取、思维灵活、是非分明、举止适度这样一种有利于正常成长的态势之中，成为心理健康的人。

2. 开发智力促进能力发展

现代心理学的研究表明，儿童青少年时期是成人心理素质形成的关键期，发展变化快，可塑性强，即使智力的发展，也并非自然“成熟”，也会出现问题，若师长能及时给予心理辅导或训练，将有利于开发其大脑的智慧潜能。

3. 提高德性修养，培养良好品德

学生良好品德的形成不但与社会道德规范的教化有密切关系，而且与其对社会道德的认识、情感、态度和行为评价等心理因素水平紧密联系，有效的心理健康教育对学生良好品德的形成有促进作用。此外，心理健康教育要从学生具体心理需要入手，强调针对性、主体性与自我内化体验等思路和方法可以迁移到品德教育之中，以提高学校德育的效果，有利于学生良好品德的形成。

4. 培养学生主体性，形成完整人格

学校心理健康教育应坚持以人为本，强调尊重、理解、信任学生，使学生感受到自身的存在与价值，优长与短缺，现实与未来，从而有针对性地确立人生目标，选择自己的成才道路，找准自己的位置，在学会处理与社会、他人的关系中，使自己的人格得到提升和完善。

5. 养成良好行为习惯，提高社会适应能力

心理和行为是不可分的，良好行为习惯总是受良好心理素质支配的，同时良好行为习惯又可内化积淀为一定的心理素质，人的心理素质一经形成，在相应情境下会产生条件性反应，表现出与之匹配的行为，进而形成一定的适应能力。学校心理健康教育可以根据学生心理或行为中出现的问题采取科学有效的教育方式，使其养成良好的行为习惯，提高其相应的社会适应能力。

三、学校心理健康教育的目标

（1）帮助学生认识自己，悦纳自己，管理自己。

（2）认识周围环境，同环境保持适应。

（3）帮助学生解决面临的问题、应付危机、摆脱困难，增强面对困难与压力的能力和勇气。

（4）帮助学生消除不适的心理症状，改善行为，化解负向或冲突的思想与情感。

（5）帮助学生通过选择做出正确决策，并制订相应的行动计划。

（6）鼓励学生寻求、了解生活的意义，认清和发挥自身潜力，过健康、有意义、自我满足的生活。

四、学校心理健康教育的任务

（1）使学生不断正确认识自我，增强自我调控、承受挫折、适应环境的能力，培养健全的人格和良好的个性心理品质。

（2）对有心理困扰的学生，给予科学有效的心理咨询和辅导，帮助他们尽快摆脱困扰，调节自我，提高心理健康水平，增强发展自我的能力。

（3）对教师和家长开展心理健康教育，多方面促进学生的心理健康发展。

五、学校心理健康教育的内容

1. 心理健康教育

通过心理健康教育，预防学生在校期间可能出现的各种心理卫生问题，促进他们心理健康发展，使他们能顺利完成学业。特别是在入学和中小学衔接阶段（包括转学、中考、高考阶段），以及一些心理发展的敏感期或转折期，应注重采取心理卫生措施。尤其要采取劳逸结合、师生沟通、乐群互助、保障友谊等措施，促进学生的身心健康。具体做法为：

（1）指导学生学会处理心理压力，放松心身，建立和谐的伙伴关系，纠正

不良的生活习惯。

（2）改善个人卫生、家庭卫生和环境卫生。

（3）加强体育锻炼，提高心理承受能力；帮助不同年龄的学生安排好生活节奏与作息时间；保持师生间良好的关系与沟通；保护和促进学生自尊与自信心的建立。

（4）引导学生发展良性的情感。

（5）积极开展青春期健康教育，包括性知识与性道德教育。

（6）根据学生在气质、性格和能力等方面的特点，因材施教，充分发挥其潜能。

（7）采取积极、主动措施，预防青少年健康危险行为。

2. 心理咨询

学校开展心理咨询的主要对象是学生，特别是那些有“问题”和学校适应困难的学生，其次是家长与教师。许多家长、教师对学校心理咨询不甚了解，认为咨询主要针对学生，与自己无关。实际上，家长、教师的教育态度与方法失当，本身就是引发学生心理问题的重要原因。因此，结合“问题”学生的实际情况，对其父母和班级教师进行咨询指导，获得他们的协调与帮助，不仅能够有效解决学生的问题，而且也可以改善家长、老师的焦虑、怨恨等不良情绪。

开展学校心理咨询的核心，是帮助学生了解自身在心理发展中遇到的各种困惑与疑难问题，克服由此产生的各种心理卫生问题。为此，心理咨询人员、家长和教师应共同分析这些问题和产生原因，掌握其确切征兆与病症，采取针对性的干预措施。还应注意，心理卫生问题和学校适应困难不仅发生在学习困难的学生身上，也发生在那些生活在重点学校，学习刻苦、成绩优秀的学生身上，因此也应向他们提供相应的帮助。

3. 心理行为问题识别

有些学生的心理行为问题，超出了一般的心理健康教育及心理咨询的范畴，因此，对于少数有心理行为问题的学生要加强识别，并及时逐级转介到妇幼保健、心理卫生等专业机构，进行专业系统的矫正训练、心理治疗。主要心理行为问题包括：

（1）学习适应问题。主要指围绕学习活动而产生的心理行为问题，如考试焦虑、学习困难、注意力不集中、学校恐怖症、厌学等。

（2）情绪问题。主要指影响学生正常生活、学习与健康成长的负性情绪问题，如抑郁、恐惧、焦虑、紧张、忧虑等。

（3）常见行为问题。主要指在学生生活、学习中表现出来的不良行为特征，如多动、说谎、打架、胆怯等。

（4）身心疾患。主要指因心理困扰而形成的躯体症状与反应，如神经衰弱、失眠、疑心症、神经性强迫症、癔病等。

（5）性行为问题。主要指由于性心理障碍而产生的各种性变态行为，这一问题在中小学生中出现的比例较小。

4. 学生心理潜能和创造力的开发

心理学研究表明，中小学时期是心理潜能开发的最佳期。因此，心理潜能的开发与创造力的培养也是学校心理健康教育的重要内容。它主要包括对学生进行判断、推理、逻辑思维、直觉思维、发散思维及创造性思维等各种能力的训练和培养。同时，还包括对学生自我激励能力的训练等，以提高学生的自主意识与能动性。

5. 根据学生不同年龄的特点和发展需要，侧重选择不同内容开展心理健康教育

小学阶段通常以适应学校生活与学习、养成良好行为习惯为主要内容；初中阶段则以青春期教育、人际关系调适、情绪调控、自信心培养、学习能力提高、人格塑造等为主要内容；高中阶段以学习能力提高、考试焦虑调适、升学就业辅导、人格培养、人生观教育等为主要内容。同时，还应考虑上述各阶段心理健康教育内容之间的衔接与系统性，以期形成学校心理健康教育的科学体系，体现循序渐进和螺旋式上升的特点。

六、学校心理健康教育的原则

1. 教育性原则

教育性原则是指教育者在进行学校心理健康教育的过程中，根据具体情况，提出积极中肯的分析，始终注意培养学生的积极进取精神，引导和帮助学生树立正确的人生观、价值观和世界观。

2. 全体性原则

全体性原则是指学校心理健康教育要面向所有学生，全体学生都是心理健康教育的对象和参与者，心理健康教育的计划、组织活动要着眼于全体学生的发展，考虑到绝大多数学生的共同需要和普遍存在的问题。以绝大多数，直至全体学生的心理健康水平和心理素质的提高为学校心理健康教育的基本立足点和最终目标。

3. 差异性原则

差异性原则是指学校心理健康教育要关注和重视学生的个别差异，根据不同

学生的不同需要，开展形式多样、针对性强的心理健康教育活动，以提高学生的心理健康水平。

4. 主体性原则

主体性原则是指心理健康教育要以学生为主体，所以学校心理健康教育工作要以学生为出发点，同时要使学生的主体地位得到实实在在的体现，把教师科学的教育与指导和学生积极主动的参与真正有机结合起来。

5. 整体性原则

整体性原则是指在学校心理健康教育过程中，教育者要运用系统论的观点指导教育工作，注意学生活动的有机联系和整体性，对学生的心理问题作全面考察和系统分析，防止和克服教育工作中的片面性。

6. 发展性原则

发展性原则是指在学校心理健康教育过程中，以发展的观点看待学生，顺应学生身心发展的特点和规律，以发展为重点，促进全体学生获得最大限度的发展。

7. 活动性原则

活动性原则是指学校心理健康教育要把学生作为活动的主体，重视通过活动来促进学生的发展。

8. 保密性原则

保密性原则是指在学校心理健康教育过程中，教育者有责任对学生的个人情况以及谈话内容等予以保密，学生的名誉和隐私权应受到道义上的维护和法律上的保护。

七、学校心理健康教育的方法与途径

学校心理健康教育不仅仅是进行简单的心理咨询或上几节心理课，而应是全方位、文体化、综合性的教育过程。世界卫生组织心理卫生处指出，学校是促进学生心理健康最适宜的场所，学校可以教给学生一些解决问题的技巧，并通过特殊问题的干预和心理咨询，转变学生的行为。培养学生心理健康发展可采取以下方法：

1. 创设良好的心理发展环境

通过优美洁净的校园环境，达到有德的氛围、智的启迪、体的设施和美的情趣等基本要求。以团队活动为中心，组织开展丰富多彩的科技文体活动和其他教育活动，活跃校园文化，优化校园文化生活；组织以心理健康教育为主题的团队及班会活动，既进行心理疏导和心理卫生知识传授，又进行良好行为习惯培养和思想品质教育。创造一种和谐的生活学习环境，师生之间友爱团结，教师为人师表，教书育人；同学之间互相关心，彼此敞开心扉，倾吐心声；任课教师、班主任成为中小学生的良师益友。通过以上活动，使学生热爱学习、热爱生活，使其保持积极向上的良好心态，在健康的环境中促进心理发展。

2. 将心理健康教育全面渗透学科教学

将心理健康教育渗透和融入整个学校教育的全过程，学科教育注重对学生进行心理健康教育，这是进行学校心理健康教育的主渠道和最基本途径。

（1）各学科教师要充分利用和挖掘本学科的特色和优势，把心理健康教育渗透于正常的学科教学中，既结合教学内容训练学生观察、思维、想象、记忆、注意等智力心理，发展学生智力，又结合教学工作激发学生学习兴趣、情感，锻炼学生学习意志，培养学生个性，促进学生的非智力心理健全发展。

（2）改革教学方法，活跃课堂教学氛围，让学生学得生动活泼、学得积极主动，以减轻学生心理压力，避免学生学习心理障碍的发生。此外，学科教学过程中要注意对学习有困难的学生进行心理疏导，增强情感投入，从行动上接近和爱护他们，挖掘、发现其闪光点，保护积极性，给予表扬鼓励，用引导代替斥责，用提醒代替讥讽，从而增强他们良好的非智力心理素质，提高他们的智力心理素质。

3. 开设心理健康教育课程

心理健康教育进入课堂是开展学校心理健康教育工作的制度保证，除与原有思想品德课、思想政治课、生理卫生和青春期教育等相关教学内容有机结合外，还可利用活动课、班团队活动等形式，举办心理健康教育专题讲座、报告、讨论、座谈等。学校组织部分骨干教师编写学校心理健康教育实用教材，非毕业班双周安排一节，采取情境导入、讨论辨析、传授训练等方法，循序渐进地、系统地传授初步的心理卫生知识；毕业班采取专题讲座方式，有针对性地围绕学生关注的热点、焦点问题灵活进行，重点突破疏导，培养学生良好的心理素质，指导学生学会自我心理调节。对全体学生进行正面的心理健康教育，促进其身心和谐发展。

4. 提供心理辅导与咨询服务

成立心理咨询辅导中心，设立心理问题信箱，定时开通心理咨询热线，开设“心理自助餐”等，订阅有关报刊，购买有关书籍，鼓励学生自由阅读，自我寻求答案。建立心理档案，开展经常性的定期心理检查及咨询服务。对已发现有心理危机或有家族病史的学生，要注意追踪、了解、交谈，帮助他们建立克服危机的信心，特别是要与家庭配合，共同做好学生的心理健康教育工作。购置常用的心理训练、测试仪器设备，提高学生自我心理调节能力，协助教师科学准确地掌握心理问题。有计划地组织心理问题问卷调查，认真统计分析，面向全体学生，加强心理指导。总之，学校心理健康教育应通过形式多样的心理咨询活动，因材施教传播心理健康知识，因人而异疏导心理健康问题。

5. 建设高素质的教师队伍

教师承担着“传道、授业、解惑”的职责，教师的待人接物及为人处事都可能直接给学生留下深刻的印象，对于培养身心健康、个性发展全面和谐的跨世纪人才具有重要的作用。高素质的教师能在教育中给学生创造一种和谐温馨的气氛，以无声的行动语言悄悄打动学生，使其如沐春风、兴趣盎然、心情舒畅，从而达到效仿疗法的目的，促进学生在思想、学习、生活等方面健康地成长。

6. 开展家庭心理健康教育指导

家庭环境与家庭教育是学生心理问题产生、发展不可忽视的因素，学校心理健康教育应该重视对家庭教育进行指导，引导和帮助家长树立正确的教育观，改善家庭环境，以良好的行为、正确的方式、和谐的气氛去影响和教育子女。定期举办家长学校或召开专题家长会，介绍学校心理健康教育的内容和方法，普及心理卫生知识，介绍心理咨询案例，指导心理疏导方法。也可以通过家访，与家长共同疏解学生的心理困惑，使亲子关系和谐。

八、心理咨询个例分析

由于学生心理问题的普遍性和特殊性，进行心理咨询时应该注意以下事项：注意减少个案主体对咨询者的依赖，帮助其培养独立解决问题的能力；咨询人员主要起支持、引导作用；从各方面帮助师生树立自信心；咨询的重点应放在心理逆境上；要注意摸清全面情况，必要时需改变周围的环境和条件。

案例：

某小学一年级学生张某，七岁。父亲在机关工作，母亲在大专院校当教师。该生从小就比别的孩子爱动，整天跑跑跳跳。做广播操时，排队站不稳，不是自己转来转去，就是一会儿推前面的同学，一会儿踢、打旁边或后面的同学，广播操乱做一通。上课不专心，或坐不好，或讲话、或玩东西，甚至叫前面的同学讲话或玩，有时敲桌子、摇椅子，最好的时候就是自己折纸做手工。做课堂作业，大家都在写，只有他还在玩东西，放学后老师留下他，看着他他才做，有时做不完叫他回去做，做完了又不交，从来不会主动交作业。张某比较聪明，稍微用功成绩就可以赶上来，只是注意力难以集中，所以成绩一直处于中下等水平。

成因分析：

(1) 自身原因。从小没有养成良好的行为习惯，放任自流，造成张某自控能力差，不知道如何遵守学校纪律。

(2) 家庭原因。张某从小由奶奶爷爷带，长辈的溺爱导致孩子非常任性，想要什么就要什么，想干什么就干什么。另外，由于父母的教育观点不一致，经常当着孩子的面争吵，互相埋怨，还动手打孩子，造成孩子无所适从，不知道应该如何做，没有正确的标准，从而出现行为偏差。

(3) 前期教育的影响。张某在幼儿园就很顽皮，经常是受指责的对象，所以他总觉得自己不讨人喜欢，是一个不听话的孩子。

咨询方法：

(1) 树立自信心。平时注意抓住机会帮助张某树立自信心，给他多一些鼓励，比如在他不想做题的时候对他说："试试，你一定能行"；上课时只要他举手发言，就请他回答，不管答案是否正确，都表扬他肯开动脑筋；上课时常用点头及一定的面部表情及时提醒他遵守纪律。一有进步，立刻表扬，奖红花，行为规范记分册加分，强化其良好的行为。给予更多的关心和理解，使他感到温暖而有触动，拉近师生间的距离，使他能听从教导。

(2) 利用集体的力量。注意营造"遵守纪律光荣，违反纪律可耻"的氛围，让全班同学都关心张某，安排成绩最好的学生与他同坐，做操时让他帮着整理队伍，指挥队伍回教室，促使其养成良好的行为习惯。在同学们的善意帮助及众多榜样的示范下，张某逐步向好的方面发展。

(3) 加强与家长的配合。经常就张某的学习和表现跟家长取得联系，汇报点滴进步，让家长对他增强信心。请家长克服对孩子的溺爱，寓爱于严，克服冲动，别一看见、听见孩子表现差就打或骂，要与学校的教育保持一致，安排管理好该生的生活，按时起居饮食、学习，适当控制饮食，做适当有益的活动，培养有规律的生活习惯。

九、学校心理健康教育模式案例

深圳市东湖中学在创建健康促进学校过程中，以心理健康教育为切入点，带动健康促进学校工作的全面发展。其学校心理健康教育形式多样，内容丰富，贴近生活，成效显著。具体措施包括：

(1) 心理健康教育目标明确。学校提出"以心理健康教育为突破口，促进学生综合素质全面提高"的指导思想，同时将心理健康教育定位为：面向全体学生，以发展性和预防性心理健康教育为主，注重个体的弥补性心理辅导，形成两条主线、一个氛围、点面结合、全员参与的心理健康教育发展格局。

(2) 采取聘请校外专家与本校学术委员会成员相结合的形式，针对教师、学生和家长三个不同群体分别开展心理健康讲座，使心理健康教育更有针对性，扩展讲座的作用，提高了效率。此外，学校的电子屏幕也每天打出一个有关心理的格言、名句等，使师生在不知不觉中受到心理健康教育。

(3) 组织人员编印《快乐计划——东湖中学心理健康教育卡通动漫自助手册》校本教材作为学生必修课程。教材图文并茂，贴近学生生活，受到了学生们的好评。

(4) 完善心理教育设施，开展心理咨询。学校建有专门的心理健康咨询室与辅导教室，接待学生、老师的来访。“家庭、学校联系室”则由专门的家校联系小组的老师对家长进行接待与辅导。学校设立了知心姐姐心理信箱及心理热线电话，为学生和教师排忧解难。此外，学校还开展了“一对一”关注成长活动，即每个行政领导与老师各帮助一名学生，开展近距离、全方位的关注。

(5) 心理教育活动内容丰富，形式多样。如学校确立了以“班主任实施心理健康教育模式”研究课题，利用班会和第二课堂活动，使心理健康教育与班级管理、学生成长的实际相结合；定期组织心理健康教育“思想论坛”，交流经验；开展家长学校工作，举办有关的讲座和报告，共同探讨育人方法；定期开展问卷调查和心理测查，及时了解学生心理动向等。

东湖中学通过开展心理健康教育，对师生的人生态度、道德观、价值观和行为规范起到了积极的引导作用，使师生逐步形成了认识自己、接纳自己的良好心态。同学们能够调节、控制自己的情绪，保持愉悦、平静的心态；既能承受挫折，协调好人际关系，又能使自己具有健康向上的生活方式与生活习惯，成为道德高尚的人。

以下是东湖中学对一个学生和一个教师进行心理指导的案例：

案例一：

姓名：林××

班级：初一×班

咨询时间：2008年3月14日—2008年4月8日

档案编号：01

咨询原因：

据个案陈述，半个月前好朋友××突然不理她了，还发动全班同学敌对她。她感觉很郁闷、很苦恼。上课很难集中精神，成绩下降了很多，睡眠也不好。一想到上学要面对这些事情，就会头痛，但是去医院检查又没什么事情。现在她只要呆在班里就很难受，要承受其他同学敌对的眼光，而且她觉得朋友这样的转变让她很伤心，一时难以接受。

辅导方法：

经过几次会谈，对个案的初步评估结果是个案的人际交往技巧欠缺，于是主要从两方面去改善她的人际交往状况。

（1）在会谈室内，运用了倾听、肯定等专业技巧协助林××从多角度认识自己，学会全面地评价自己，提高自我认同度，同时引导林××从现实中梳理思路，澄清自己的问题，找到症结，在会谈中协助林××找到自己与同伴交往时的问题，调整方式，恰当地与同学交往。

（2）在会谈室外，通过寻求班主任与个案母亲的支持，密切关注个案的变化，一起疏导她的负面情绪，给予指导。同时，利用下课时间到班级走动，多与她接触，跟踪近期转变情况。

辅导后的效果：

经过 5 次的辅导会谈，1 个月后班主任反映她在班级下课后不再只是坐在自己的座位上，常常会站在窗台下和同学聊天，且与其好朋友也和好如初了。

昨天，她很高兴地来聊天，说现在已经能像以前那样待在班里了，同学们也都慢慢地重新接纳她了。

案例二：

姓名：李××

职务：班主任

咨询日期：2008 年 4 月 7 日—2008 年 5 月 13 日

档案编号：01

咨询原因：

个案是初三年级实验班的班主任，这是她第一次带实验班，马上就要中考了，她很担心学生考不好，因此心理压力很大。同时自己的孩子也是初三的学生，因为是班主任的原因，很担心两边不能兼顾，忽略了儿子，影响他的中考。现在她经常性失眠，晚上往往醒过来好几次，醒后就很难入睡，导致上课没精神，想睡觉。脾气也变得差了，学生稍有差错就会大发雷霆，虽然事后很后悔这么做，可当时就是控制不住。

辅导方法：

李老师的症状是典型的因压力过大而引起的焦虑症状，而焦虑又引起了她失眠。她填写了焦虑自测表，所得分值很高，属于严重焦虑型。

在交谈的过程中，发现李老师对自己要求很严格，做事很细心，总是未雨绸缪，不允许自己犯一点儿小错，否则就会深深埋怨自己。因此运用认知情绪疗法帮助她进行认知重构，引导其说出对带实验班的看法，对自己孩子中考的看法以及期待；同时结合“行为疗法”，帮助她建立有利于睡眠的良好行为方式。

辅导后的效果：

历时1个多月，经过5次咨询，李老师的焦虑症状有了很大程度的减轻，失眠状况已基本消失。对于此次所带的班级，她现在已能坦然面对，不再对自己提出过高的要求，下班后也经常到体育馆锻炼身体，精神面貌看起来好了很多。

老师作为社会声望、收入高的群体，其压力也大。如果不妥善处理自身的不良情绪和压力，便会对身心健康产生不良影响，因此需格外重视引导该群体缓解及宣泄负面情绪。

第六章

健康促进学校工作的评价

学校健康促进的评价是学校健康促进总体规划的重要组成部分，它贯穿于规划的全过程，是衡量学校健康促进规划的科学性、可行性的尺度，并为管理者、教师、学生及家长反馈最客观的信息。

第一节　评价的意义

实行学校健康促进评价是衡量和判断学校健康促进规划与计划的科学性、必要性及可行性等方面的重要方法；是全面监测规划执行情况，控制规划实施质量，确保规划实施成功的关键性措施；是评估项目规划是否成功，是否达到预期效果的重要手段。其重要意义包括以下几个方面：

（1）可以帮助了解健康教育计划是否适应了学生的普遍要求，是否掌握了师生中的主要卫生保健问题。

（2）可以考察设计方案是否做了最佳选择，方案有哪些优缺点，如何发展与改进。

（3）可以检验通过健康教育是否激发了师生学习卫生知识的热情和积极性并促进其态度和行为的转变，检验预期目的达到的程度如何。

（4）可以从成本—效益角度评价本计划开展后所取得的经济效益和社会效益，特别是社会效益如何。

（5）可以有利于发现创建工作中存在的问题，并分析其原因，及时调整创建工作方向，为制定和采取有针对性的策略和措施提供科学依据。

（6）可以为争取社会和领导的支持取得有说服力的依据。

（7）可以有助于提高健康教育专业人员的理论和实际工作水平。

第二节　评价的原则

波勒克（Pollock）曾提出学校健康教育评价的 7 条原则，可供借鉴：

（1）评价应是连续的，与整个规划同步。

（2）评价应围绕着学校卫生规划中所有主要的方面展开。

（3）评价应关心结果、步骤和内容。

（4）评价应是有关人员都参与的活动，包括学生、领导、教师、医务人员、专家和社区代表。

（5）评价重点应放在规划的目标和目的上。

（6）评价应有一个长期规划。

（7）评价应做好资料收集和记录保存。

第三节　评价的类型

健康促进学校工作完整的评价应包括形成评价、过程评价、效果评价和总结评价四种类型。

一、形成评价

1. 定义

形成评价是在健康促进学校创建前或开始创建早期对创建内容所作的评价，通过收集信息，阐明健康问题的程度和性质，发现开展创建工作的有利条件和障碍，以帮助决策，制定合适的干预策略和措施，确保创建过程中干预措施的合理性和可行性。

2. 内容

形成评价的主要内容包括为制订实施方案及干预所做的需求评估及为执行创建工作所提供的基础资料。需求评估的详细内容见第二章第四节。

形成评价主要包括以下信息：学校的基本概况，健康问题的社会、空间、人群分布及发展趋势，健康问题的严重程度、产生原因及特征，促进和阻止健康问题蔓延的因素，促进和阻碍创建工作开展的因素，有哪些相关政策，已经实施了哪些干预措施，可利用的人、财、物资源有哪些，需要开发和提供哪些新资源等。

3．收集资料的方法

形成评价尽可能运用已有的资料，如学校的体检资料、病假登记统计信息等，如果不能满足要求可利用其他方法进行。具体方法详见第二章第四节需求评估部分。

二、过程评价

1．定义

过程评价测评的是创建工作的投入、活动和产出过程，贯穿创建工作执行的全过程。它是指根据创建工作实施方案，系统地考察整个创建执行过程，并与实施方案的目标和措施等进行比较，最终对执行情况作出结论。

2．目的和意义

目的在于保证创建工作按计划顺利进行，控制创建工作的质量，保障创建工作能够达到预期效果。过程评价是监督创建工作执行的必要措施，应与创建管理工作结合起来，有计划、常规性地进行。通过简单的观察分析，掌握创建工作的执行情况，及时了解阻碍创建工作实施的原因，从而根据目标和实情及时调整实施方案和工作计划，保证工作质量。

3．内容

过程评价主要评估创建活动的执行情况、覆盖面、目标人群的满意度、项目活动的质量、工作人员工作情况和资源使用情况等。

（1）评估实施情况。

评估创建工作在实施过程中出现的具体问题，例如：

①采取的健康教育方法是否适合师生，并为他们所接受；

②课堂教学计划、教学目标、内容范围，有无课时、教案、考试，有无专、兼职教师；

③教师是否经过培训，学科渗透教学方法如何；

④创建工作是否按照既定时间和流程实施，实施质量如何，是否出现不协调的现象；

⑤创建工作的覆盖情况怎么样，是否覆盖全部教职工和学生及其家长等；

⑥师生、学生家长、社区有关人员参与的情况怎么样，主动性是否高，如果不高，原因是什么；

⑦健康资源利用的情况如何，利用率低的原因何在；

⑧创建工作中存在的主要问题及其原因；

⑨制定的制度是否符合实际，是否得以落实；

⑩资料收集是否及时、齐全，创建工作记录是否完整；

⑪信息反馈系统是否健全，是否有良好的信息反馈体系，能有效地反映创建工作实施情况。

（2）评估工作人员工作情况。

这不仅包括全校教职工的责任心与热情，还包括教职工之间、教职工与学生及其家长之间的配合与团结情况。应了解社区各相关部门、学校各相关部门是否能密切合作完成创建工作。参与创建工作的教职工的工作态度、知识、技能与管理水平如何等，可通过查阅工作记录和管理日志，访谈老师和学生及其家长获取信息。

4. 资料收集方法

收集过程评价所需要的资料不必采用大规模的调查方式，而是尽可能利用已有的资料，包括工作活动记录、管理日志、活动反馈，或者在制订实施方案时，把过程评价问题纳入整个工作的执行和管理框架，直接从创建工作的日常管理中获得所需要的有关资料。可采用部门报表的方式收集，如活动执行情况报表、创建工作进度表等。

表 6－1　活动执行情况报表

负责人		负责部门		
计划开展的活动	活动执行情况	成功经验	存在问题及原因	拟解决问题的方法及措施

填表时间：　　　年　　月　　日

表 6－2　创建工作进度表

负责人		负责部门	
指　标	计划数	实际数	备　注
培训的教职工数			
宣传资料发放数			
参加活动的人数			
接受心理咨询的人数			
参与学科渗透的教师人数			
参与活动的家长人数			
安全标识张贴数			
……			

填表时间：　　　年　　月　　日

5. 指标

过程评价重在评价项目活动的质量和效率，其中最常用的主要指标有：

（1）干预活动覆盖率 $=\frac{\text{接受某项干预活动的人数}}{\text{目标人群总人数}}\times 100\%$。

（2）干预活动参与率 $=\frac{\text{实际参加某项干预活动的人数}}{\text{应参加该项干预活动的人数}}\times 100\%$。

（3）健康教育材料拥有率 $=\frac{\text{拥有某种健康教育材料的人数}}{\text{目标人群总人数}}\times 100\%$。

（4）创建工作活动执行率 $=\frac{\text{按计划完成的活动数}}{\text{计划的活动总数}}\times 100\%$。

（5）目标人群满意度：目标人群对创建工作中各项干预活动的满意度，一般从对活动的内容、形式、组织的满意程度以及对未来活动的建议等多方面的内容来综合进行评价。

三、效果评价

1. 定义

效果评价主要是指评价创建工作是否取得预期效果、目标人群健康相关行为及其影响因素和健康状况的变化情况。按照效果呈现的时间进程划分，可分为近期、中期和远期效果评价。近期主要侧重于健康知识、态度、信念等的转变程度，发生转变者的比例等；中期主要侧重于行为转变方面；远期主要衡量目标人群健康状况的变化情况。

2. 内容

评价的内容包括在健康理念的转变、健康政策的制定、健康环境的改善、健康服务的提供和健康素养及健康素质的增强等方面所取得的效果。

（1）健康理念。如老师和学生树立健康第一的理念的比例提升了多少。

（2）健康政策。如是否制定了能有效执行的健康政策，学科渗透制度在传播健康知识方面是否真正促使全体教师认真参与，其影响力如何。

（3）学校人际环境。如分析学校各项活动是否注意到学生的心理健康以及精神状态，学生自尊心是否得到保护，学校各类人员的人际关系等。

（4）健康环境。如安全隐患是否有效减少，减少了多少，提供的保护措施有多少；卫生环境改善情况怎么样；学校建筑面积，教室采光、照明、通风、取暖，课桌椅结构及配置等是否达到标准。

（5）健康服务。如师生的健康体检是否真正实施，参与体检率增加了多少；健康检查的内容及次数；常见病筛检和治疗；身体缺陷的检查和矫治；传染病的预防和监测；心理卫生问题筛检以及健康咨询和行为指导状况等。

（6）健康素质。如师生健康素养水平（基本健康知识知晓率、基本健康行为形成率、基本健康技能掌握率）改变了多少，师生的常见病防控效果怎么样，学生的因病请假比例是否降低，伤害发生率是否下降，师生的身体素质是否增强。

3. 指标

健康素养方面的指标：多用知识、信念、行为、技能变化的指标。

（1）健康知识知晓率 $=\frac{\text{知晓某项健康知识的人数}}{\text{被调查的总人数}}\times 100\%$。

（2）健康知识合格率 $=\frac{\text{健康知识测试（考核）达到合格标准的人数}}{\text{被测试（考核）的总人数}}\times 100\%$。

（3）健康知识平均分数 $=\frac{\text{被调查者健康知识测试总分之和}}{\text{被调查测试的总人数}}\times 100\%$。

（4）健康信念（态度）形成率 $=\frac{\text{形成某信念的人数}}{\text{被调查的总人数}}\times 100\%$。

（5）健康行为形成率 $=\frac{\text{形成某种特定健康行为的总人数}}{\text{被调查的总人数}}\times 100\%$。

（6）行为改变率 $=\frac{\text{在一定时期内某项行为发生定向改变的人数}}{\text{观察期开始时存有该行为的人数}}\times 100\%$。

（7）健康技能掌握率 $=\frac{\text{掌握某种健康技能的人数}}{\text{被调查的总人数}}\times 100\%$。

以上计算公式只是对某项知识、信念、行为、技能的知晓、形成或掌握的统计，如果需要计算某类或全部知识、信念、行为、技能的情况，则需要对各项指标进行合理的合计。

健康素质方面的指标：包括反映体格检查和其他监测的指标（患病率、发病率、伤害发生率、检出率、感染率、治愈率等）；反映学生生长发育变化的指标（最常用的有等级评价法、百分位数法等）；反映学生因病缺课指标（因病缺课率、人均病假日数等）。

（8）患病率 $=\frac{\text{一定时期内某人群中现患某病新旧病例数}}{\text{同时期的平均人口数（被观察人数）}}\times 100\%$。

（9）发病率 $=\frac{\text{一定时期内某人群中某病新发病例数}}{\text{同时期的暴露人口数}}\times 100\%$。

（10）伤害发生率 $=\frac{\text{某人群一年中伤害的发生人数}}{\text{某人群的总人数}}\times 100\%$。

（11）因病缺课率 $=\frac{\text{某学期学生因病缺课总时数}}{\text{该学期全校学生应听课总时数}}\times 100\%$。

（12）人均病假日数 $=\frac{\text{全学期因病缺课人日数}}{\text{该学期全校学生平均数}}\times 100\%$。

（13）龋齿填充率 $=\frac{\text{一定时期内某人群中进行龋齿填充的人数}}{\text{同时期该人群中患有龋齿的人口数}}\times 100\%$。

四、总结评价

总结评价是通过综合形成评价、过程评价、效果评价及各方面资料做出的总结性的概括。综合性评价能更全面地反映出创建工作的成效。

学校在评审前所做的自评报告实际上就是一份总结性评价报告，只有将上述三种评价方式及有关信息充分利用，才能客观、全面地反映出学校创建工作的成效，进一步挖掘存在的问题，为下一步的创建工作提供科学的依据。

第四节　评价的方法

无论哪一种类型的评价其最常用的评价方法主要有以下几种：

一、观察法

直接观察各项健康教育对象或活动的情况，并进行评价。观察法是用于观察行为的最常用方法，尤其适用于那些其他方法难以获得真实信息的场合或情形。它可应用于形成评价、过程评价和效果评价。观察应在自然状况下进行，如在学生就餐时观察其食物选择行为，在操场及其他社区场合下观察其安全行为，在课间休息时观察其便后洗手的行为等。此外，学校卫生、安全的检查主要是使用观察法，用于查找学校存在的卫生与安全隐患，如查看校园内是否有积水处、地面凹凸不平、电线裸露等。

二、调查法

可采用随机抽样的方法对目标人群的有关情况进行定量调查，也可用快速评估法对实施情况作定性调查、评估。调查法多用于进行效果评价。如果要验证某项干预措施的效果，可以采用设对照组的前后测试、比较这种方式。如要验证同伴教育在控制学生肥胖中的效果，可以在不同班级中选择干预组和对照组，然后比较两个组在干预措施实施前后肥胖有关指标（健康知识知晓率、健康行为形成率、体育活动参与率、肥胖率、超重率等）的变化。健康促进学校创建工作的效果评价也可使用不设对照组的前后调查比较，通过比较目标人群在项目实施前后有关指标的情况反映创建工作的效果。

项目的评价必须建立在基线调查（即调查项目实施前的基本情况）的基础上，没有基线调查是无法评价的。基线调查与其后的评估调查的内容、方法必须一致，多用于评价师生健康理念、知识、行为和技能的改变。如对师生的健康素养检测主要使用统一的调查问卷对师生进行调查分析。

三、访谈法

访谈法可分为小组访谈和个人访谈，是定性研究常用的方法。通过访谈能够在较短时间里探索深层次的影响因素。可以从学生、教职工、学生家长及其他社区成员那里深入了解人们对项目的看法、建议和实施的效果，是一种快速简便的研究方法。如可以组织教职工进行现场访谈，通过问答及现场教职工的各抒己见来了解学校教职员工对"健康第一"理念的理解情况；也可以通过访谈法来了解学校贯彻执行有关体卫工作条例或规定的情况；还可以通过与家长访谈了解学生的人际关系等。

四、自我报告法（自我评价法）

在项目实施的过程或终末，由项目的目标人群或干预的对象自己进行项目实施过程和效果的评价，并形成自评报告。如学生或老师在听取健康讲座后对报告内容进行自我学习体会的评价，评价本次报告是否能够增强自己的健康意识，促使自己改变不良健康行为等。

五、文献法

文献法是指直接查阅文献的方法。文献是指记录知识的一切载体，包括用图形、符号、数字、文字、声频、视频等手段记录在一定介质上的东西，都可以称为文献。如很多创建健康促进学校的政策性指标都必须通过查阅相关文献资料来评估。需要查阅的文献资料还包括师生的健康记录、参加健康教育活动的记录等。各创建健康促进的学校应及时记录主要信息，保障资料的完整可靠，以供评估分析时使用。

在实际工作中，多使用综合评价方法来评价创建工作进展和成效的情况。如评价《学校卫生工作条例》、《学校体育工作条例》、《学校安全管理条例》等相关法律法规的贯彻和执行情况，首先要通过文献法来查阅相关的文件资料是否齐全；接着要通过组织学校的相关工作人员进行访谈，了解法律法规的贯彻执行情况；最后还要利用观察法在校园内进行现场查看相关法律法规是否落到实处。综合以上三种方法的评价结果才能给出该项指标的最后得分。

第五节　健康促进学校的评估指标

我们参照世界卫生组织《健康促进学校发展纲领（行动框架）》中将健康促进学校的内容及评估项目分成的6大方面，并根据“中国健康促进学校十大目标和评价指标”，结合深圳市创建的实际情况，确定了深圳市健康促进学校的验收标准，其具体的评价内容及指标主要包括以下十大方面：健康理念、健康政策、物质环境、学校社会环境（人际关系）、社区互动、健康教育课与健康技能发展、学校卫生服务、教师参与、师生的健康相关知识态度行为及师生健康状况。

具体标准参见《深圳市健康促进学校评价指标（试行）》（见附录二）。

第七章

健康促进学校的管理

第一节　健康促进学校资料的收集与整理

一、资料收集与整理的基本常识

资料是推动健康促进学校创建工作顺利进行的基础，但只有经过收集和整理，挖掘出有用的信息，才能发挥其应有的作用。收集具有学的成分，整理包含思的因素，“学而不思则罔，思而不学则殆”。只有学和思互相结合，收集与整理互相为用，才能推进创建工作又好又快地发展，达到预期的效果。

1. 资料收集与整理的意义

（1）为科学决策收集信息：有利于查找出学校的真正健康问题及其影响因素。

（2）为科学评价提供依据：有利于对健康促进学校创建工作进行科学的评价。

（3）为科学管理加强指导：有利于对健康促进学校创建工作进行查漏补缺。

（4）为科学发展积累经验：有利于健康促进学校创建工作的持续发展。

（5）为科学评审提供参考：有利于对健康促进学校进行全面客观评审。

2. 资料收集与整理的原则

（1）真实性。

资料真实与否直接关系到是否能从中提取真实信息，为制定有效策略和措施服务；关系到是否能通过评审验收。在这方面要注意：其一，选择资料要尊重客观实际，不能夹杂个人的好恶与偏见，不能歪曲资料本来的客观性；其二，选择资料要有根有据，采用的资料要有来历，一定要与原始文献认真核对，以求得最大的准确性；其三，对资料来源要加以辨别，尤其是不要把其他学校提供的参考资料完全照搬照抄作为自己的资料。

（2）准确性。

资料信息应确保准确性，须包括“5 个 W”：When（时间）、Where（地点）、Who（人物）、What（工作内容）、Why（目的意义）。

（3）典型性。

所谓资料的典型性是指这种资料要具有充分的代表性，能够充分反映我们创建健康促进学校的实际。材料不在于多，而在于是否具有无可辩驳的说服力。资料要产生具有说服力的效果，一个重要因素就是要求材料选得十分精悍典型。

（4）新颖性。

所谓新颖性，不仅是对资料产生时间的要求，还要注意收集那些具有创新价值的资料或能从普遍常见的资料中发掘出别人尚未利用的东西。新颖性会突出地体现自己的特色：一方面指前所未有的、别人没有做过的、具有开创性的新理念、新事物和新做法等；另一方面是指某种事物虽早已存在，但人们尚未发现其价值，或从其他不同的角度发掘出来的，同样是新颖的资料。

（5）全面性。

如果资料不全面，缺少了某一方面的材料，就不能全面反映所做的工作和所取得的成绩，会出现偏颇、漏洞，或由于证据不足而难以自圆其说。可按照《深圳市健康促进学校评价指标（试行）》十个方面进行资料收集和整理。

（6）比较性。

①选择材料要善于比较分辨。

②选取的材料要有利于对照分析。

③时间前后、质量优劣和数量多少等多方面的可比性资料。

（7）及时性。

对所做的工作要及时进行总结，及时将收集到的资料进行整理和保存。

3. 资料收集与整理的类型

（1）文字资料。

文字资料包括学校的相关政策文献资料、学校的背景资料、典型案例、规章制度、实施方案、计划和总结等。

对于一些原始资料中有关健康促进学校的内容最好能用红笔标示出来。

（2）数字资料。

数字资料包括师生问卷调查、体检等统计数据和统计图表。

（3）图片资料。

图片资料包括重要的会议、活动、培训或讲座以及物质环境改善的照片。

要有图片说明，最好用标准表格整理。尤其是对物质环境进行改造时，注意前后对比图片的保留。

（4）实物资料。

实物资料包括教师的课件、师生制作的作品、学校出版的书籍、调查问卷、协议、证书和检测证明等。

（5）报刊资料。

将有关资料从报纸、刊物上剪下来，或用复印机复印下来，再进行剪贴，而且要注明报刊名称、日期和版别、刊期和页码等。

（6）电子资料。

电子资料包括相关的光盘、录音带、录像带和网络资料等。

4. 资料收集与整理的方法

（1）建立项目分类。

项目分类就是按照一定的属性，把收集的资料分项归类。可按照“深圳市健康促进学校评价十大指标”分类。如果有特色资料，可集中存放为一类，但须在十大指标有关的资料部分给予说明。

（2）建立分类目录。

分类目录是查找资料的指南。可按照《深圳市健康促进学校评价指标（试行)》的要求，在每个项目分类下建立分类目录。

（3）资料归类。

将收集到的资料分门别类地加以归纳，使原来分散的、个别的、局部的、无系统的资料变成能说明事物的过程或整体的资料。可按照十大项目分类和分类目录分别存放。

（4）补充资料。

先补充那些近期的、现时的、容易得到的资料，由近至远、由新到旧、由易到难、由浅入深。

二、健康促进学校资料的要求

1. 活动资料

活动资料包括学校组织学生深入社区开展的以健康为主题的活动、学校邀请社区人员参与校园内的以健康为主题的活动，以及其他各种形式的健康教育活动资料等。

具体要求：

（1）申报铜奖的学校，要求收集和整理最近两学期学校组织的相关活动资料；申报更高等级奖项时，要求收集和整理自上一奖项评审后到目前为止各学期学校组织的相关活动资料。

（2）申报更高等级奖项时，要在原有奖项的基础上增加活动次数，丰富活动内容和内涵。

2. 师生的健康状况资料

师生的健康状况资料包括学生主要常见疾病体检年报表、学生主要健康问题统计表和教师主要健康问题统计表等。

具体要求：

申报铜奖的学校，要求收集和整理最近两学年的师生体检资料；申报更高等级奖项时，要求收集和整理自上一奖项评审后到目前为止各学年的师生体检资料。

3. 师生的健康知识态度行为评价资料

师生的健康知识态度行为评价资料包括师生健康知识态度行为调查问卷，以及健康知识知晓率和健康行为形成率的统计表。

具体要求：

要求学校收集和整理创建前后两次的调查问卷，以及健康知识知晓率和健康行为形成率统计表。

三、健康促进学校工作报告的撰写

1. 工作报告的写作知识

创建健康促进学校的工作报告，就是把创建健康促进学校以来已经做过的工作进行一次全面系统的总检查、总评价，进行一次具体的总分析、总研究，判明得失利弊，提高理性认识，用以指导今后工作，同时也为即将对学校开展的评审工作提供比较全面的参考。

（1）实际操作中存在的问题。

这些问题主要有：态度不端正；结构不完整；条理不清晰；重点不突出；不实事求是。

（2）主要内容。

①工作目标及完成情况。要含有工作目标和完成情况及其效果评价，也就是对创建工作完成情况要有一个全面总结。可以是纯文字性的，也可以既有文字说明，又有表格、图表和照片。

②效果评价。通过对创建工作开展前后的效果进行比较，无论是否有效果或效果大小如何，均有原因。我们要对原因进行综合分析，同样要全面考虑问题，

深刻地体现出工作成效。

③总结经验。要对工作中成功的或好的经验进行总结，充分反映出本单位的工作特色，也就是最吸引人的那部分。

④今后打算或改进措施。要善于总结工作中的失败教训，对教训方面要提出改进措施。

（3）基本格式和写作技巧。

工作报告的基本格式一般由标题（含日期）、前言、主体和结尾四部分组成。

①标题。标题就是工作报告的名称。建议使用非公文式标题，也就是将主要内容、性质作标题。它由正标题和副标题构成，也就是双行标题，然后要标明报告日期。如：

树立健康理念　培养健康新人
——深圳市××学校创建健康促进学校工作报告
年　月　日

②前言。即正文的开头，开门见山，概括说明全文主旨。一般要求前言能简明扼要地概述一定时间内各方面工作的基本情况，交代背景，点明主旨，为主体内容的展开做必要的铺垫。内容主要是介绍学校的基本情况，概述创建健康促进学校的主要成绩和特色。

③主体。主体是工作报告的核心部分，内容要丰富充实。主体部分一般应叙述创建健康促进学校的具体做法、取得的成绩和经验教训等，要以数据和材料说话，内容力求既翔实又概括。工作报告的主体部分一般可分为3个方面：取得的成绩：针对指标开展的工作及指标完成情况，适当地进行对比分析和效果评价，看有哪些特色和亮点；具体的做法：为创建健康促进学校，采取了哪些有效措施，有什么独特做法和深刻体会，可总结出哪些经验；存在的不足：对照标准找差距，高标准，严要求。

④结尾。结尾，要具体切实。或提出今后发展方向，或表示自己的态度，寥寥数语即可。

⑤还应注意以下几点：准备充分、实事求是、条理清楚、详略适宜、观点正确、理论价值、讨论修改。

2. 创建健康促进学校工作报告参考提纲

××××××　××××××
——深圳市××学校创建健康促进学校工作报告
年　月　日

一、前言

1. 介绍学校的基本情况（背景资料）

2. 概述创建健康促进学校的主要成绩和特色（申报更高等级奖项时，可着重介绍学校针对上一奖项评审时评审组所提出的意见和建议的整改情况）

二、指标完成情况

针对各项指标内容进行自我评价说明，要突出相关指标中的效果评价，要有调查资料、动态分析和表格数据，同时也要言简意赅。

三、主要做法和体会

1. 对健康促进学校的认识

包括：对健康概念和“健康第一”理念的理解和认识、对健康促进学校概念的理解和认识以及对创建健康促进学校目的和意义的认识。

2. 具体措施

包括：对学校围绕创建健康促进学校所做的工作进行分析，从理论上总结经验，突出具有特色的做法。

四、存在的问题

五、对今后工作的设想

第二节 健康促进学校的管理

一、健康教育机构的工作指导

1. 培训

市健康教育研究所负责对各区健康教育所、卫生和教育部门的有关领导和业务人员，以及各项目学校的主管校长、骨干教师、校医等相关人员进行培训。

2. 技术指导

市健康教育研究所负责组织对全市健康促进学校的技术指导。各区健康教育所负责对本辖区的健康促进学校的创建工作给予具体的技术指导，如健康促进学校的申报、资料的收集和整理等。

二、评审、复审的要求

1. 评审的要求

（1）拟申报评审铜奖的学校，须先按要求填写《深圳市健康促进学校创建申报表》，提出创建申请；在提出创建申请满一年并经过本校公示满一个月后，学校须按要求填写《深圳市健康促进学校评审申报表》，提出评审申请。

（2）拟申报评审更高等级奖项的学校，在通过上一奖项评审后，可提出创建申请；在提出创建申请满一年并经过本校公示满一个月后，方可提出评审申请。

2. 复审的要求

获得健康促进学校奖牌的学校，须每两年接受一次复审或复查。复审或复查的主要内容包括：

（1）学校针对上一奖项评审时评审组提出的意见和建议的整改情况。

（2）学校创建工作的主要成绩和特色。

（3）学校开展的各种形式的健康教育活动资料。

三、教育行政部门的组织与管理

教育系统为健康促进提供了理想的渠道，是落实素质教育，贯彻《学校卫生工作条例》的有效形式和手段。教育行政部门的大力支持是全面推进健康促进学校创建工作的重要保证。各区教育行政部门在组织动员、业务培训和督导考核过程中，始终与卫生部门积极配合，深入学校开展工作，极大地调动了学校的创建热情。例如，罗湖区教育局领导班子高度重视健康促进学校创建工作，将其作为全面实施和深化素质教育的重点内容来抓。该区教育局德育科作为辖区健康促进学校创建的组织与管理工作的主管科室，采取了多项促进创建工作实施的措施，包括制定相关管理制度、日常督导及授予嘉奖等，对各申报创建的学校进行 1 ~ 2 次督导，及时发现学校创建工作中存在的问题和不足，指导学校更好地开展工作。罗湖区教育局还对通过评审的学校，根据各等级奖项分别给予相应的奖励（铜奖奖励 3 万元，银奖奖励 4 万元，金奖奖励 5 万元），这大大推动了全区学校参与创建的积极性。

四、健康促进学校工作管理办法

具体的健康促进学校工作管理办法参见《深圳市健康促进学校工作管理办法（试行）》（见附录一）。

第八章

创建健康促进学校的实践

——以锦田小学为例

深圳市锦田小学始建于1993年，原为“深圳市锦田中学”，1997年改为“深圳市锦田小学”。目前，学校占地13 057.7平方米，建筑面积13 810平方米，绿化率达87%，拥有特级教师、省级教坛新星，国家级、省级骨干教师，市、区级学科带头人等一大批骨干力量，现有30个教学班，在校学生1 528人，教职员工88人。近年来，学校一年一个台阶，从健康促进学校试点开始，到铜奖、银奖、金奖，该校的健康教育与健康促进初步做到了“一二三四五”，即“一个结合（把健康教育和教育教学有机地结合起来）”、“二个贴近（贴近师生、贴近生活）”、“三个特性（思想教育性、知识趣味性、年龄差异性）”、“四不加重（不加重学校、教师、学生、家长的负担）”、“五个坚持（坚持一把手主抓、坚持正面教育、坚持长效机制、坚持以班队为主、坚持师生齐参与）”。

锦田小学在创建健康促进学校的过程中，理念先行，不断创新，根据现状分析，确定重点创建目标，统一思想，完善组织建设，齐抓共管全员参与，积累了丰富的经验，取得了可喜的成绩。创建健康促进学校的实践证明，健康促进学校的创建能使学校进一步完善有利于学生健康的各项政策和规章制度，使学校的物质环境明显改善；有助于学校形成良好的校风，使学校、家庭和社区在健康促进行动上形成联动局面，提高学生的健康知识、信念、行为和技能水平，完善师生的健康服务。

一、创建历程

2001年4月，深圳市健康教育研究所、罗湖区健康教育所决定在深圳市锦田小学开展学校健康教育示范项目，探索学校健康教育模式研究。项目开展约半年时间后，深圳市卫生局正式决定在锦田小学开展以培养师生“心理健康、人格健全、体质健壮”为目标的中国/WHO健康促进学校示范项目工作。学校也根据健康促进学校的标准和实施细则，结合师生实际，制定了《锦田小学健康促进学校宪章》、《健康促进学校实施方案》等一系列相关政策，推进健康促进学校的实施工作。

2002年9月，学校在领导和专家的指导下，经过反复论证，确定把这个课题提升为“办健康学校，育健康新人”的办学理念，决定从办学思想健康、办学行为健康、人的健康、校园环境和社区环境健康等方面着手，把学校办成适应每个学生健康发展的乐园，把学生培养成为“身心健康、人格健全、自主发展、人文见长”的健康人，开创学校教育创新改革的新篇章。

2003年10月，学校以优异的成绩通过了国家级验收，成为深圳市第一所获得中国/世界卫生组织颁发的健康促进学校铜奖的单位。随后，罗湖区在该校召开创建健康学校现场会，动员全区中小学校创建健康促进学校，并发出在罗湖创建健康城区的号召。来自全区各中小学的校长、校医等100余人参加了这次会议，区委、区政府领导刘学强、刘影周、倪泽望和区教育局、卫生局的领导到会并作了重要指示。同年，学校被评为深圳市一级学校。

学校获得健康促进学校铜奖之后，进一步总结经验，确定目标，开发“孝心作业”等健康教育活动，开展健康促进学校银奖的创建。2004年6月，该校获得深圳市“绿色学校”称号；2004年9月，被评为深圳市先进单位；2004年11月高分通过广东省一级学校评估；2004年12月获得中国/世界卫生组织颁发的健康促进学校银奖。

2005至2006两年期间，学校的工作重点放在如何提升健康促进学校银奖内涵上，首创“新三好”评选和制定健康师生评选标准，并编写了“健康儿童行动”校本教材。

2006年12月，获得中国/世界卫生组织颁发的健康促进学校金奖，成为广东省首个金奖单位。市、区教育局，市、区健康教育所在锦田小学召开了隆重的颁奖大会。

之后，学校没有认为创建工作已经结束，而是把金奖作为学校办学的又一个新起点。

2008年11月，学校被评为“广东省书香校园”，2009年1月被广东省教育厅认定为首批广东省中小学教师继续教育校本培训示范学校，这两项殊荣均为罗湖区唯一。

二、主要成效

1. 健康理念深入人心

只有健康的学校，才能培养出健康的孩子；只有健康，才能促进学校的可持续发展。现在，健康第一的理念已深入锦田小学师生的心中，培养一代健康新人已成为学校的第一追求。师生的健康观念得到加强，学校健康人文氛围日益浓厚。

2. 物质环境得到改善

区政府、教育局和学校加大了对学校建设的投入，在人力、物力、财力各方面给予大力支持，消除了存在已久的安全隐患，改造了不利于学生健康的设备设施，有效解决了学校一些老大难问题，改善了学校的办学条件，进一步净化、美化了校园，使得校园环境更加有利于师生的健康发展。

3. 教师团队健康发展

健康的管理带出了积极向上的教师团队，学校管理机制的不断完善与管理方式的不断优化，极大地调动了全体教职工的工作热情。教师精神振奋，工作勤恳，健康向上，出勤率接近 100%，更重要的是，全校教师形成了正确的教育观、人才观、质量观，增强了教书育人、以身立教、爱岗敬业的责任心、事业心和使命感，形成了和谐的人际关系和积极向上的团队精神。教师的理论水平、教学技艺和基本技能都在不同程度上得到了提升，工作争创一流的局面已经形成。

4. 师生关系更为融洽

健康的育人观带来了师生关系的融洽。近年来，教师体罚和变相体罚的现象没有了，家长投诉的现象不见了，学生与学生之间闹矛盾的情况少了，高年级学生欺负低年级学生的情况消失了；校园里的笑声更响了，快乐的歌声更亮了，学生学习的劲头更足了，创造了一次又一次的奇迹。

5. 教学质量不断提升

健康的办学理念、健康的教学方法、完善的健康服务，促使学生健康素质不断提升，养成了健康的学习方式，学习效率和质量不断提高。学校代表队在2003年3月初参加广东省头脑奥林匹克创新大赛中获得二等奖的好成绩，并在中国上海第十六届头脑奥林匹克创新大赛中进入了前十名。近年来，学生获得国家专利5项。2008年7月5日，受中央电视台的邀请，锦田小学打造的原创校园小品《玩儿》赴京，在中央电视台800演播大厅参加中央电视台品牌栏目《周末喜相逢》的录制，并播出。

6. 学校社区互动加强

创建工作密切了学校与社区各相关部门和单位及学生家庭的关系。在创建健康促进学校的过程中，学校主动争取街道办事处和社会力量的关心与支持，与社区内各单位开展互动共建，实现资源共享，建立学校和社区相结合的工作机制，建成了具有实效性的健康促进学校与社区服务相结合的立体网络，为建设和谐社会做出了贡献。学生家长也更加配合学校工作，共同促进了学生的健康成长。

7．健康素质不断增强

通过创建健康促进学校，广泛开展健康促进以及疾病防治工作，师生的健康知识知晓率和健康行为形成率得到普遍提高，师生常见病发病率逐年下降，锦田师生把锻炼作为最快乐的事来做，身体比以前更健康。学生体育达标率95.3%，优秀率26%，体育及格率95.3%，形态合格率85.3%，机能合格率85%，在全区学校中位居前列。

8．促动学校整体发展

健康促进学校的创建工作带动了学校整体工作的开展，促进了学校可持续性健康发展，多个方面不断获得突破，收获颇丰。仅2003年一年，就有4名教师获全国教学大赛一等奖。此外，数学组的老师参加区“走进新课程”教案比赛，7人参赛，全部获奖，4个一等奖，3个二等奖；区里评选先进教研组，该校语、数、英、体育、信息、科技6个科组均被评上先进；市、区读书月作文竞赛，该校获得集体一等奖；在区教育教学总结表彰会上，获得的奖金最多；近年来，该校教师公开发表的文章有40多篇，其中省级以上的有35篇；所有科组成为区先进科组；语文、数学、英语、体育和思品科组相继获得市、区“巾帼文明岗”称号；2009年11月获得“全国优秀红领巾小社团”的称号。

目前，锦田小学的创建工作更加切合学校的实际，从一点一滴做起，通过丰富多彩而又各具特色的创建活动，扎扎实实地促进师生身心健康发展。学校开展的特色创建活动辐射全区，已经成为学校的一个品牌，也是罗湖区创建全国区域性教育发展特色示范区的最大亮点。

三、主要做法与体会

1．转变办学理念，创新“健康育人”模式

锦田小学校领导在2001年着手开展健康促进学校示范项目工作后，充分认识到健康对师生发展、学校发展的重要性，转变以前的传统办学理念，不再一味追求升学率、考试成绩，而是把“健康第一”作为永恒的追求，深化“办健康学校，育健康新人”的办学理念。

锦田小学在深圳市率先开展了以培养师生“心理健康、人格健全、体质健壮”为目标，以学校健康政策、健康环境、健康教育、健康技能、健康行为、健康服务为内容的健康促进活动，把创新教育、素质教育、健康教育结合起来，既有效地促进了学生的行为健康，使学生掌握健康技能，培养了学生良好的健康习惯，又塑造了学生美好的心灵，使学生身心都得到健康发展。在此基础上，学校“办健康学校，育健康新人”的办学理念得到了升华，从教育思想健康、教育生态健康，教育手段、方法健康等方面，把学校办成适应每个学生健康发展的“乐园”，把学生培养成为“人格健全、身心健康、自主发展、人文见长”的一代新人。以提高学生思想道德素质、科学文化素质、心理素质，培养学生的创新精神和实践能力为宗旨，以校风优良、人际关系和谐、组织管理畅顺、师生素质全面、个体身心健康为目标，这一崭新理念的提出，无论是在教育理论，还是在教育实践上都具有创新性和开拓性。锦田小学把“健康育人”办学模式的构建作为落实素质教育，推进可持续发展教育的切入点，进行了素质教育的探索与实践，为其他学校实施素质教育提供了示范。

2. 加强组织建设，建立健全管理制度

锦田小学将健康促进学校创建工作作为学校发展的一件大事来抓，建立了完善的健康管理网络。学校成立了以刘影周副区长等市区领导为成员的顾问小组，以市、区健康教育所专家为主的技术指导小组和由社区、家长组成的关心下一代成长的协调小组，为健康促进学校的创建试点及项目开展提供了可靠的组织保证。学校建立了由校长亲任组长，分管副校长任副组长，办公室主任、德育主任、安全专职主任、教导主任、总务主任、少先队辅导员、教师代表、校医、社区领导、辖区民警、学生家长代表为组员的强有力的创建工作小组。创建中，校长亲自落实，所有部门及成员各司其职，做到科学管理、规范有序、分工明确，并层层落实。

锦田小学在“健康育人”的办学理念指导下，建立了“以人为本”的学校管理制度。“以人为本”的学校管理制度体现在：一是要形成先进的教育理念；二是要形成目标一致的团队精神；三是要营造尊重理解、清新高洁的学校人际关系；四是要追求浓厚的学术氛围，促进教师自身素质的不断提高。“以人为本”的学校管理制度，强调管理的根本因素是人，即尊重人、信任人、发展人，不以制度约束人的主动性、积极性和创造性，而是在一定的文化环境中，在共同的目标、价值驱动下，发挥人的潜能，追求目标的最大达成度，最大限度地体现人的生存价值。在这种环境下，教师能够身心愉快地投入工作，并把良好的情绪带给学生。

3. 依据调查研究，确立创建工作重点

在开展学校健康教育示范项目初期，学校就对其现状做了调查分析，对照“健康促进学校十大指标及评估标准”，分析每一阶段的现状，以解决重点问题为突破口，并针对每个阶段的重点问题制定重点创建目标，做到有的放矢。学校不断深化健康促进学校内涵，不断探索如何健康育人，如何让孩子从小树立和养成健康的理念和行为，同时借助健康促进学校的创建工作，积极探索学校健康教育的实施模式，将健康教育与德育活动、学科教育有机结合，使学生拥有健康的体魄、健全的人格。此外，还倡导并实施学校人文关怀的健康管理方式。

在取得铜奖、银奖后，学校都是依据调查结果，针对学校师生存在的主要健康问题及其影响因素，确定重点干预问题，实施综合性干预，取得了事半功倍的效果，最终顺利通过金奖验收。获得金奖之后，学校并没有终止健康促进学校建设的步伐，而是依然根据评估结果，针对主要问题采取必要的整改措施，不断消除影响健康的危险因素，营造更加健康的环境，提供更加优质的健康服务，促使学校健康促进工作持续性向上发展。在 2009 年金奖复审会上，学校用更多的特色和亮点工作获得了评审专家的好评和通过。

4. 改善健康环境，配置多种健康设施

学校根据健康促进学校的标准，对整个校园进行了合理布局，将教学区、运动区、生活区分开。学校还把一楼架空层打通，扩大了学校运动场所，保障学生在雨天气候有充足的运动场所。学校多功能场室齐全，装配标准较高，设备设施完善，多机一幕、电脑平台进入了课堂，兴建了校园电视台、广播站，建成了校园网，教师人手一部电脑用以电脑备课，办公无纸化、智能化、档案管理电脑化。体育器材、卫生设施、教学设备等均按省级一类学校标准配置。新建文化长廊、校门、运动场等，既有现代气息，又有人文底蕴，为师生的健康学习、生活提供了优雅的环境。

在取得金奖之后，学校仍然不断完善学校健康环境与健康设施：装备自行研发的摸高器、电子秤（称体重和书包）和视力表；校园处处是开放式的体育锻炼器材，师生课余时间可随手取用；举行大型体育活动，保证学生在校锻炼时间超过一小时；首创书香健康操；发放学生健康卡……

5. 打造健康师资，确保健康育人方向

要培养健康学生，首先要求有健康的教师。为实现新的办学理念，锦田小学重视师资队伍的培训工作，深化教师对健康促进学校工作的认识，树立“健康第一”的思想。学校坚持每两周一次专题业务学习的制度，坚持每周一个下午的教师读书活动，要求人人有读书文摘和笔记。学校除充分利用本校资源（名师）外，还采取“请进来、走出去”的办法，邀请专家学者莅校举行业务知识讲座，使教师更好地掌握学生心理矫正的方法和艺术，进一步掌握学生的生长发育、营养饮食与卫生、运动、急救、常见疾病的防治等方面的知识和技能；选派教师前往珠海、北京等地考察，组织全体教师参加各级教研部门组织的心理辅导培训班，人人获得心理咨询C证，提高健康教育的业务水平。

学校要求教师以身立教，树立好四种形象：一是导师形象，做学生的领路人；二是慈母形象，做学生最亲的人；三是学者形象，做学生最敬佩的人；四是挚友形象，做学生的知心朋友。真正把“做人教育”落实到工作、学习和生活中，为学生作出表率。并通过组织教工开展健美操训练、学习太极拳、打球、瑜伽、跳绳、爬山、冬季晨跑和长跑等健身活动，以实际行动带动和影响学生。为帮助老师们提高自身素质，锦田小学制定了“教师心理健康指标十条”，编集了《健康人生名人名言精选》，以此不断丰富教师修身洁行的内涵。学校还制定了“锦田小学教师健康的十项基本标准”，并评选出首批健康教师39人。

6. 开足健康课程，开发校本健康教材

锦田小学严格执行广东省课程计划方案，每两周开设一节健康教育课和一节足球课。针对学生的生理、心理、社会适应能力等开设人体生理、心理调适、疾病防治、安全急救、毒品危害等15项内容的课程教育。34位教师对15项教学内容采取走班制教学，要求上好每一节课；学校先后组织健康教育观摩课、研讨课和示范课18节。同时大力推广班队课观摩，探索班队活动育人新路，如四年级的“自律、自爱、自重”、三年级的“手脑运动会”等活动课，以此来推动全校健康教育工作的落实。

学校在专家的指导下，编写了以问题研究、卫生习惯、强身健体、互相赏识、做人教育等8方面为内容，以故事性、案例性、针对性为特征的6本（各年级1本）《新世纪健康儿童行动》健康教育校本教材（2006年修订后再版），同时编印了《教师健康教育指南》和《家长健康教育指南》，整编了《锦上花》、《健康教育论文集》、《健康教育教案》及一批健康教育课件。校本教材的开发和运用，有效地促进了学生对健康课程的学习和实践。

7. 改革评价制度，引导师生健康发展

（1）开展孝心教育。

开展孝心教育、感恩教育活动，对于提高人的道德修养、规范人的行为、稳定社会秩序等方面起着重要的作用，因此，锦田小学将“孝心教育”作为健康促进学校创建工作的突破点，以让孩子形成健全人格。为此，学校开设“孝心作业”，创编“孝心作业本”，让学生把孝敬长辈的事例记录下来在班上交流，并请家长和老师评价。此外，学校还组织学生开展了收集孝心格言、自制“孝心卡”、讲述孝心故事、评选“十佳孝星”等丰富多彩的活动。在孝心教育开始之初，有些学生家长不理解，认为那是“不务正业”。但看着孩子们身上发生的变化，越来越多的家长对孩子在学校学到的东西感兴趣了，并经常会在“孝心作业本”上留言，与教师互动。不少学生家长常常这样对班主任说：“学习成绩好坏不是一切，关键是要我的孩子健康、快乐，学会做人就是最大的成功。”

（2）学生评价制度。

2005 年 9 月，学校开始着手改革教育评价制度，推出了“新三好”（在家做个好孩子、在校做个好学生、在社区做个好公民）评比方案。与传统的“三好学生”评比相比，“新三好”不仅要求孩子在校德、智、体全面发展，而且要求学生在家里、在社会上同样要做好孩子、好公民。为此，学校组织家长、学生和社区居民共同制订了“新三好”评比标准，从社会责任、社会实践、学习习惯、身心健康、孝敬长辈、自我服务、团队精神等 12 个方面对孩子提出具体的要求，每项基本标准又有对应的若干具体标准，并以 65 个好习惯的形式表现出来。标准不仅贴近生活、贴近时代，也更针对当代孩子的个性特点，更具社会性。“新三好”更加贴近社会，彰显了这样一种教育理念：学校教育不仅要把青少年培养成“好学生”，更要把他们培养成一个好公民，不仅注重青少年的自我成长，更要把青少年的成长融入社会生活的大环境之中。

学校还创制了“‘新三好’成长之路”记录本，供学生记录日常表现，自查自纠，自我反思。学校将采取学生自评、同伴互评、任课教师评价、班主任评价、学校评价等多种方式为学生进行综合素质评定。“成长记录本”随时记录着孩子的每一步成长过程，时刻鞭策他，影响他，使之能够正确认识自己，完善自己，让学生伴随着成长记录健康成长。学校制定了“锦田小学健康儿童评选标准”，并评选出首批健康学生 303 人，这对全校学生积极主动参与养成健康生活方式起到了重要作用。

（3）教师评价制度。

改革教师评价制度既是素质教育、课程改革的重要内容，也是基础教育改革与发展的迫切要求。为此，锦田小学建立了教师发展性评价体制，用来促进教师的可持续发展。锦田小学的各项教师评价制度都有明确的身心健康要求，在教师岗位考核表中明确规定工作之余自觉锻炼身体，具有良好的生活方式和广泛的兴趣爱好；保持健康的身体和心理；具备正确的角色意识和自我调控能力，困难面前不烦恼，遇事冷静不乱发泄。在和谐级组评价方案和学习型科组评价方案中，明确要求级组成员身体、心理健康，积极锻炼身体并形成氛围；科组和谐，人员团结，各项工作相互支持，协作精神好，工作绩效高，各项制度和评价方案的制定都把身心健康当作硬指标。

8. 倡导“尊重、信任”，建设和谐健康课堂

锦田小学在尊重和信任的基础上，努力建设平等和谐的健康课堂。健康课堂上的教师和学生具有以下特征：一是学生主动参与学习过程；二是师生互动恰

当；三是师生关系平等，情感丰富，相互尊重，相互信任；四是教师能改变自己的行为举止，使之有利于学生的健康成长，有助于提高课堂生活的质量。帮助学生从依赖走向独立，从独立走向相互依存，从相互依存最终走向美满的生活。

在健康课堂上，积极倡导学生始终保持愉快学习的状态。学生是课堂的主角，教师给每个学生机会，对学生的每一个闪光点给予肯定，让学生感到课堂气氛很活跃。教师在课程教授中要正视学生学习能力的差异，并尊重这种差异，让学生有自主选择学习方式的机会，使学生积极主动地参与学习过程，从而获得有差异的发展。

在健康课堂上，学校努力提高学生的学习效率，通过引导学生主动学习、提升学习动力、优化学习方法等方式促使学生充分发挥自己的聪明才智，在学习过程中产生愉快的情感、积极的态度，从而进一步提升学习兴趣，进而转化为探求知识的新欲望。健康课堂以传授知识，培养品德，提高学生思维能力、实践能力和增强创新意识为宗旨，教会学生学会学习，终身受益。

健康课堂注重其动态生成过程，追求“师生互动、共同发展”。学校号召老师们在研究状态下工作，以培养学生创新精神和实践能力为核心，加强对学生创新能力、研究性学习能力的培养，使课堂教学真正成为创造过程。

9. 加强社区合作，创造健康支持环境

学校专门开设家长心理健康教育学习班，先后开设了“心理平衡十大标准”、“家庭教育的方法与技巧”、“学生意志力、毅力的培养”等专题讲座，与家长一起研究孩子的心理问题。学校与区健教所合作，把健康教育宣传资料分发到每一个学生家庭里去，让家长熟悉健康的知识内容和形式；学校开设了心理咨询网页，接受社会、家长和学生的咨询；学校开展的“亲子活动”前所未有地融洽了学生与父母之间的关系。2005 年 11 月 5 日，学校举办了以“如何培养孩子的学习兴趣”为主题的家校合作论坛，通过专家讲座和部分家长的经验介绍，其发人深省的言语和生动鲜活的案例使台下就座的 500 余位家长感到受益匪浅。两年来，共有 1 400 多名家长接受过健康知识的培训；在“我为创建健康促进学校作贡献”征文比赛中，学校还收到了家长的参赛作品 16 篇。学校每届科技节和体育运动会，都有家长的参与。家长直接参与其中，为学生创造了良好的家庭教育环境，使学生身心得到健康的发展。

10. 利用多种形式，提升个人健康素质

（1）提升个人健康素养。

学校利用红领巾电视台和广播站的“健康频道”、《小溪流》文学专刊和《科星苑》科技专刊、学校的楼道、墙壁、地面等阵地，广泛宣传健康教育知识，不断增强和提升学生的健康意识和健康知识水平。

学校聘任的法制副校长、法制辅导员经常深入学校，进行法制教育宣传讲座，对学生进行了防盗、防勒索、防拐骗等的安全教育；消防中队给学生上用电、用煤气等安全教育课，每年组织学生举行一次消防疏散演习；武警支队组织学生进行军训；市卫生局专家对学生讲授突发事件的应急救治方法；市防火中心进行防火安全专题讲座；平安保险公司人员给学生讲授意外保险与人身保险常识和技能。

学校还开展了丰富多彩的校园文化活动，营造良好的人文环境。除了传统的体育节和科技节外，学校还开展了“锦田小学吉尼斯运动会”和“小能人露一手活动”，倡导文明、健康的文化生活，为孩子提供展示才艺的机会。学校组织学生参与罗湖区“万人刷牙”活动，获得吉尼斯纪录奖牌。

（2）开展体育活动，增强学生体质。

学校严格执行国家课程计划，每周3节体育课，体育课质量高。每天上午25分钟早操（或课间操），下午35分钟的大体育活动锻炼，使学生达到平均每天1小时的锻炼水平。学生每天在校学习时间不超过6小时。学校每年举行球类比赛，举办田径运动会，秋冬相交之时举办体育节，将跳绳、拔河、迎面接力、长跑等多项活动分年级进行趣味比赛，激发同学们的锻炼兴趣和热情。学校首创的健康操和书香健康操，成为学校的一大亮点。

11．加强健康管理，提升健康服务水平

（1）加强健康管理。

学校制定了师生体检、学生常见病、传染病防控和学生免疫接种制度。学校每年组织全校师生体检一次，用电脑管理师生的健康档案，开发了这方面的专项电脑软件，把师生各项体检情况输入电脑用以进行分析、统计和跟踪管理。首创“健康指导卡”，从日常健康行为习惯出发，设立具有童趣、在家长指导下进行简单填涂的卡片，记录学生的健康行为，这对学生养成刷牙、饮食、睡眠、锻炼等健康习惯起到了很好的督促作用。目前，在校学生肥胖率为4.8%，营养不良率为2%，贫血率为0.7%，肠道蠕虫感染率为0%，沙眼患病率为6.9%，近视率为17.1%，近视新发病率为0.7%。学校做好了学生的龋齿填补和涂氟工作，学生龋齿填补率为84.2%，涂氟率为86%，这些数据均符合国家健康促进学校的标准。

（2）重视心理服务。

学校建立了心理咨询室及相关的信箱、电话和健康网站，同时结合学科教学对学生进行心理健康教育，邀请家长参与教学活动、班队活动、儿童节活动及体育、艺术科技节活动等，聆听自己孩子的心声。这种把家长、学生、教师融为一体进行教育的方式，收到了良好的教育效果。

2009 年 3 月，深圳市锦田小学、深圳市自闭症研究会启动联合关爱行动“校中校”暨随班就读支援服务项目，对部分问题儿童进行了特别服务。

学校组织教师分年级分类研究学生心理问题。如按年级分为低年级交往冲突为主，中年级自责孤独为主，高年级过敏焦虑为主；按情绪反应分为忧郁、焦虑和逆反三大类为主。针对这些问题以讲座或集中授课的形式开设了心理健康课，举办收集人生格言等活动。有些班级还针对班级里的具体问题，开展独特的心理训练课。通过这些活动，大大改善了学生与家长之间、同学与同学之间的关系，也增强了同学之间的理解和信任，强化了学生心理健康教育。

（3）落实评价服务。

学校组织了学校的部分教师，并请教了一些专家，编写了第一套《锦田小学学生健康报告书》。这套报告书分低、中、高三个阶段，以身体健康、心理健康和社会适应力为主要呈现内容，采用学生、教师、家长多元评价。这份报告书受到了家长们的普遍欢迎。

附　录

附录一　深圳市健康促进学校工作管理办法（试行）

健康促进学校是世界卫生组织在全球倡导的学校健康新理念。深圳市于2001年开始健康促进学校创建活动，并取得了初步成效。为推动我市健康促进学校创建工作的进一步开展，依据世界卫生组织有关健康促进学校的基本理念、世界卫生组织西太平洋地区《健康促进学校发展纲要》的指导意见和中国健康教育中心制定的《中国健康促进学校管理方法》，结合深圳市的实际情况，特制定本管理办法。

一、组织管理机构

深圳市的健康促进学校创建工作，在市卫生局和市教育局的统一领导下进行。

（1）深圳市健康教育研究所作为全市开展健康促进学校创建工作的业务管理、技术指导和评审机构，具有如下职责：

①负责协调世界卫生组织西太平洋区健康促进学校名册中心、中国健康教育中心、广东省健康教育研究所、深圳市各级卫生和教育部门共同开展工作。

②负责收集并发布有关信息，提供指导性意见。

③负责培训各区健康教育所、卫生和教育部门的有关领导和业务人员、各项目学校相关人员。

④负责组织对健康促进学校的技术指导。

⑤组成深圳市健康促进学校评审组，负责对全市健康促进学校铜奖、银奖和金奖的评审、复审或复查，并将评审、复审或复查结果及时上报有关部门。

（2）各区健康教育所承担本辖区的健康促进学校创建的协调管理工作，对本辖区内健康促进学校的创建活动给予具体的技术指导，负责对辖区各健康促进学校的日常考核和监督。

（3）市、区教育部门负责健康促进学校创建工作的统筹规划及组织协调。

二、创建申报条件及程序

（1）拟申报创建的学校，必须是经深圳市教育局批准开办的公办或民办的合法学校。

（2）拟申报创建的学校，按要求填写《深圳市健康促进学校创建申报表》（见附件八），经本辖区教育主管部门和健康教育所批准并加盖公章后，由区健康教育所报至深圳市健康教育研究所。

三、评审申报条件及程序

（1）提出创建申请满1年并经过本校公示满1个月的学校。

（2）学校的主管校长、骨干教师、校医等相关人员，须接受过深圳市健康教育研究所组织的系统培训，并且考核成绩合格。

（3）学校必须是无烟学校，并且在创建期间未发生集体食物中毒、传染病暴发流行及师生的重大伤残或死亡等意外事故。

（4）学校应按照《深圳市健康促进学校评价指标（试行）》自评达标。

（5）学校应按照《深圳市健康促进学校评价指标（试行）》，建立清楚、完整的档案资料。

（6）获得铜奖满1年的学校，同时在此期间协助指导另一所学校开展健康促进学校创建工作并获得铜奖，方可申报健康促进学校银奖；获得银奖满1年的学校，同时在此期间协助指导另一所学校开展健康促进学校创建工作并获得银奖，方可申报健康促进学校金奖。

（7）拟申报评审的学校，按要求填写《深圳市健康促进学校评审申报表》（见附件八），经本辖区教育主管部门和健康教育所批准并加盖公章后，由区健康教育所报至深圳市健康教育研究所。

四、评审标准

按照《深圳市健康促进学校评价指标（试行）》进行评审。

（1）理念指标。

（2）政策指标。

（3）物质环境指标。

（4）学校社会环境（人际关系）指标。

(5) 社区互动指标。

(6) 健康教育与健康技能发展指标。

(7) 学校卫生服务指标。

(8) 教师参与指标。

(9) 师生的健康相关知识态度行为指标。

(10) 师生健康状况指标。

五、评审方法及程序

深圳市健康促进学校评审组在确定的评审时间内，对学校进行现场评审。

(1) 听取受评学校的健康促进学校创建工作汇报。

(2) 评审组分小组进行资料查阅、现场查看、教职工和学生访谈以及现场问卷调查。

(3) 深圳市健康促进学校评审组向受评学校宣布评审结果。

(4) 深圳市健康教育研究所负责把评审结果上报世界卫生组织西太平洋区健康促进学校名册中心给予确认，并通过深圳市新闻媒体分批予以公告。

六、复审、复查

(1) 获得健康促进学校奖牌的学校，须每两年接受一次复审或复查。复审、复查的申报及评审，按照本办法的相关方法和程序进行。

(2) 获得健康促进学校奖牌的学校如发生集体食物中毒、传染病暴发流行、师生的重大伤残或死亡等意外事故，以及各种与《深圳市健康促进学校评价指标（试行）》相违背的事故，深圳市健康教育研究所将注销其荣誉奖牌，撤销其荣誉称号。

(3) 深圳市健康教育研究所负责把相关情况上报世界卫生组织西太平洋区健康促进学校名册中心备案，并通过深圳市新闻媒体予以公告。

七、本管理办法由深圳市健康教育研究所负责解释

八、本管理办法自二〇〇五年一月起施行

附录二　深圳市健康促进学校评价指标（试行）

（适合中小学）

在世界卫生组织西太平洋地区《健康促进学校发展纲领》（行动框架）的指导下，根据《中国健康促进学校十大目标和评价指标（试行）》、《中国口腔卫生保健工作规划（2004—2010 年）》（卫办疾控发〔2004〕13 号）、深圳市卫生局和教育局制定的《深圳市中小学校学生及幼儿园儿童龋病与牙周病防治项目工作手册（试行）》，以及结合深圳市中小学的实际情况，制订出深圳市的健康促进学校评价指标体系。

本评价指标体系满分为 100 分，根据各奖励等级的要求评分，申报铜奖的学校评分须在 80 分以上，方可获奖；申报银奖的学校评分须在 85 分以上，方可获奖；申报金奖的学校评分须在 90 分以上，方可获奖。

一、理念指标（6 分）

1. 学校有组织教职工进行健康概念和“健康第一”理念培训或讲座（1 分）

2. 正确理解健康概念的教职工比例达到：铜奖 60%，银奖 80%，金奖 95% 以上（2 分）

3. 学校教职工树立“健康第一”办学理念的比例达到：铜奖 60%，银奖 80%，金奖 95% 以上（3 分）

二、政策指标（6 分）

1. 把健康促进学校创建工作纳入到学校整体工作中（2 分）

（1）学校的工作计划中有详细的创建健康促进学校工作内容。(0.5 分)

（2）学校的工作总结中有详细的创建健康促进学校工作情况。(0.5 分)

（3）有校领导、骨干教师、校医、家长、社区成员等参加的学校健康促进领导小组。(0.1 分)

（4）有责任部门和责任人分工。(0.1 分)

（5）有健康促进工作会议制度。(0.1 分)

（6）有师生主要健康问题的基线调查与分析。(0.3 分)

（7）有相应的时间进度安排。(0.1 分)

(8) 有工作内容及方法。(0.3 分)

2. 学校是“无吸烟学校”(2 分)

(1) 有“无吸烟学校”佐证资料。(1 分)

(2) 有明显的禁烟标志。(0.25 分)

(3) 校园内没有人吸烟。(0.25 分)

(4) 没有烟具。(0.25 分)

(5) 没有烟蒂。(0.25 分)

3. 有严格贯彻和执行《学校卫生工作条例》、《学校体育工作条例》、《深圳市学校安全管理条例》等相关的规章制度 (2 分)

三、物质环境指标 (14 分)

1. 学校的物质环境没有影响学生健康的危险因素 (3 分)

2. 学校环境质量等达到《学校卫生工作条例》所规定要求 (6 分)

(1) 有所属区的疾病预防控制中心出具的相关检测证明。(0.5 分)

(2) 环境噪声。(0.5 分)

(3) 采光。(0.5 分)

(4) 照明。(0.5 分)

(5) 厕所。(0.5 分)

(6) 黑板。(0.5 分)

(7) 课桌椅高度。(0.5 分)

(8) 饮用水。(0.5 分)

(9) 学校食堂卫生许可证、从业人员健康证和培训证三证齐全。(1 分)

(10) 有所属区的疾病预防控制中心出具的创建期间学校未发生食物中毒事件的证明。(1 分)

3. 学校环境安全 (3 分)

(1) 运动设施旁有安全使用说明及警示标志。(0.5 分)

(2) 楼道有安全出口标志。(0.5 分)

(3) 楼道有上下楼梯温馨提示语或楼道左右分界线。(0.5 分)

(4) 有保证食品卫生和就餐环境卫生的规章制度。(0.3 分)

(5) 生熟食物分开。(0.3 分)

(6) 无过期食品及调味品。(0.3 分)

(7) 有食物留存 24 小时记录。(0.3 分)

(8) 有独立配餐间及操作间。(0.3 分)

4. 校园环境优美整洁（2分）

（1）厕所无异味、无尿碱、无渗漏、无积水、无污水。（1分）

（2）校园及班级有卫生保洁用具并放置合理。（0.3分）

（3）无乱丢垃圾现象。（0.3分）

（4）能充分利用空间绿化美化校园。（0.4分）

四、学校社会环境（人际关系）指标（4分）

1. 学校禁止体罚和变相体罚，并防止学生之间有造成明显伤害或影响上课的打架斗殴和欺侮行为（3分）

（1）有禁止体罚和变相体罚以及防止打架斗殴和侮辱行为的规定和措施。（1分）

（2）评估前1个月，对创建健康促进学校评审进行公示，且没有任何形式的体罚和变相体罚以及打架斗殴和侮辱事件的发生。（2分）

2. 学校对有特殊困难（包括学习、经济、生理和心理上有困难）的学生提供适当的帮助（1分）

五、社区互动指标（6分）

1. 学生每学期至少参与1次学校组织的以健康为主题深入社区的活动（2分）

（1）小学学生参与率：铜奖70%，银奖80%，金奖90%。

（2）初中学生参与率：铜奖65%，银奖75%，金奖85%。

（3）高中学生参与率：铜奖60%，银奖70%，金奖80%。

2. 学校每学年至少有1次邀请社区人员参与校园内以健康为主题的活动（2分）

3. 社区有保证学校周边健康环境和安全的措施（2分）

（1）有学校与社区军警、社区单位等共建协议。（0.5分）

（2）有学校与社区共建健康环境和安全的工作记录。（0.5分）

（3）有学校与社区沟通和联系解决校园周边环境问题的措施或记录。（1分）

六、健康教育与健康技能发展指标（8分）

1. 学校开展多种形式的健康教育活动（2分）

（1）小学学生参与率：铜奖70%，银奖80%，金奖90%。

（2）初中学生参与率：铜奖65%，银奖75%，金奖85%。

（3）高中学生参与率：铜奖60%，银奖70%，金奖80%。

2. 学生掌握相应的健康技能（6分）

（1）小学铜奖60%，银奖65%，金奖70%。

（2）初中铜奖70%，银奖75%，金奖80%。

（3）高中铜奖80%，银奖85%，金奖90%。

七、学校卫生服务指标（12分）

1. 学校卫生室基本配置符合《学校卫生工作条例》要求（3分）

（1）学校卫生室及常用药物和器械的配置符合要求。(1分)

（2）能按照学生人数六百比一的比例配备专职的专业技术人员。(1分)

（3）配备的专业技术人员有相关职业资格证书。(1分)

2. 体检服务（7.5分）

（1）有按班级统计学生的主要健康问题记录。(1分)

（2）有班主任和学生家长签名的体检结果反馈表。(0.5分)

（3）建立学生健康档案（铜奖60%，银奖80%，金奖95%），有患病学生体检报告。(0.5分)

（4）有学生患病情况记录和成因分析。(1分)

（5）有针对学生主要健康问题的干预措施。(1分)

（6）建立教师健康档案（铜奖60%，银奖80%，金奖95%）。(0.25分)

（7）有教师体检统计结果并明确主要健康问题。(0.25分)

（8）有患慢性病的教师名单。(0.25分)

（9）有患慢性病教师患病情况记录和成因分析。(1.25分)

（10）有针对教师慢性病的干预措施。(1分)

（11）学校有针对师生中主要健康问题开展的医疗保健、知识讲座等活动。(0.5分)

3. 为学生提供心理咨询服务（1.5分）

（1）有心理咨询室。(0.2分)

（2）心理咨询室有沙发、电脑等设施。(0.1分)

（3）有心理咨询工作制度。(0.2分)

（4）有心理教师登记表。(0.2分)

（5）心理教师有相应的资格证书。(0.3分)

（6）学校能及时发现有不良情绪的学生，并能给予心理辅导（0.5分）。

八、教师参与指标（8分）

1. 学科渗透（6分）

（1）在本学科教学活动中有机结合健康教育相关内容的教师比例达到：铜

奖 70%，银奖 80%，金奖 90%。(2 分)

(2) 教案中有健康相关内容的比例达到：铜奖 70%，银奖 80%，金奖 90%。(4 分)

2. 教师每学期至少参加 1 次学生组织的以健康为主题的活动 (2 分)

(教师参与率：铜奖 70%，银奖 80%，金奖 90%)

九、师生的健康相关知识态度行为指标 (16 分)

1. 开展学生健康知识态度行为评价 (3 分)

(1) 有针对不同年级学生进行的健康知识态度行为的问卷调查。(1 分)

(2) 有学生的健康知识知晓率的统计。(2 分)

2. 学生具备相应的健康知识和行为 (5 分)

3. 开展教师的健康知识态度行为的评价 (3 分)

(1) 有针对教师进行的健康知识态度行为的问卷调查。(1 分)

(2) 有教师的健康知识知晓率的统计。(2 分)

4. 教师具备相应的健康知识、态度和行为 (5 分)

(知识知晓率和行为形成率：95% 以上正确者得 2.5 分；85% ~95% 正确者得 2 分；75% ~85% 正确者得 1.5 分；65% ~75% 正确者得 1 分；60% ~65% 正确者得 0.5 分；60% 以下不得分)

十、师生健康状况指标 (20 分)

1. 学生主要常见疾病 (龋齿、视力不良、营养不良、肥胖、沙眼等) 控制良好 (15 分)

(1) 学生每年有 1 次体检。(2 分)

(2) 对于追踪干预的人群至少有 1 种主要常见疾病得到一定程度的控制或改善。(10 分)

① 龋齿患病率不高于 50%，学生龋均小于 1.1。(1.5 分)

② 龋齿填补率大于 50%。(0.5 分)

③ 近视新发率不超过：小学 20%，初中 30%，高中 40%。(2 分)

④ 营养不良率不超过 10% ~15%。(2 分)

⑤ 肥胖率呈相对下降趋势。(2 分)

⑥ 沙眼患病率不超过 6%。(2 分)

(3) 本学年学生在校内严重受伤等意外事故发生率 (严重受伤指受伤后至少 1 整天不能上学或运动) 不超过 1%。(1 分)

(4) 有校医针对学生意外事故的处理记录。(1 分)

（5）本学年学生因病缺课人均课时不超过0.3。（0.5分）

（6）有因病缺课学生名单。（0.25分）

（7）有学生缺课原因记录。（0.25分）

2. 教师主要慢性疾病（高血压、糖尿病、肥胖、冠心病等）控制趋势良好（5分）

（1）有教师主要慢性疾病体检统计。（1分）

（2）学校有对患有慢性疾病的教师进行健康管理。（2分）

（3）教师主要慢性疾病得到一定程度的控制或改善。（2分）

附录三 深圳市健康促进学校评估细则（试行）

说 明

1. 本评估细则在原有基础上，通过广泛征求各单位意见，进行修改完善。

2. 本评估细则依据以下主要法规制定：《中国健康促进学校创建工作管理方法（试行）》、《学校卫生工作条例》、《中华人民共和国未成年人保护法》、《中华人民共和国义务教育法》、《中国健康促进学校十大目标和评价指标（试行）》、深圳市《学校体育工作条例》评估细则、《深圳市学校安全管理条例》、《深圳市无吸烟学校标准》。

3. 为了便于操作，评估采用百分制计分的方法，将评估内容分为十项大指标，每项大指标又分为若干分指标，对应编入了评估方法和细则，并将评估记录格式化。

4. 评估满分为100分。申报铜奖的学校评估须在80分以上方可获奖；申报银奖的学校评估须在85分以上方可获奖；申报金奖的学校评估须在90分以上方可获奖。

5. 学校申报评审健康促进学校时须填写申请表，报所在辖区教育行政主管部门同意，再报区健康教育所同意后方可报市健康教育研究所。

6. “无吸烟学校”、“创建期间未发生过传染病爆发流行”、“创建期间未发生过重大伤残或死亡等意外事故”、“创建期间未发生过食物中毒”等是申报评审的必须条件，其中任何一项未达到的学校将不具备申报评审的资格。

7. 深圳市健康教育研究所收到学校的评审申请后，将组织有关专家在30个工作日通过社会调查、现场查看、现场访谈、课堂旁听、问卷测评、走访询问、查阅资料等多种方式进行综合评估。

8. 评估方法中提到的“查阅资料”，是指在评估中能查找的打印类资料、书籍、印刷品、电脑储存的电子资料等任何形式的资料，只要在评估中能提供相关佐证材料即可。

深圳市健康促进学校评估细则

评估指标	分值	评估内容	评价细则	评估方法	得分	失分原因
1. 理念指标	6分					
学校教职工能正确理解健康概念以及能树立“健康第一”（学校应该以培养健康人才为第一追求目标）的办学理念	6分	①学校组织教职工进行健康概念和“健康第一”理念培训或讲座并有工作记录。(1分)	①查阅学校组织教职工进行健康概念和“健康第一”理念培训或讲座等的工作记录，有文字、照片或影像等资料得1分，没有得0分。	查阅资料		
		②教职工的“健康第一”理念理解情况。(5分)	②随机抽查20名教职工，根据提纲进行“健康第一”理念的现场访谈。根据理解情况按“优秀、良好、一般、没有”分别给予3、2、1、0分。	现场访谈		
			③现场测评20名教职工理解健康的概念，95%以上正确者得2分；85%~95%正确者得1.5分，75%~85%正确者1分；65%~75%正确者得0.5分，60%以下正确者不得分。	问卷测评		
2. 政策指标	6分					
2.1 把健康促进学校创建工作纳入到学校整体工作中	2分	①把健康促进学校创建工作纳入学校整体工作计划和总结。(1分)	①查阅学校的工作计划，其中有详细的创建健康促进学校工作内容的得0.5分。 ②查阅学校的工作总结，其中有详细的创建健康促进学校工作情况的总结得0.5分。	查阅资料		
		②制订创建健康促进学校实施方案。(1分)	查阅学校创建健康促进学校工作的实施方案，有工作领导小组得0.1分；有责任部门和责任人分工得0.1分；有健康促进工作会议制度得0.1分；有师生主要健康问题的基线调查与分析得0.3分；有工作内容及方法得0.3分；有相应的时间进度安排得0.1分。	查阅资料		

（续上表）

评估指标	分值	评估内容	评价细则	评估方法	得分	失分原因
2.2 学校是“无吸烟学校”	2分	①学校通过“无吸烟学校”的评审。(1分)	①查阅“无吸烟学校”佐证资料。有佐证资料得（1分）。	查阅资料		
		②有无禁烟标志及校园内是否有人吸烟、是否有烟具、是否有烟蒂等情况。(1分)	②现场查看学校有明显禁烟标志得0.25分；校园内没有人吸烟得0.25分；没有烟具得0.25分；没有烟蒂得0.25分。	现场查看		
2.3 贯彻执行有关体卫工作条例或法规	2分	《学校卫生工作条例》、《学校体育工作条例》、《深圳市学校安全管理条例》等相关法律法规的贯彻和执行情况。	查阅相关资料，有严格贯彻和执行相关法律法规者得2分，否则得0分。	查阅资料 现场查看 访谈询问		
3. 物质环境指标	14分					
3.1 学校提供的物质环境没有影响学生健康的危险因素	3分	物质环境中危害学生健康的危险因素存在情况。(3分)	现场查看学校物质环境有无危险因素，无得3分；有1个危险因素得2.5分；有2个危险因素得2分；有3个危险因素得1分；有4个及以上不得分。	现场查看		
3.2 学校环境质量等达到《学校卫生工作条例》所规定要求	6分	①学校建筑、环境噪声、室内微小气候、采光、照明、厕所等环境质量以及黑板、课桌椅设置、饮用水等符合国家有关标准。(4分)	①有所属区的疾病预防控制中心（区CDC）出具的相关检测证明得0.5分；环境噪声达标者得0.5分；采光达标者得0.5分；照明达标者得0.5分；厕所卫生蹲位达标者得0.5分；黑板达标者得0.5分；课桌椅达标者得0.5分；饮用水达标者得0.5分。	查阅资料 现场查看		
		②食堂卫生许可证、从业人员健康证和培训证。(1分)	②查阅学校食堂卫生许可证以及从业人员健康证和培训证，以上三证齐全者得1分，没有或不全者得0分。	查阅资料		
		③创建期间学校未发生集体食物中毒。(1分)	③有所属区的疾病预防控制中心（区CDC）出具的创建期间学校未发生食物中毒证明得1分。	查阅资料		

（续上表）

评估指标	分值	评估内容	评价细则	评估方法	得分	失分原因
3.3 学校环境安全	3分	①在容易发生危险的地方（运动设施、操场、楼道、校门、实验室等）有明显的警示标志。(1.5分)	①现场查看运动设施旁张贴的安全使用说明或注意事项及警示标志，有使用说明及警示标志得0.5分，没有得0分。	现场查看		
			②现场查看学校楼道安全设施的设置，有安全出口标志得0.5分，有上下楼梯温馨提示语或楼道左右分界线得0.5分。	现场查看		
		②学校食堂的食品卫生安全情况。(1.5分)	查阅学校有保证食品卫生和就餐环境卫生的规章制度得0.3分；现场查看食堂，有生熟食分开得0.3分，无过期食品及调味品得0.3分，有食物留存24小时记录者得0.3分，有独立配餐间及操作间得0.3分。	查阅资料 现场查看		
3.4 校园环境优美整洁	2分	①学校厕所卫生情况。(1分)	①现场查看厕所的卫生情况，无异味、无尿碱、无渗漏、无积水、无污水者得1分。	现场查看		
		②校园整洁和美化情况。(1分)	②现场查看学校校园及班级的卫生情况，有卫生保洁用具并放置合理得0.3分，无乱扔垃圾现象得0.3分，能充分利用空间绿化美化校园者得0.4分。	现场查看		
4. 学校社会环境（人际关系）指标	4分					
4.1 学校禁止体罚和变相体罚，并防止学生之间有造成明显伤害或影响上课的打架斗殴和欺侮行为	3分	学校有禁止体罚和变相体罚以及防止打架斗殴和欺侮行为的规定和措施。(3分)	查阅相关资料，有规定和措施得1分，否则不得分；评估前一个月在校园网、公告栏、社区等显著位置对创建健康促进学校评审进行公示，设立公示电话、邮箱。收集的资料显示没有任何形式的体罚和变相体罚以及打架斗殴和欺侮事件发生，得2分，否则不得分。	查阅资料 社会调查		

（续上表）

评估指标	分值	评估内容	评价细则	评估方法	得分	失分原因
4.2 学校对有特殊困难（包括学习、经济、生理和心理上有困难）的学生提供适当的帮助	1分	学校有特殊困难学生登记表及帮扶记录。（1分）	查阅学校特殊困难学生情况登记表及对其的帮扶记录，有登记表和帮扶记录者得1分，没有不得分。	查阅资料		
5. 社区互动指标	6分					
5.1 学校组织学生深入社区开展健康活动	2分	①学校方面每学期至少组织1次学生深入社区开展以健康为主题的社会实践活动情况。（2分）	①查阅最近两学期学校方面组织学生深入社区开展的以健康为主题的社会实践活动的有关资料，有相关资料及说明得2分，没有不得分。（评估更高等级奖项时，要在原有奖项的基础上增加活动次数、丰富活动内容和内涵，否则不给分）	查阅资料		
5.2 学校邀请社区人员参与校园内的以健康为主题的活动	2分	学校每学年至少有1次邀请社区人员参与校园内以健康为主题的活动情况。（2分）	①查阅学校每次邀请社区人员参与校园内的以健康为主题的活动的相关资料，有相关资料及说明得1分，没有不得分。	查阅资料		
			②评估前一个月在校园网、公告栏、社区等显著位置对创建健康促进学校评审进行公示，设立公示电话、邮箱。收集的资料显示无投诉者得1分，否则不得分。	社会调查		
5.3 社区有保证学校周边健康环境和安全的措施	2分	①学校与社区军警、社区单位等共建协议。（0.5分）	①查阅学校与社区军警、社区单位等共建协议，有协议得0.5分，没有得0分。	查阅资料		
		②有关工作记录（包括文字、照片或影像等资料）。（0.5分）	②查阅学校与社区共建健康环境和安全的工作记录，有相关资料及说明得0.5分，没有不得分。	查阅资料		
		③学校寻求解决周边环境问题的措施或办法。（1分）	③查阅学校与社区沟通和联系解决校园周边环境问题的措施或记录，有措施或记录者得1分，否则不得分。	查阅资料 走访询问		

（续上表）

评估指标	分值	评估内容	评价细则	评估方法	得分	失分原因
6. 健康教育与健康技能的发展指标	8分					
6.1 以多种形式开展健康教育活动	2分	学校开展各种形式健康教育活动的佐证资料。(2分)	查阅相关资料，有文字、照片或影视资料得2分，否则不得分。	查阅资料		
6.2 学生掌握相应的健康技能	6分	学生的健康技能掌握情况。(6分)	现场随机测试20名学生的健康技能掌握情况，95%以上正确者得6分；85%～95%正确者得5分；75%～85%正确者得4分；65%～75%正确者得3分；60%～65%正确者得2分；60%以下不得分。	现场测评		
7. 学校卫生服务指标	12分					
7.1 学校卫生室基本配置符合《学校卫生工作条例》要求	3分	①学校卫生室及常用药物和器械的基本配置情况。(1分)	① 现场查看学校卫生室及常用药物和器械的配置情况，符合要求得1分。	现场查看		
		②专职的专业技术人员配备情况。(2分)	② 能按照学生人数600∶1的比例配备专职的专业技术人员者得1分，配备的专业技术人员有相关执业资格证书者得1分。	查阅资料		
7.2 体检服务	7.5分	①按班级统计学生的主要健康问题。(1分)	①查阅学校关于学生主要健康问题的统计表，有按班级统计的统计表得1分。	查阅资料		
		②有班主任和学生家长签名的体检结果反馈表。(0.5分)	②查阅有班主任和学生家长签名的体检结果反馈表，有签名的反馈表得0.5分，没有不得分。	查阅资料		
		③ 对有健康问题(肥胖、营养不良、龋齿、视力不良、沙眼)的学生建立健康档案(患病学生体检报告、主要健康问题的记录、干预措施等)。(2.5分)	③查阅学校建立的健康档案，有患病学生体检报告得0.5分；有患病情况记录和成因分析得1分；有干预措施得1分。	查阅资料		

（续上表）

评估指标	分值	评估内容	评价细则	评估方法	得分	失分原因
		④为教师建立健康档案并对教师主要健康问题进行统计。(0.5分)	④查阅教师健康档案及全体教师体检结果统计表，有健康档案得0.25分；有体检统计结果并明确主要健康问题得0.25分。	查阅资料		
		⑤对患有慢性病的教师建立健康档案（患病教师的体检报告、主要健康问题的记录、干预措施等）。(2.5分)	⑤查阅学校建立的健康档案，有患者名单得0.25分；有患病情况记录和成因分析得1.25分；有干预措施得1分。	查阅资料		
		⑥学校针对师生中主要健康问题进行医疗保健、知识讲座等方面的活动情况。(0.5分)	⑥查阅学校针对师生中主要健康问题进行医疗保健、知识讲座等方面活动的相关资料。有文字或照片或影像等相关资料得0.5分。	查阅资料		
7.3 为学生提供心理咨询服务	1.5分	①学校心理咨询室和工作制度。(0.5分)	①现场查看学校心理咨询室，有心理咨询室得0.2分；有沙发、电脑等设施得0.1分；有心理咨询室工作制度得0.2分。	现场查看		
		②学校有心理教师登记表，并有相应的资格证书。(0.5分)	②查阅学校心理教师登记表，有登记表得0.2分，有资格证书得0.3分。	查阅资料		
		③及时发现有不良情绪（焦虑、忧郁、烦躁、伤心等）的学生，并能给予心理辅导。(0.5分)	③查阅学校发现不良情绪学生并给予心理辅导的工作记录，有记录得0.5分，没有记录不得分。	查阅资料		
8. 教师参与指标	8分					
8.1 学科渗透	6分	教学过程中健康知识的渗透情况。(6分)	现场随机抽查1～2节课，现场旁听其教学过程中健康知识的渗透情况，有健康知识渗透得2分；现场随机抽查5个学科的教案，每份教案中渗透健康教育内容得4分。	课堂旁听 查阅资料		

（续上表）

评估指标	分值	评估内容	评价细则	评估方法	得分	失分原因
8.2 教师参与学生组织的以健康为主题的活动	2 分	最近两个学期教师参加班级健康主题活动情况。（2 分）	查阅最近两个学期所有教师参加班级健康主题活动的相关资料，有相关资料及说明得 2 分，没有得 0 分。（评估更高等级奖项时，要在原有奖项的基础上增加活动次数、丰富活动内容和内涵，否则不予给分）	查阅资料		
9. 师生的健康相关知识态度行为指标	16 分					
9.1 开展学生健康知识态度行为评价（至少有创建前后两次）	3 分	学校针对不同年级学生的控烟知识和技能、膳食营养、用眼卫生、运动锻炼、安全、卫生习惯、心理健康、禁毒、预防艾滋病等内容的问卷调查情况。（3 分）	查阅学校针对不同年级学生进行的健康知识态度行为的抽样调查问卷，有创建前后两次的调查问卷得 1 分；有学生健康知识知晓率的统计得 2 分。	查阅资料		
9.2 学生具备相应的健康知识和行为	5 分	学生的健康知识态度行为现场测试情况。（5 分）	现场抽查 20 名学生，进行健康知识态度行为测试。 知识态度：95% 以上正确者得 2.5 分；85% ~95% 正确者得 2 分；75% ~85% 正确者得 1.5 分；65% ~75% 正确者得 1 分；60% ~65% 正确者得 0.5 分；60% 以下不得分。 行为：95% 以上正确者得 2.5 分；85% ~95% 正确者得 2 分；75% ~85% 正确者得 1.5 分；65% ~75% 正确者得 1 分；60% ~65% 正确者得 0.5 分；60% 以下不得分。	问卷测评		
9.3 开展教师的健康知识态度行为的评价（创建前后两次）	3 分	学校针对教职工的控烟知识和技能、膳食营养、用眼卫生、运动锻炼、安全、卫生习惯、心理健康、禁毒、预防艾滋病等内容的问卷调查。（3 分）	查阅学校针对教职工进行的健康知识态度行为的调查问卷，有创建前后两次的调查问卷得 1 分；有教师健康知识知晓率的统计得 2 分。	查阅资料		

（续上表）

评估指标	分值	评估内容	评价细则	评估方法	得分	失分原因
9.4 教职工具备相应的健康知识、态度和行为	5 分	现场抽查 20 名教职工进行健康知识态度行为测试。（5 分）	现场抽查 20 名教职工进行健康知识态度行为测试。 知识和态度：95% 以上正确者得 2.5 分；85% ~95% 正确者得 2 分；75% ~85% 正确者得 1.5 分；65% ~75% 正确者得 1 分；60% ~65% 正确者得 0.5 分；60% 以下不得分。 行为：95% 以上正确者得 2.5 分；85% ~95% 正确者得 2 分；75% ~85% 正确者得 1.5 分；65% ~75% 正确者得 1 分；60% ~65% 正确者得 0.5 分；60% 以下不得分。	问卷测评		
10. 师生健康状况指标	20 分					
10.1 学生主要常见疾病（龋齿、视力不良、营养不良、肥胖、沙眼等）控制良好	15 分	①创建前后两年的学生主要常见疾病（龋齿、视力不良、营养不良、肥胖、沙眼）体检情况。（12 分）	① 查阅学校创建前后两年的学生主要常见疾病体检年报表，有年报表者得 2 分；对于追踪干预的人群至少有一种主要常见疾病得到一定程度的控制或改善得 10 分。	查阅资料		
		②最近两学期学生在校内严重受伤等意外事故发生情况。（严重受伤是指受伤后至少一整天不能上学或运动的严重受伤意外事故）。（2 分）	②查阅学校最近两学期学生在校内严重受伤等意外事故统计表以及校医处理的工作记录。有统计表得 1 分，有校医处理记录得 1 分。	查阅资料		
		③最近两学期学生因病缺课发生情况。（1 分）	③ 查阅最近两学期因病缺课学生统计表以及因病缺课学生名单和缺课原因。有统计表得 0.5 分；有学生名单得 0.25 分；有缺课原因记录得 0.25 分。	查阅资料		

（续上表）

评估指标	分值	评估内容	评价细则	评估方法	得分	失分原因
10.2 教职工主要慢性疾病（高血压、糖尿病、肥胖、冠心病等）控制趋势	5分	① 教职工中主要慢性疾病（高血压、糖尿病、肥胖、冠心病等）体检情况。(1分)	① 查阅教职工中主要慢性疾病（高血压、糖尿病、肥胖、冠心病等）体检统计表，有统计表得1分。	查阅资料		
		②针对患有慢性疾病的教职员工的健康管理。(4分)	②查阅学校对患有慢性病的教职员工进行管理和干预的措施。有进行健康管理得2分；主要慢性病得到一定程度的控制或改善得2分。			

深圳市健康促进学校评估得分总表

单位：________学校　奖项级别：______奖　评估时间：______年____月　最后得分：_____

考核内容			分指标			考核内容			分指标		
编号	分值	得分	编号	分值	得分	编号	分值	得分	编号	分值	得分
1	6		1	6		7	12		7.1	3	
2	6		2.1	2					7.2	7.5	
			2.2	2					7.3	1.5	
			2.3	2		8	8		8.1	6	
3	14		3.1	3					8.2	2	
			3.2	6		9	16		9.1	3	
			3.3	3					9.2	5	
			3.4	2					9.3	3	
4	4		4.1	3					9.4	5	
			4.2	1		10	20		10.1	15	
5	6		5.1	2					10.2	5	
			5.2	2		备注					
			5.3	2							
6	8		6.1	2							
			6.2	6							

附录四 深圳市无吸烟教育机构标准（试行）

一、学校成立控制吸烟领导组织，每年有控制吸烟工作计划和总结。

二、建立、健全控制吸烟的规章制度，并有明确的考评奖惩办法。

三、教育机构所属的区域有明显的禁烟标识，教育机构内完全禁烟。

四、各部门、各年级设有控制吸烟宣传员。

五、开展多种形式的控制吸烟宣传和教育。

六、明确规定学校领导和全体师生、员工都有劝阻吸烟的责任和义务，不向来访者、领导和检查人员敬烟。

七、学校领导和中层领导带头禁烟，鼓励和帮助学校吸烟的师生、员工戒烟。

八、教育机构内禁止销售烟草制品；不接受烟草厂商赞助；不张贴、播放烟草广告；不使用印刷有烟草广告的太阳伞、衣帽等物品。

附录五　中国健康促进学校创建工作管理方法（试行）

健康促进学校是世界卫生组织在全球倡导的学校健康新理念。我国自 1995 年引进这一理念并开始创建健康促进学校以来，在教育部和卫生部的领导和支持下，全国大部分省（自治区、直辖市）都开始了创建工作，并取得了良好的进展，为在我国创建健康促进学校积累了丰富的经验。特别是自 2003 年以来，许多省市开始全面推广健康促进学校的创建工作。为了及时总结创建工作的经验，进一步在全国推动健康促进学校工作，规范全国健康促进学校创建工作的管理，特制定以下管理办法。

一、关于健康促进学校的管理、工作网络以及各自的职责

中国健康促进学校创建活动根据世界卫生组织有关框架的规定和要求，在卫生部和教育部的统一领导下开展工作。

由中国疾病预防控制中心健康教育所/世界卫生组织健康教育和健康促进合作中心作为开展健康促进学校创建工作的国家级管理和指导机构，负责协调世界卫生组织、卫生部和教育部以及各省（自治区、直辖市）卫生和教育等组织和部门，以共同开展工作。收集并发布有关信息，提供指导性意见，培训各省（自治区、直辖市）卫生和教育部门的有关领导和业务人员，组织国家级督导和对健康促进学校申报的评审活动，并对全国健康促进学校创建情况进行动态管理。

各省（自治区、直辖市）的健康教育所承担本辖区的健康促进学校创建的管理职责，在当地卫生行政部门领导下，帮助教育行政部门开展工作。具体承担对各区县健康教育所、各项目学校相关人员的培训，对创建学校进行指导、评审和复查，并及时将情况通报国家级健康教育所。

各区县教育和卫生部门作为基层的管理机构，应对辖区内健康促进学校的创建活动给予具体的指导，并积极参与到学校的创建活动中。

学校作为创建健康促进学校活动的基本单位，应成立由校领导、骨干教师、学生家长和社区代表等共同参与的学校创建活动领导小组，负责本校创建活动的计划、实施和评价。

二、关于健康促进学校的创建

有意创建健康促进学校的学校可与当地教育主管部门和卫生主管部门联系，在当地教育部门和卫生部门的领导下开展创建工作，并从当地健康教育所获取相应的文件资料和技术支持。开展创建工作的学校可以在“十大目标”的指导下根据学校的特点（现有条件、资源条件、存在的主要健康问题等），选择适合的突破点或切入点，开展有重点的创建工作，也可以按照“十大目标”全面推进、创建健康促进学校。

创建期间，健康教育部门应针对学校的实际情况，给以经常性的指导，帮助学校进行创建计划的设计和实施，并指导学校做好档案管理工作。

三、关于健康促进学校的目标和评价指标

在世界卫生组织西太平洋地区《发展健康促进学校区域行动纲要》的指导下，在总结我国近8年来创建健康促进学校的经验和过去试行的健康促进学校标准的基础上，根据我国的具体情况，以全面、简便和可操作性强为原则修订出我国的《健康促进学校的十大目标和评价指标》。该评价指标既与世界卫生组织全球健康促进学校网络的要求保持了一致性，又综合考虑了中国学校卫生工作的特点、《学校卫生工作条例》等法规性文件和创造具有我国特色的健康促进学校创建经验，以及针对我国学校教育工作中长期存在的应试教育思想等特点。新标准提升了过去制定的健康促进学校评价标准的深度和广度，是今后我国创建健康促进学校应该遵循的原则和评价的依据。

四、关于健康促进学校申报和评审的程序

创建工作满1年可以申报铜奖；获得铜奖1年后，可申报银奖；获得银奖1年后，可申报金奖。

按照健康促进学校评价标准和考核内容，学校首先在当地教育卫生部门的参与和指导下进行自评，如果自评结果达到了健康促进学校相应标准，可向省（自治区、直辖市）健康教育所提出评审申请，并提供分类清楚、完整的创建健康促进学校的档案资料，以及自评的各项结果资料，以备评审。

省（自治区、直辖市）健康教育所在接到申请后组织专家进行评审。省级评审应按照《健康促进学校十大目标和评价指标》认真组织，确保评审合格的学校真正达到健康促进学校的相应标准。经省级评审合格的学校，由省级健康教育所统一申报国家级授奖。中国疾病预防控制中心健康教育所组织专家组在全面审核省级上报材料及抽查部分学校的基础上，决定是否授予健康促进学校相应级

别的奖牌。若抽查时发现上报学校中有不符合标准者，将暂缓该批申报学校的验收授牌工作。

原则上健康促进学校金奖由国家级专家组进行评审。国家级评审程序如下：

（1）省级评估单位向国家级专家组汇报自查结果，并提供资料。

（2）国家级专家组到项目学校查阅资料、考察现场环境、组织教职工和学生座谈以及抽取学生进行问卷调查。

（3）根据综合评估结果，专家组进行讨论。

对获得健康促进学校奖牌的学校，当地教育、卫生主管部门应每两年进行一次复查，如果发现退步、不足以达到该奖牌的最低标准要求时，应该及时撤销奖励，撤除相应的奖牌。国家级主管部门也将采取不定期、不提前通知的办法对获得金奖的学校进行复查，对名不副实的金奖学校撤除相应的奖牌。

附录六 WHO 西太区文件之一：健康新地平线

前 言

“健康是整个身体、精神和社会生活的完好状态，而不仅仅是没有疾病或不虚弱。”

“政府对其人民的健康负有责任，只有通过提供适当的卫生保健和社会措施才能履行其职责。”

世界卫生组织《组织法》

上面这两段陈述虽然在 1948 年听起来似乎是空想，然而，当我们迈向这个世纪末时，这些话使人觉得更有针对性。我们确保人人有权实现其完全健康潜力的愿望已变得更为现实。由于对政府注意力及资源存在着矛盾的要求，更需对过去的工作重新进行检查，评估早期为健康状况所确定的参数及目标，以及对我们工作方向的适宜性进行探讨。

西太平洋地区在经济和社会方面已经发展到这样一种程度，即卫生基础设施及教育水平大体上比较合适。目前已有可能在提供支持的环境条件下，强调个人的责任。

许多互相关联的因素影响着人们的健康和幸福。我们的做法必须反映出这种认识：我们是在复杂和不断发展的环境下生活的。个人、家庭、社区和民族参与卫生事务的作用日益增强。政府的政策也必须反映这一点，同时还必须保护人们免遭环境中有害物质的损害。

在适当的环境下，人们具有对他们自身健康产生长期影响的潜力，支持和帮助他们实现这一点是世界卫生组织的任务。以前以疾病为中心的做法正转向以人群或人类发展为中心的做法。

未来工作的一个根本问题，是如何确保健康和环境不被人们孜孜以求的经济发展所破坏，鼓励人们，使其能帮助他们自己预防疾病和残疾，以及帮助他们建立有助于健康的生活方式和环境的最佳方法。维护健康的简单行动可从生命开始时做起，对终身都会有影响。

父母想让其孩子获得免疫，会带孩子去卫生保健中心接种疫苗，其实世界上所有的疫苗本身都不能阻止儿童期疾病的发生。如果家庭不使用蚊帐，经过药物处理的蚊帐也就不能防止疟疾的发生。每当人们面临一种选择时，我们都必须帮助他们作出健康的决策，并确保政府有正确的政策支持这些决策。这些政策可涉及卫生立法，也可涉及产品标签法这类比较容易的事情。

如果我们要对这些发展作出有效的反应，改变我们的工作方式是必要的，只是简单地进行重新组合，甚至制订新的规划是不够的。仅仅对个别部分进行处理，未必能产生持久的影响。我们必须进一步认识到，当出现问题时，传统的规划方法对这些问题作出的反应存在局限性。我们需要多部门和多学科的合作，这些合作在解决人类发展问题上能相互提供持久的支持。

该文件提交给各会员国的这些想法，是讨论以及规划未来工作方向的催化剂。先前的版本已获 1994 年 9 月西太区地区委员会第 45 次会议认可。最初的讨论确定了现在正在采取的各种步骤，以确定和组织各国的实际活动。在这些活动中，前述的做法正得到具体实施。我们的想法是，各国运用该文件及其想法带头实施实现这些做法的项目，由世界卫生组织及其他机构提供适当资源作为必要的支持。这些活动将由汇聚各种相关技能的专家组指导。他们将为教育、建筑、经济计划制订和开发等领域的专业人员提供某种方法，以确定各种卫生问题，并同样将这些卫生问题看作是他们自己的事情。在西太区，专家组正在处理与这些卫生问题有关的三个主题：生命的准备、生命的保护和晚年的生活质量。对每个国家来说，确定某些特别重要的卫生问题就成了卫生部门与其他部门更紧密地相互影响的一种手段。

我相信在这一框架内一起工作，我们就能期待 2000 年后的健康新地平线，即自力更生的人将做好准备过健康的生活，警惕地保护其生活环境，继续舒适和安心地生活，直至生命终结。

人们不应过早地去世，而应精神饱满、精力充沛地活着，丰硕度岁月，泰然增年华，安详辞人间。

地区主任　韩相泰

一、未来的工作方向

“不分种族、宗教、政治信仰、经济和社会状况，享有可达到最高水准的健康是每个人的基本权利之一。”

世界卫生组织《组织法》

虽然健康是一种权利，但它并不是一种可以自动拥有的权利。人的机体脆弱，易受损害，生态系统也似乎越来越充满敌意。像天花、脊髓灰质炎和麻风等疾病迅速得到控制一样，新的威胁（如艾滋病）很快出现，或以往的威胁（如结核和疟疾）又很快复燃。同时，随着老的环境问题，如环境卫生，得到成功的处理，碘缺乏病等营养问题得到控制，而新的问题又陆续出现：城市中有害废弃物、空气污染和导致心脏病、各种非传染性疾病及过早死亡的膳食问题。

目前，西太区所有国家和地区的必要卫生基础设施总的说来是适当的。现在一个主要的问题是，如何更有效地利用这些基础设施处理新的和正出现的问题及老问题。

我们必须将侧重点从疾病的本身转移到导致疾病的各种危险因素，以及良好的健康状况是怎么得来的问题上来。一种疾病可能有许多种有关的危险因素，而且一种危险因素也可能引起或影响多种疾病及病状。

如今，疾病病因的定义已经增大，被认识到的有利于健康的范围也已扩大。这一扩大了的责任及参与的观点包含了传统卫生部门以外的一些人，包括政治家、雇主、计划人员、开发工作者、经济学家、建筑师和教师。

专业卫生人员必须与其他各部门和各学科的工作人员密切配合，共同计划和实施与卫生相关的一些活动，以确保更好地利用有限的技术和财政资源，对在发展决策中与卫生有关的各种考虑施加影响。必须将技术和财政资源用于保证持久改进健康状况和更好的生活质量上，而不是简单地应付眼前的需要。卫生干预必须以人为中心，以健康为中心，而且必须将重点放在有利于健康的工作上，并将其作为人类发展的一部分。

在迎接21世纪挑战的时候，两个中心概念尤为重要：健康促进和健康保护。

健康促进是指与其家庭、社区和国家一起采取措施，鼓励健康的行为，增强人们自己改进和处理自己健康问题的能力。重点是在有利于改进健康的生活和工作条件下，通过教育和调动积极因素来增强内在的力量。

健康保护承认人类生命的脆弱性，并需提供科学及在学习和认识的进展中所能带来的任何强化手段。它的活动基于这样的设想，即影响健康状况的各种外部因素（如环境因素）的数量在持续不断地增长。

在传统上不把卫生视为其工作的重点问题的部门中，渐渐有了许多健康促进和健康保护的合作伙伴。卫生部门必须做到将其资源和有助于促进健康及提高生活质量的各种努力与其他部门的资源及努力结合起来。将单个措施与有关的组织及政府的支持政策结合起来，这是获得成功和维持持久行动的一个关键因素。越来越多的例子证明，可从改进生活质量获得经济收益，如提高生产力和降低卫生保健服务的成本。相互联系的机构和学科正逐渐形成一个完整的网络，其中包括学校、工业、运输业、能源、农业和环境等。这些部门之间有很大的机会发挥有效的互补作用。在社会经济发展领域，人们愈发意识到需要就持续发展作出深思熟虑的决策，这种持续发展将健康和环境考虑完整地结合在一起。许多运输公司提供了更实在的例子，它们有力地贯彻执行禁止吸烟的规定。参加的还有许多相关的当事人：个人、家庭、社区、非政府组织、卫生部门及其他。

在实现各国将健康促进和健康保护相结合的运动中，这种多部门和多学科工作的开展是一个必不可少的步骤。

二、地区：出现的问题和所需的对策

“不同国家在促进健康和疾病控制（特别是对传染病的控制）方面的不均衡进展是一个普遍的危险。”

世界卫生组织《组织法》

“人民有权利也有义务以个人或集体的方式参与其卫生保健的规划制订和实施。”

《阿拉木图宣言》1978

世界人口每3个人中就有1人（大约有16亿人）生活在世界卫生组织的西太平洋地区，还没有哪个地区的经济和社会发展如此之快，或者说对未来提出如此之多的期望和问题。

1. 面临的问题

该地区的卫生概貌显示既有与贫困相联系的疾病，也有由富裕引发的疾病。

传统上与发展中国家相联系的疾病，如疟疾、结核、腹泻、寄生虫病、微量营养素缺乏症，现在又加上与生活方式有关的疾病——心脏病、肿瘤及糖尿病。

即使从“发展中国家”这一广义分类出发，国家间与国家内的发展步伐也存在着巨大的差别。在从社会经济发展中获得显著的健康收益的同时，与人口增长相联系的疾病和健康状况水平、急剧的城市化、不健康的行为与生活方式、已遭破坏及正在恶化的环境都是社会前进的巨大障碍。在不是以平衡和持续方式发展的地方，情况更为特别。(以下略)

作为本地区总的趋势，疫苗可预防的传染病发病率正大幅度下降，而非传染性疾病发病率却正在上升。这有力地向人们揭示，什么样的干预措施已经生效，未来应采取什么样的行动。

2. 所需的对策

从本地区出现的卫生问题来看，很显然，所采取的对策必须及时、具有创造性，并且是公共政策不可分割的一个组成部分。不能孤立地处理单个问题，而是要全面地、从人们生活和工作的更大范围来考虑问题，从而帮助人们考虑卫生状况。处理因人为或自然灾害而造成的问题，就是这种对策的一个例子。

除有其他非传统卫生和人类发展方面的伙伴参与外，该办法还要求用不同方法使用资源和技术专长。它还要求自觉自愿地寻找或创造各种机会，以便相互以崭新的方法一起工作。这方面的一个例子是按问题将活动分类，而在这些活动中需要处理具体的健康促进和健康保护问题。这种分组不一定影响现有结构，但会将它们与常用方法联系起来，提供一种手段，协调和实施特殊问题上的共同方法和活动。通过这种分组，卫生部门与其他部门在共同关心的一些问题上会有一个自然的界面。（以下略）

3. 指标

为健康工作而提出的各种新方法，不要求在卫生系统内进行广泛的结构改革。然而，为确保可提供全面支持的卫生基础设施，卫生部门需要从一种新的视角来看待它的活动。特别是，必须使卫生信息系统有所改变，以便将每个人一生中不同时期的身体、精神和社会适应能力上完好状态的不同成分都考虑进去。

这样，传统的健康指标，如婴儿死亡率、孕产妇死亡率和出生时的期望寿命将继续有用，但必须由决定生存质量复杂概念的不同因素的测量加以补充。在生命的准备阶段（儿童和青少年期），评价健康必须将教育和社会因素结合进去；在成年期，社会和文化进步的机会以及提供和谐的工作环境，应包括到评价健康的生活方式中；在老年期，健康的老龄化必须包括无残疾，并继续有为社会作出有意义贡献的生产力和能力。

制订传统和非传统指标的活动已经开始，并将继续下去以迎接21世纪。本文件将重点放在生命的准备期、婴儿期、青年和成年期等个人的生存质量上，最后以老年期很高的生活质量而告终。

对很多影响个人的因素必须进行监控及评价，这些因素并不直接与健康有关，但都对生活质量有相当大的影响。

因此，新指标在迎接挑战以提高生活质量方面将发挥重要的作用。从身体、精神健康和社会幸福的意义上讲，有许多类型的指标反映生活质量，这方面的例子有：健康状况（例如死亡率、发病率、营养状况和残疾）、卫生服务（例如花在老年保健的卫生预算百分比）、环境（例如安全饮用水、卫生设施和住房的获得）、人口和社会经济学（例如孩子的出生时间和间隔合适的家庭百分比、按性别所有儿童完成初等和中等教育的百分比）、心理社会学（例如老年人中的自杀发生率）和健康的生活方式（例如定期锻炼的人数）等。（以下略）

三、实施

本节扼要介绍本地区将要遇到和将要解决的主要问题，这些问题分三个方面来考虑：生命的准备、生命的保护和晚年的生活质量，其中的每一方面都说明其道理，扼要阐述主要问题、目的和具体目标及各种类型指标的例子。这些内容在经专家们进一步研究后，有可能在各个国家实施。对实现这些目的和具体目标的方法同样进行扼要介绍。

很明显，每个国家有着不同的需求。每个国家所进行的活动有可能将资源进行不同的组合，以便对发展的特定水平及应处理的特定规模的问题做出反应。方法的重点不是放在单个规划上，而是放在要处理的重点问题上，以及为使人们能较好地处理自身的健康问题这样一个目标到底有些什么需求上。

本文件建议，每个国家应根据所确定的课题，对活动规模仔细评估，以摸清他们自身的特殊情况。每个国家将会有一系列可能的活动，其中会有一个或更多个最适合于发动倡议，在不同学科的工作实践中熟悉情况、取得经验。这些启动项目将由各个国家与世界卫生组织及其他机构合作仔细加以选择。

1. 生命的准备

(1) 基本原理。

从历史上看，儿童卫生规划的主要目标集中在儿童的存活问题上。生命一旦孕育，它需要生理和社会环境的支持。然而，仅仅就存活而言，它不能视为卫生政策的目标。

卫生政策和实际工作必须保证儿童在生长过程中，其健康潜力和心理发育得到加强。

一个健康的母亲，在家庭的支持下，能给孩子喂奶，并给予孩子情绪上的保护。只有这样，才能为孩子的健康成长打下基础。

一个低出生体重婴儿或是一个暴露于环境污染和恶劣生活条件下的儿童更易患上各种疾病，这些疾病对身体、精神和社会发展会有很大影响。传染性疾病，像脊髓灰质炎或链球菌感染，有可能会永久地降低一个人的健康潜能。

在儿童期与青少年时期形成的生活习惯很可能对其一生中的其他发展阶段的行为方式产生影响。一个生长在良好教育、均衡饮食、有安全空间从事娱乐和锻炼、有感情支持以发展其个性的环境下的孩子，对未来的生活挑战已做好了充分准备。一名有知识的青年，更会自尊并爱惜其身体，避免使用烟草、毒品和酒精制品。一名了解健康和环境有着紧密联系的青年，会帮助家庭与社会开展减少健康危害的活动。

因此，在与其他部门的共同努力下，卫生机构扩大其活动范围，不仅要确保儿童生存，而且要提供尽可能多的支持，以便在增进健康的环境中培养其健康的行为，这样做是合适的，也是重要的。

（2）找出主要问题。

尽管在前10年中已取得进展，但在本地区的许多发展中国家中，产妇、婴儿和儿童的死亡率仍然很高。无知和某些有害的传统仍然会夺去将来的潜在寿命。

①重大的卫生问题之一是母婴发病率和死亡率居高不下（略）。

②婴儿和儿童中传染病的持续性高发病率也引起了关注（略）。

③儿童和青少年未能充分发挥其身体、精神及社会适应上的潜能。他们被暴露于有压力的环境、没有足够的营养、缺乏锻炼等因素中，可能养成冒险的行为或有害的生活习惯，所有这一切都有可能阻止其在成年时获得充分的潜能。青少年健康和行为问题正在不断引起重视。在儿童及早期生活阶段养成的生活方式或者使他们活得长寿而且健康，或者导致他们在成年期患上慢性退化性疾病。

（3）目的。

确保婴儿和幼儿能在生命的最初几年内得以存活，并适当准备，以便毕生发挥其健康潜能。

（4）目标。

①确保每个母亲在最适当的时间并以适当的间隔怀孕，在充分的产前保健、丰富的营养和准备好母乳喂养等有助于健康的环境中安全地产下健康婴儿。

②通过改善卫生环境、免疫接种，对作为主要死因的传染病提供充分的疾病管理，以提高儿童存活率并降低婴儿发病率。

③通过加强对儿童和青少年的教育，改善对其健康及健康的行为有所帮助而又安全的环境，来支持健康的生活方式的发展，从而培养起终身的良好习惯。

（5）行动计划。

◆目标①：确保每个母亲在最适当的时间并以适当的间隔怀孕，在充分的产前保健、丰富的营养和准备好母乳喂养等有助于健康的环境中安全地产下健康婴儿。

◆指标：

①婴儿死亡率。

②孕产妇死亡率。

③本国中对应于身高体重处于正常范围的孕妇的百分比。

④患贫血症孕妇的百分比。

⑤青少年妊娠的百分比。

⑥健康出生体重婴儿的百分比。

⑦出生后4~6个月纯母乳喂养婴儿的百分比。

⑧体重和身高对应年龄处于正常范围的儿童百分比。

⑨经培训人员进行产前、生产和产后护理的覆盖率。

⑩生育时间及间隔适当的家庭百分比。

⑪采取现代避孕措施的夫妇百分比。

⑫12、15和18岁入学儿童按性别计的百分比。

⑬在提供基本产科保健的保健中心和区医院里处理的并发产科病例的比例。

⑭在全部分娩中剖宫产的比例。

⑮按性别计的识字率。

⑯母亲和儿童微量营养素状况。

◆方法:

①通过信息和教育促使父母尽其职责。

②应采取步骤培训医疗保健人员，使其能更好地处理正常产及高危产，能按要求进行清洁和安全接生，包括妊娠期间的破伤风类毒素免疫注射；应采取联合行动，将不加防范的性行为的后果告之妇女及其伴侣，鼓励他们使用既安全又能为传统习惯所接受的避孕方法。

③让妇女有权做出生育选择，并提供实施手段。这将显著减少人工流产（和相关的孕产妇死亡率），以及无计划妊娠及计划外子女的数目。

④应对现行政策及做法重新进行检查及修订，并同时考虑为改进“生命的准备”时期所需的变革。

◆目标②：通过改善卫生环境、免疫接种，对作为主要死因的传染病提供充分的疾病管理，以提高儿童存活率并降低婴儿发病率。

◆目标③：通过加强对儿童和青少年的教育，改善对其健康及健康行为有所帮助而又安全的环境，来支持健康的生活方式的发展，从而培养起终身的良好习惯。

◆指标:

①与年龄相应的身高和正常体重的小学生人数的百分比。

②青少年妊娠的百分比。

③青少年中性传播疾病包括艾滋病病毒感染在内的发病率。

④健康牙齿指数（龋齿、缺齿或充填齿）。

⑤公认的健康促进学校的百分比。

⑥按性别计的识字率。

⑦青年人（10~24岁）中的自杀率。

⑧青少年中采用健康的行为方式的程序，包括安全性行为、均衡膳食及体育

活动。

⑨交通事故中儿童和青少年受伤和死亡的百分比。

⑩享有足够住房并有安全饮用水和卫生设施的儿童和青少年的百分比。

◆方法：

①强调对健康的了解，包括在儿童及年幼时期培育起对人体的正确概念及对环境的保护意识，以期在本地区所有人群中加强个人的责任感。

②重要的举措在于确保青少年在吸毒、饮食及性行为等生活方式方面坚定而心中有数地作出抉择，不受沉溺于高危生活方式的同龄人引诱。另一工作重点放在编写适宜的教材和促进健康的材料，其突出重点是青春期卫生，并将之作为中学课程中不可或缺的一个部分。

③本地区实现无烟草广告是一突出重点。这有助于青少年不学吸烟，并减少吸烟对妇女的吸引力。应针对酗酒、吸毒及吸烟问题，特别是儿童与青少年群体中的这方面问题，制定综合性的国家政策与规划。

④另一重点是提高青少年和成年人对安全性行为的认识，包括了解性传播疾病与提倡使用避孕套。

⑤通过健康促进的活动，多数家庭将主动为子女进行牙齿的年检。他们应易于获得价廉的基本医疗服务及有关牙科预防的丰富知识。

⑥另外，健康促进的主要活动在于在人生早期养成适宜的膳食和合理地进食习惯，包括注意微量营养素缺乏和肥胖症，青少年精神卫生与智力发育及预防青少年意外事故。

这些方法具有实践意义，需要多部门的协作。儿童和青少年可在求学时期做好充分的准备，应鼓励学校和社区对残疾儿童给予支持。健康问题与课堂教学及课外活动相结合，有益的学校环境及适宜的学校卫生设施都将促进儿童健康潜能的开发。这要求卫生与教育部门协同工作，学校社区通过教职员工、学生及家长，在诸如提供基础卫生设施和安全饮用水等问题上，切实地与更广泛的社区相互配合。学校的健康促进项目为这种协作提供了一个框架，并鼓励将有限的卫生与教育资源予以最佳的利用。

2. 生命的保护

（1）基本原理。

生活与卫生保健水平的提高导致了本地区卫生状况的改善及期望寿命的增加。但是，这些改变也引起人口向老龄化方向转变及变化中的生活方式的流行病学转变。但是，这些生活方式的变化和不卫生的环境是本地区慢性病和退化性病变发病率急剧上升的主要原因。目前，这已成为多数国家最常见的死亡原因。

给儿童一个良好的生命开端，将为他们一生中最富成果、最具创造性的青年阶段打下基础。但是从身体和精神两方面来说，成熟的成年人也在环境与工作中面临着相当大的压力。在有助于人类精神的环境中，精神病的发病率可能较低。为了促进精神健康，有必要让青年人学会对自己与他人的情感敏感地作出反应，而且在需要的时候，能够多方寻求心理上的帮助。英年早逝或患病使社会失去了许多有才华、有经验的人。青壮年时期是为提高老年生活质量做准备的阶段，也是早年和当前生活方式的影响变得明显的时候。

因此应将重点放在促进健康，提倡健康的生活方式，以预防疾病和残疾以及通过改善卫生环境，以减少疾病影响来保护生命方面。一方面，一些国家已见证到某些非传染性疾病，特别是心血管和脑血管疾病死亡率有所降低。因此，公共卫生措施显然是有重大作用的。另一方面，其他国家尚未出现非传染性疾病发病率因改变饮食和生活方式而有所上升。如果现在开始采取行动，是可以防患于未然的。

（2）找出主要问题。

①由于生活方式的改变而引起的疾病正在增加，包括那些与各种压力相关，由高危行为造成的疾病，如酗酒、吸烟及文化变革带来的社会心理问题。

②肥胖现象日益普遍，而体力活动却不断减少。与此同时，育龄妇女始终面临着患营养疾病的危险，如贫血和碘缺乏症。

③在本区域三分之二以上的国家和地区，非传染性疾病是最常见的成人死亡原因。预防非传染性疾病应是面临的一个主要公共卫生问题。

④性传播疾病，包括新出现的疾病，如艾滋病，是本地区青年中日益增长的问题。

⑤体力劳动大军队伍的成员仍然面临着意外事故、外伤和职业病的威胁。在高度工业化的国家中，中层管理者的自杀率似乎正在上升。

⑥在贫困的城镇社区，死亡与致残仍归结于传染病和环境因素，如结核、其他慢性肺部疾病和疟疾。

⑦事实上，所有国家和地区用于卫生保健的资源都是有限的。大家都需要面对资源分配、保健质量及平等之类的问题。

⑧全社会，尤其是特别落后的地区，都面临着日益突出的有毒废物、环境退化及通过食品与饮水摄入化学残余物或污染物的问题。

（3）目的。

经历过儿童和青少年期之后，应该支持个人全面发展和维持健康的生活方式，保护他们免受由潜在有害的和退化的环境所引起的疾病的困扰。总体目标在于尽可能以最经济、有效和平等的方式，延长富有创造力的、健康的、没有伤残的生命。

（4）目标。

①制定综合的国家政策和规划，促进所有人一生中健康的生活方式。

②改善所有不同人群的营养状况，特别是母亲和其他脆弱人群，提倡适宜而均衡的膳食和安全的食物制品。

③降低诸如结核、疟疾和其他具有公共卫生重要性疾病（包括虫媒疾病）的传播、发病率和死亡率。

④预防或延缓包括职业病在内的非传染性疾病的发生，以求最大限度地使人们在老龄阶段免受残疾困扰。

⑤促进有利于环境的操作规程和技术，有效地预防和管理与环境卫生相关的疾病与伤残。

⑥通过预防包括失明和失聪在内的残疾及为身体缺陷、体弱、残疾者提供康复治疗，以提高人们的生活质量。

（5）行动计划。

◆目标①：制定综合的国家政策和规划，促进所有人一生中健康的生活方式。

◆指标：

①已制订与环境污染、饮水质量和食品安全有关的具有立法、促进、预防和矫正规划的国家所占百分比。

②将环境卫生政策列入国家发展计划的国家数目。

③按年龄和性别、社会阶层、受教育程度、职业、就业状况及其他有关社会因素包括经济影响数据在内的使用酒精、毒品和烟草的程度。

④性传播疾病的发病率和患病率。

⑤人类免疫缺陷病毒（HIV）感染/艾滋病（AIDS）的发病率和患病率。

⑥工作缺勤的天数。

◆方法：

①将争取一切政府部门、非政府组织和私营部门对健康目标的支持，以加强促进健康的活动和有利于健康的生活条件与环境。

②注意力将放在改变个人行为方式上，并旨在通过各种不同措施，对健康给予支持。这包括改进卫生立法；卫生部门的改革；通过着眼于健康环境的策略，强化有利于健康的环境，诸如健康促进学校、促进健康的工作场所和卫生城市；确保社区参与和部门间的行动。健康教育和健康促进的内容将纳入到其他一切卫生规划中。要制定政策和规划，以解决重点的社会心理和行为问题，包括制定和实施综合性国家政策和规划，提高对有关酒精、毒品和烟草问题的认识。

③实现“无烟草广告的西太平洋地区”的目标，将是贯彻1995—1999年烟

草或健康地区行动计划的重大突破口之一。这将有助于使年轻人避免成为抽烟者，并将减少吸烟对妇女的吸引力。

④强调学习健康知识，其中包括树立对爱护环境和个人身体的正确观念。

⑤性传播疾病活动将致力于提高个人对安全性行为所负的责任和应有的认识及个人行为在疾病传播过程中所起的作用。干预措施主要以年轻人为对象，他们是人类免疫缺陷病毒高度易感人群。应该提倡安全性行为，其中包括推广使用避孕套，避免使用注射药物。

⑥促进青年人的精神健康将受到重视。尤其强调进一步发展以社区为基础的精神卫生服务和有关家庭培训，帮助病人和家庭懂得疾病的治疗、病人的护理与康复，并积极地参与。包括体育运动和娱乐在内的闲暇活动的作用将受到重视，社会支持网络的重要性也是如此。

◆目标②：改善所有不同人群的营养状况，特别是母亲和其他脆弱人群，提倡适宜而均衡的膳食与安全的食物制品。

◆指标：

①以 10 岁为一年龄组，男性和女性超体重和肥胖的百分比。

②定期进行运动的人数。

③患缺铁性贫血的育龄妇女的百分比。

④明显患有碘缺乏病的育龄妇女的百分比。

⑤因大气、水和食物所致疾病的发病率。

◆方法：

①重大的突破口放在一些促进有益的健康饮食和运动上，并通过提高生活质量达到延长健康生命的目的。这些措施将从儿童抓起，同时也着眼于青少年和成年人。

②加强以社区为基础的预防和控制心血管疾病和脑血管疾病的规划。这里特别强调成年人和老年人要担负起积极而持久的责任，以开展适当的体育锻炼，不吸烟，并要摄入健康的饮食。

③通过改进关于消费者和供应者有关问题的信息，推进食品安全举措。重点将放在提高技术能力，以期监测、评价、预防、管制和管理食品对健康造成的危害；制订国家和具有城市特色的卫生和环境计划；制定或修改食品安全政策、策略和立法，并将其纳入到行政规章制度中去。

◆目标③：降低诸如结核病、疟疾和其他具有公共卫生重要性疾病（包括虫媒疾病）的传播、发病率和死亡率。

◆目标④：预防或延缓包括职业病在内的非传染性疾病的发生，以求最大限度地使人们在老龄阶段免受残疾困扰。

◆指标：

①无残疾期望寿命（DFLE）。

②出生期望寿命。

③具有相关立法的国家的百分比。

④职业卫生和安全。

⑤高血压病的发病率和患病率。

⑥年龄标化的心血管病死亡率。

⑦年龄标化的脑血管病死亡率。

⑧糖尿病的发病率和患病率。

⑨癌症的发病率和死亡率。

⑩对本国特有常见病有筛查规划的国家百分比。

⑪与工作相关的疾病、残疾和事故的流行率。

◆方法：

①处理非传染性疾病将使用三项原则：

A. 包括妊娠期在内的各年龄段健康的生活方式，对不论是眼前还是未来的健康都有影响。

B. 健康促进活动的目的在于通过缩短伤残期，提高生命质量和延长寿命。

C. 降低非传染性疾病的患病率需要具备健康和有利于健康促进的环境，包括控制污染、有害产品的广告及处理预防性癌症。

②加强营养和非传染性疾病活动之间的联系，如减少脂肪的摄入；鼓励个人的健康行为方式，如多吃新鲜水果和富含抗氧化剂的蔬菜、不抽烟、避免摄入已知致癌物质、参加运动等。

③开展多种活动，用以加强与生活方式有关的因素，这些因素会有助于延长健康寿命，改善生活质量。健康促进和健康保护活动很重要，例如改善工作条件，将有助于保护和促进职工的健康。通过职业卫生和安全措施及工作场所的健康促进，必将减少工业上的工伤事故。

◆目标⑤：促进有利于环境的操作规程和技术，有效地预防和管理与环境卫生相关的疾病与伤残。

◆指标：

①有效执行健康与环境计划的国家的资源量。

②环境卫生指标涉及的范围，如污染水平及易感人群的血铅水平，以监测在解决健康、环境和发展问题方面的进展。

③制定如下有关法规的国家的百分比：烟草和酒精广告；未成年人购买烟草和酒精问题；公共场所吸烟问题；驾驶机动车时可允许的血液酒精浓度。

④在职业卫生和安全方面立法的国家的百分比。

⑤通过供水网络在家里或以合理的途径即可享有24小时饮用水供应的居民百分比。

⑥拥有粪便处理设施的居民的百分比。

⑦拥有废弃物处理设施的居民的百分比。

◆方法：

①就环境、健康和社会经济发展的相互关系问题，提高居民个人和社区的认识。使他们能对改善环境卫生做出个人或集体的努力，从而更加有效地参与各级社会经济发展的决策。

②除了倡导和增进知识活动以外，其他做法侧重于改进技术潜力，以期对因社会经济活动的环境影响所导致的健康危险因素进行监测、评价、控制和管理，增加健康危险因素的防御手段。

③与21世纪议程（1992年联合国环境和发展大会的全球行动计划）相一致，并把重点放在进一步制订和实施各种方法上，这些确保健康和环境问题的方法是国家和城市可持续发展计划中不可缺少的一个组成部分。

◆目标⑥：通过预防包括失明、失聪在内的残疾及为身体缺陷、体弱、残疾者提供康复治疗，以提高人们的生活质量。

◆指标：

①身体缺陷、损伤和残疾者应用康复数据库的百分比。

②对身体和精神上有缺陷及残疾的人明确为福利性服务对象的国家的百分比。

③对机动车安全使用立法的国家的百分比，这包括道路的价值、机动车过分拥挤、强制性使用安全带及驾驶时许可的血液酒精浓度。

④因工伤致残者的百分比。

⑤可享受康复服务的患者的百分比。

◆方法：

有两个主要的活动方向：其一，预防残疾。包括通过健康促进活动（如道路安全运动）减少因不必要的外伤所引起的残疾，目的在于减少由外伤、疾病和事故，以及因可预防和治愈的失明（如白内障）所引起的残疾。其二，促进提高生活质量的个人活动。这里包括通过以社区为基础的康复服务和适宜的康复技术，利用最佳方法使身体有缺陷和残疾（如听力损害和耳聋）的人过上能为社会创造价值的生活，特别要重视服务不足的农村和城镇社区。

3. 晚年的生活质量（略）

◆结论：

展望21世纪，我们不能肯定卫生领域面临的挑战是什么，但是我们现在可以改变策略，为世界卫生组织和各个国家能快速有效地面对未来的挑战指引方向。这些改变是渐进的，而并非是彻底变革。它们对世界卫生组织在全球卫生工作中所起到的指导和协调作用有着广泛而深远的影响。它们同样会对各国正在考虑、讨论和计划他们的规划的方法产生重要影响。从内容上来说不仅涉及卫生问题，还涉及人类的发展。

西太平洋地区的卫生工作现在正面临新的威胁和机遇。它受到多种因素的影响，包括大多数国家的卫生状况不断改善，这种改善是通过人人享有卫生保健方面的协作努力而取得的。目前我们已认识到人类行为是主要的健康决定因素之一，而环境的不断恶化在近年来却已成为突出的外界因素。鉴于此，很明显，迎接健康挑战的框架必须重视健康促进和健康保护，因为它们将改善人们的生活质量。必须使每个人都明白，应采取健康的行为方式，以便为自己的未来负责。应该采取较好的卫生措施，使他们的社会和自然环境对人类的发展少些敌意，多些支持。

由制定卫生发展新指标这一进程派生出来的需求，应该共同承担。它要求多学科的合作，同时还包括世界卫生组织和各个国家之间更紧密的合作与交流。

如果我们成功地促成并引导了这些发展，我们将有可能拥有一个更长寿、更健康和生活质量更高的未来。

附录七 WHO 西太区文件之二：健康促进学校发展纲领（行动框架）

引 言

大量的证据表明，青少年的健康是影响他们学习能力的一个重要因素。与此相仿，个体的教育水平又影响着他们的健康水平。各国政府都有责任保证使本国学校的教育条件尽可能地好。通过建立健康促进学校就可能达到这个目标，健康促进学校是把所有关键性的因素组织和联系起来的一个手段，正是这些因素决定着青少年的健康水平。

世界卫生组织西太区办事处在题为《健康新地平线》的文件中阐述了三个主题，即生命准备、生命保护以及生活质量。健康促进学校这一概念主要在“生命准备”这一主题中占有一席之地，它既把重点放在儿童当前的健康和幸福之上，也强调儿童将来应当成长为身体健康且具有健康意识的老年人。

各国政府对健康促进学校起着关键作用。它们应带头建立国家级协调委员会，并弄清楚哪些政府部门和人员在健康促进学校的建立中是至关重要的。

《健康新地平线》中强调：为了有效地发挥作用，健康促进和健康保护必须要有卫生部门以外的伙伴参加。只有卫生部门与教育部门进行合作，家长和学校周围的社区积极参与，与儿童及其生长发育有关的地方机构、国家机构也积极参与，健康促进学校才能实现。

下面的文件提供了一个框架，用以支持健康促进学校在西太平洋地区的成长和发展。

本文件的目的是支持西太地区的国家和地区设计他们自己的健康促进学校方案。本文件并不是规范性的，各国在确认其健康促进学校的基础时，对文件可以作出自己的解释。当需求有所不同时，文件也可以变通应用。

一本健康促进学校手册正在编写之中，该手册将包含更详细的关于如何开展活动的信息。

一、什么是健康促进学校

健康促进学校是这么一个地方，在这里所有学校及社区的成员共同努力给学生提供综合性的、积极的经验和结构，以促进和保护他们的健康。这包括正式和非正式的健康课程，创造一个安全健康的学校环境，提供适当的健康服务，并且使家庭和更广泛的社区成员参与到促进学生健康的活动中来。

健康促进学校这一概念在创立过程中就是国际性的，世界上有许多国家致力于制定一些规划，以帮助学校及其社区采取更好的健康行动。健康促进学校这一概念对世界卫生组织的“学校健康倡议”起了补充作用，该倡议推动人们在地方、国家、地区和全球水平上动员起来，加强学校健康促进和教育活动。

健康促进学校必须以适合的方式建立，此方式应能保证学校的积极改变可持续下去。学校的未来不应取决于少数学校教职员工或个别领导人的热情和承诺。因此，我们建议采用的方法包括制定政策、实施行动和建立机构，从而将健康促进学校植根于学校的日常运作之中。

二、健康促进学校的优点

大部分学校都在进行某种形式的健康教育。在一些国家，这种活动已经进行了许多年。可是，这些工作多数仅局限于正式的授课活动。事实上，还存在着一些能决定并改善学生健康状态的因素，而正式的授课活动却忽视了这些因素的影响。

健康促进学校有如下优点：

（1）它利用了整体的健康模式，这包括健康的躯体方面、心理方面、社会方面和环境方面之间的相互联系。

（2）它促使家庭介入，鼓励学生的家长参与设计其子女的健康技能和知识的增长。

（3）它注意到物质环境（如建筑物、卫生设备、供水和操场）对促进儿童健康的重要性。

（4）它认识到学校的社会风气对支持一个积极的学习环境是十分重要的，这样的学习环境有助于学生之间健康、和谐的关系及情绪安宁的加强。

（5）它把地区和地方的健康服务与学校联系起来，以解决具体的健康问题（如蠕虫感染、视力和听力问题、疟疾和心理社会应激等）。

（6）它强调让学生积极参与到正式的课程中来，以获得使其受益终生的健康知识与技能。

（7）它扩大了社区内少女和成年妇女的健康权限，从而提高了教育和健康方面的公平性。

（8）它给学校的教职员工提供了积极的支持性的工作环境。

（9）它使学校与当地社区得以在健康倡议方面进行合作，这些倡议使学生及其家庭以及社区成员都受益。

三、健康促进学校的内容及考察项目

健康促进学校的具体内容及考察项目可以归为六大类，这六类可以反映健康促进学校的主要构成成分。它们分别是：学校的健康政策、学校的物质环境、学校的社会环境、社区关系、个人健康技能和健康服务。为了使各个国家之间保持主体上的一致性，人们能搞清健康促进学校的主要组成成分，我们假定所有的国家和地区都将采纳下列框架，并将许多实例纳入该框架之下。使用考察项目的方式表明与某一特殊内容有关的行动已被采取。也可能存在其他一些考察项目，它们与具体国家的实际情况有关。在搞清楚某些考察项目是否兑现时，也可能有几种不同的方法。

1. 学校的健康政策

学校的健康政策是指明确规定并广泛公布的一些指令，它可以影响在促进健康领域内行动的实施和资源的调拨。一些学校可能已经有了针对许多问题的全面的学校政策。如果这些现存的政策还没有涉及健康问题，则应扩大这些政策所涉及的范围，以便把健康问题包括在内。

内　容	考察项目
P1　学校有关于健康食品的政策	•学校已采取行动，以确保学生能获得当地生产的健康食品 •教师在学校里食用健康食品，为学生树立榜样 •在学校举办的社会性活动（如运动会）中，有健康食品供应
P2　学校在所有活动中均完全禁止吸烟，禁止喝酒，禁止使用非法的能影响精神的物质	•学校已制定在学校范围内逐步完全禁止吸烟的政策，规定实现完全禁烟的最后期限，此政策适用于所有教职员工、学生及来访者 •学校已设计出恰当的行动计划，在所有活动中禁止喝酒和使用非法的精神作用物质
P3　学校保证男生和女生在利用学校资源方面完全平等	•学校已审查在操场、设备、教学时间及其他资源方面校内通行的习惯和做法是怎样的，在需要的地方已采取行动纠正男女生之间的不平等现象
P4　学校在药品分发方面有正式的程序	•学校分发的所有药品都备有记录 •地方的卫生官员对如何恰当地保存和分发药品提过具体意见
P5　学校对急救有相应的政策和规划	•学校有足够全校人员使用的急救用品 •有恰当数量的教师接受过急救程序的培训 •学生接受过急救培训 •制订出具体的急症处理程序，以指导学生或教师在出现急症时如何及时将病人转往医院或诊所

（续上表）

内 容	考察项目
P6 学校已制定适合本地情况的控制蠕虫或其他寄生虫的政策	• 学生接受过基本知识和预防方法的教育
P7 学校已制定适当的避免日晒损伤的政策	• 不允许学生未穿有保护作用的衣服就在太阳暴晒的地方游戏 • 教师在太阳暴晒的地方要穿有保护作用的衣服，为学生作出榜样
P8 学校已制定进行健康筛查的政策	• 学生接受常规的健康检查，这些检查被确定为当地的重点项目，并考虑到低成本、高效果的原则
P9 学校已制定这样的政策，以便在发生急症或其他可能危及学生健康的情况时关闭学校	• 如果出现淡水供应连续受到干扰、传染暴发、天气极热或极冷而学校无法提供足够的保护措施等情形时，学校可在与当地卫生服务机构磋商后，以卫生状况威胁健康为由让全体学生回家
P10 当发生自然灾害或其他灾害时	• 学校已制订发生火灾时疏散学生的计划，学生已接受执行此计划的训练 • 对当地可能出现、又不大可能给出预先警告的情况（如洪水、台风、战时的人身攻击），学校应制订出应急计划
P11 HIV/AIDS（艾滋病）成问题的地方，学校应有关于 HIV/AIDS 的控制，包括其安全管理的政策	• 实际操作如何管理的问题（如处理血液的程序）被清楚地记录下来，并经排练；在出现需要适当设备的事件时，这些设备就能及时投入使用 • 教师和其他员工接受过 HIV/AIDS 预防和管理的培训

2. 学校的物质环境

物质环境指的是建筑物、场地、进行户内和户外活动所需要使用的设备及学校周围的场地等。该术语也指一些基本的便利设施，如卫生设备和水的供应。

内 容	考察项目
PE1 学校为学校社区提供安全的环境	• 在选择新的游戏或运动设备时，学校应考虑到安全问题。必要时，还应制定关于这些设备安全使用的指导原则 • 学校对建筑物、花草树木和设备进行定期的安全检查，以确保其安全性 • 学校与当地社区协办采取行动，将当地的某些危害（如那些与交通、毒品买卖有关的危害）降到最低限度 • 学校采取措施，以切实保护学生在学校里不受不速之客的侵扰

（续上表）

内　容	考察项目
PE2　有足够的卫生设备和水供应	• 有足够的男女厕所 • 有安全清洁的水源用来饮用和洗手 • 有足量的水用来洗涤各种设施和卫生设备
PE3　学校采取措施，使环境保持安全卫生	• 采取措施回收利用可再生资源（如纸、玻璃、铝等） • 不鼓励使用那些随用随扔的塑料容器
PE4　鼓励学生爱护学校设备	• 学校有适合其需要的足够的垃圾处理系统 • 学生参与保持学校清洁的活动 • 学生参与美化学校的活动（如画壁画、植树等）
PE5　学校努力确保尽可能好的物质条件以尽力完善学习环境	• 校内凡有学生集中的地方都有足够的通风设备 • 有足够的照明设备 • 需要时有基本的取暖设备 • 注意减少不必要的声音干扰 • 学校应搞清已存在哪些标准，并与有关部门一同探讨如何获得资源，以达到这些标准

3. 学校的社会环境

社会环境是学校员工之间、学生之间、学校员工与学生之间关系的质量的组合。社会环境不仅常常受到家长与学校之间关系的强烈影响，还受到学校的高级职员和校外来访者（包括卫生人员和教育人员等）的影响，他们应通过自己在其社会行为中所表现出的态度和价值观给学生和教职员工提供榜样。

内　容	考察项目
SE1　学校的校风对学生和教职员工的心理卫生和社会需求起着支持的作用	• 教师不用苛刻的纪律管束学生，而是支持和尊重学生 • 鼓励学生参与学校的决策过程 • 鼓励学生积极参与学习过程
SE2　学校创造一个相互关心、信任和友好的环境，并吸引学生的注意力和参与	• 学校有效地阻止学生之间及教师对学生采取的辱骂和暴力行为
SE3　学校给那些与同伴相比处于相对劣势地位的学生提供适当的支持和帮助	• 学校和教育部门认识到有些学生有特殊的需求，并确保为残疾学生和来自较差环境的学生提供适当的设备、教具和帮助规划

（续上表）

内 容	考察项目
SE4 学校提供一个所有学生都受到重视，有差异学生也受到尊重的广为包容的环境	• 学校提供机会以颂扬文化、宗教和部族的多样性，如通过食物、服装、舞蹈、工艺、表演、节庆和展览等
SE5 学校关注家长的教育需求，也注意到这些需求会如何影响学生的健康	• 学校课程为学生提供学习各种文化、宗教和种族差异的机会 • 学校提供合适的场所，为家长提供特殊教育服务，如识字、做父母的技巧和防蠕虫教育等

4．社区关系

社区关系不仅包括学校与学生家庭之间的联系，还包括学校与支持和促进健康的关键地方团体之间的联系。按照定义，健康促进学校应做到经常征求家长意见，同时家长也参与学校的健康促进活动。

内 容	考察项目
C1 在学校生活中，提倡家庭和社区的参与	• 对适当的健康促进活动（如食品政策、学校建设和体育活动等）作决策时，有家庭参与 • 学校课程包含涉及学生与其家庭一起从事的与健康相关的活动 • 对少年儿童健康感兴趣的地方团体和在当地社区提供服务的卫生组织参与学校的活动，并进行合作
C2 学校积极地与当地社区建立联系	• 师生均定期参加当地的活动，如文化、体育、节日活动 • 通过使用地方媒介、学校接待日、学生在社区聚会中表演“健康学校”的内容等，学校将其有关健康的倡议通知地方社区

5．个人健康技能

个人健康技能是指通过正式或非正式的课程帮助学生和其他人获得与其年龄相称的卫生知识、态度、理解力及技能，以便他们在个人和社区的卫生事件中变得更加独立自主，更富于责任感。

内　容	考察项目
PS1　课程以连贯的和全面的方式熟悉各种健康问题	• 健康课程设计得有趣、有吸引力，并与学生的实际情况相关 • 学习过程强调学生参与 • 课程内容反映的问题与学生自己所在的社区有关，来自他们自己的经验，并支持他们日常的卫生保健管理 • 课程提供了适合学生发育情况的学习经验 • 在总课程中，每周安排足够的时间用于健康课程
PS2　课程设置的目的是为了提高学生对健康问题在理论上的理解能力以及在实践中的应用能力	• 学生在营养、疾病预防和卫生、体力活动、安全、心理卫生、性（包括 HIV/艾滋病）、控烟和预防药物滥用、口腔卫生和环境问题等方面获得与他们的年龄和文化相符的基本理解 • 学生有机会获得有关特殊的与健康问题相关的技能，如抵制吸烟和药物滥用、保持口腔卫生等 • 帮助学生获得解决问题、做决定、有效地沟通、处理人际关系、应付情绪和应激问题，以及进行严谨的创造性的思维等方面的技巧，从而提高他们自己的健康状态和增强他们倡导健康的效力
PS3　教师作好足够的准备，发挥其健康促进学校的关键参与者的作用	• 为教师提供有关健康促进的上岗前和在职培训项目（进修性质的短期培训班或研讨班） • 教师在现有基础上获得关于可得到的和可利用的卫生资源的信息
PS4　其他的关键人员有机会掌握与健康促进学校有关的技能	• 除为教师提供专业性的发展规划以外，还为家长、关键的卫生和教育人员以及当地社区成员提供培训课程

6. 健康服务

地方的和地区的健康服务机构向学生提供直接的服务，并与学校建立合作关系，从而担负起对少年儿童进行保健和教育的责任。

内　容	考察项目
HS1　学生和教职员工能得到满足当地和国家需要的基本健康服务	• 学校努力使学生都能接受计划免疫 • 提供适当的健康检查，如视力、听力检查 • 提供适当的基本口腔卫生服务，如每年进行口腔检查、牙齿的充填和修复 • 有关部门保存着有关学生健康状况的记录 • 有社会问题或情绪困扰以及有医学问题的学生，都能得到咨询和支持服务

（续上表）

内　容	考察项目
HS2　地方的健康服务部门对学校的健康项目提供帮助	• 健康服务人员与教师就健康相关课程的设计和实施进行磋商 • 健康服务人员参与讲课等，配合教师的工作 • 健康服务机构积极与学校联系，主动支持其健康促进工作 • 地方健康服务机构在解释和开展当地卫生运动方面给学校以支持
HS3　健康服务机构帮助教师培训	• 有关健康服务机构人员对教师进行适当的专题培训，如蠕虫控制和急救

四、制订健康促进学校宪章

无论哪所学校希望成为健康促进学校，我们都鼓励它订立自己的宪章。教师、学生、保健工作者、家长和当地社区的关键人物之间广泛进行讨论，然后制订自己的宪章，这是最好的方法。宪章应悬挂在学校醒目的地方，向全校师生员工广为宣传学校已作出的承诺，并要为提高学生的健康水平而采取行动。下面是健康促进学校宪章的例子：

“我们的学校旨在通过我们所有的活动和结构，帮助学生、教职员工和我们学校社区的其他成员在躯体、心理和社会方面都是健康的。”

1. 我们承诺

（1）保证我们的物质环境是安全、舒适、给人鼓舞的。

（2）在课程上讲授有效的健康技能。

（3）与学校社区的成员和睦相处，良好沟通。

（4）制定有益于健康的学校政策和措施。

（5）教职员工、学生、家长参与制定和执行健康促进倡议。

（6）邀请当地的组织与我们合作，使我们的学校社区更加健康。

2. 我们学校将做到

（1）提供有助于改善生活技能的健康教育课程和体育课程。

（2）使当地社区每年至少参与一个健康促进项目的审查、执行或评价。

（3）保证有健康食品供应。

（4）提供一个设备齐全、维护良好的急救区，配备一名称职人员，并保证对操作和药品情况进行监督。

（5）将纸张、铝和玻璃等物资回收，尽可能使用有益于环境的产品。

(6) 所有学校活动（包括体育活动、操场、实习课和学校环境）都注意安全。

(7) 提供能使健康风险降到最低的环境，特别要注意水、空气和噪声污染。

(8) 提供涉及一些重要卫生问题的课程（如药物教育），在课程设计和讲授中有社区参与。

(9) 就涉及师生员工健康的问题与当地的健康服务机构建立联系。

(10) 所有学生每周至少参加3次有教师指导的朝气蓬勃的体育活动。

五、奖励制度

如果一所学校已经成为健康促进学校，那么其成绩应当得到承认。同时应当认识到，在实施健康促进学校策略的过程中，并非所有学校都从同一个起点出发，也并非所有学校都能获得同样的支持服务和其他资源。

在某些国家，那里的学校一段时间以来已提供了有关健康的课程，开展了与健康相关的活动。在另一些国家，则需要在中央和学校的不同水平上制订计划和采取行动，才能取得成效。虽然对健康促进学校的成果所有学校都会认可，但每所学校所付出的努力和机敏性与革新需求的程度可能大不相同。因此，重要的是：在最终目标被一致同意和相互赞许之时，为达到目的所付出的努力和实际获得的成果都应给予认可和回报。

我们建议通过奖励制度去表明各个国家和地区对健康促进学校的承认。该奖励制度在整个西太平洋地区需要保持其一致性，并维持其可信度。因此该制度应围绕上述健康促进学校六项基本要素建立起来，这些基本要素对于帮助学生取得更好的健康成果是必不可少的。在奖励前，必须清楚无误地证明该学校在达到某些或全部目标方面已经取得一定的进展。

奖励制度应反映这个现实，即要想成为优秀的健康促进学校，需要花费时日。为此，我们建议实施三级奖励制度，以便学校在达到最好目标的过程中所取得的每一步进展都能得到承认。我们建议设立一个系列奖牌，即铜质、银质和金质奖牌。每一级奖牌都应有其本身的最低要求，这些要求的基础就是围绕上述六项基本要素而取得的进展。

确定目标和规定值得授奖的业绩，都应反映适用于具体国家的具体情况。制定受奖标准的目的是明确的，就是鼓励、支持和承认学校所付出的努力。为了促进健康促进学校事业的不断发展，每一所获金奖的学校都必须证明：已经至少有一年时间支持另外一所学校成为健康促进学校。为了确保取得优异成绩的学校不满足于既得的荣誉，应对获得金奖和银奖的学校每三年复查一次，考查他们是否保持着当前的获奖状态。

1．奖励制度的模式

学校在成为健康促进学校方面取得的成绩都应得到承认。

下面是一个可能的奖励制度的模式，该模式以三级体系为基础。国家—卫生部门—教育部门（单独或联合）可据此给学校正式颁发证书，肯定他们在争取健康促进学校目标中已达到的状态。假如学校在下文指标所示的评比时间和主要标准两方面都已经符合条件，便可以向本国的适当机构提出申请，争取更高一级的奖励。

健康促进学校的目标分为三个水平，为了达到任何一个水平，某些标准是必须达到的，另一些则视学校社区的实际情况而定。

为了保证奖励制度的质量，西太平洋地区各国之间、各国家内部的学校之间，都应保持一定程度的一致性，这点是至关重要的。对任何希望成为健康促进学校的学校来说，有一些基本的条件是必须具备的，这些条件对于提高学生健康水平非常重要。因此，在授奖之前必须明确无误地展示这些条件是否得到满足，这有利于证明授奖的可信性，并使之成为学校为之奋斗的一个目标。

（1）奖励的获得。健康促进学校的标准和检查指标，都反映了 WHO 西太地区政策性文件《健康新地平线》和世界卫生组织关于健康促进的《渥太华宪章》中的指示精神。

根据他们在达到健康促进学校目标中所取得成绩的大小，学校分别被授予铜奖、银奖或金奖。当学校满足了特定标准后，还可从铜奖升为银奖和金奖。获得这种荣誉是对学校致力于成为并保持健康促进学校所付出的努力的承认。

（2）铜奖。为获得铜奖，学校必须证明他们：

①制定了“健康促进学校宪章”。

②一年来在上述六个领域中一直积极努力。

③达到铜奖的最低要求。

（3）银奖。为获得银奖，学校必须证明他们：

①制定了“健康促进学校宪章”。

②两年来在上述六个领域中一直积极努力。

③达到银奖的最低要求。

（4）金奖。为获得金奖，学校必须证明他们：

①制定了“健康促进学校宪章”。

②三年来在上述六个领域中一直积极努力。

③达到金奖的最低要求。

④支持另外一所学校成为健康促进学校。

2. 奖励制度的等级结构

等级	参加年限	内容和考察项目					
		学校健康政策	学校物质环境	学校社会环境	社区关系	个人健康技能	健康服务
铜奖	一	1、2及另外一项	1、4及另外一项	1、2	1（任何两个考察项目）	1	1
银奖	二	1、2及另外两项	1、4及另外两项	1、2及另外一项	1（所有考察项目）或1（任何两个考察项目）和2	1、2（至少50%的人掌握知识和技能	1、2或3
金奖	三	1、2及另外一项	1、2、4及另外一项	1、2、3、4	1、2（支持另外一所学校成为健康促进学校）	1、2（至少80%的人掌握知识和技能）与3	1、2与3

六、为健康促进学校建立网络

学校社区互相学习。追求相似目标的各个学校（特别是那些在新构想方面起带头作用的学校）应相互支持、相互激励。这种富有成效的相互作用可将家长、教师、学生及支持机构包括在内。

建立一个健康促进学校网络是促进上述相互作用的有效途径。该网络可能提供的效益包括：

（1）共同分享集中起来的专业知识。

（2）共享信息、资源和经验。

（3）决定未来的发展方向。

（4）为学校共同关注的健康问题提供中心内容。

（5）强化健康促进学校的概念。

（6）确保建立一个机制，借以监测地区内健康促进学校的进展。

（7）为新的健康促进学校提供建议与支持。

同样，介入健康促进学校项目并对其提供支持的组织和个人可以加入网络并从中受益。因为网络可提供一个平台，用以交换信息、经验和资源。

如果一个网络得到适当的进行协调和筹措资源的机构的支持，这个网络就可以在一个社区，甚至一个国家的范围内，为健康促进学校提供更有效的集中指导。这些学校又能与国内的或国际的网络建立联系，从而通过集中和分享各个参与者的经验，为健康促进学校这一概念的发展开拓更为可观的工作范围。

七、五年计划

西太平洋地区内的每个国家或地区都应确定出倡导和推进健康促进学校概念的最好方法。健康促进学校取得成功的关键是建立国家协调委员会，以管理项目的发展，并确保各级卫生和教育部门进行合作和协调来支持健康促进学校的工作。此外，也为其他关键的国家机构创造加入的机会，并从中获益。

我们建议制订一个五年计划，以支持各个国家、地区及西太平洋地区办事处，便于它们准备各自的活动策略。五年计划如下：

1．第一年（1996）

（1）增加健康促进学校的数量。

（2）在国家和地区建立国家协调委员会。

（3）在国家和地区指派国家协调员。

（4）为太平洋岛国编写的健康促进学校手册定稿并发行。

（5）确定关键的技术活动，以支持健康促进学校网络。

（6）区域性网络倡议开始实施。

（7）各国家和地区采纳本指导纲领，并建立奖励制度。

（8）在国家、地区和跨国家、跨地区间的相关项目开始启动。

（9）从有关机构获取资源，以支持关键的区域倡议。

（10）在 IUHPE 地区健康促进大会上讨论关于健康促进学校的报告。

（11）开始研究学生的健康行为。

2．第二年（1997）

（1）向太平洋岛国卫生部长会议（4 月，科克群岛）作关于健康促进学校的报告。

（2）向第四届国际健康促进大会（7 月，印度尼西亚）作健康促进学校的报告。

（3）所有国家和地区制订国家级的策略计划，包括评价重点。

（4）各国家开始将健康课程纳入健康促进学校框架中去。

（5）工作小组会议审查进度。

（6）编写并派发关于研究和评价问题、重点和方法的出版物。

（7）推广网络工作，开展姐妹学校计划。

（8）继续在各国家和地区推广健康促进学校。

3. 第三年（1998）

（1）收集各种健康促进学校的研究个案，通过各种媒体发表或作为西太平洋地区健康促进学校系列的一部分。

（2）国家策略计划定稿。

（3）审查对学校卫生人员进行有关健康促进学校的上岗前和在岗培训的情况。

（4）审查有关建立和实施健康促进学校的国家倡议，选出其中有益的经验编撰成文并予以刊行（包括分析和确认哪些实践是成功的）。

4. 第四年（1999）

（1）回顾指导纲领的执行情况（1999 年末）。

（2）就“健康新地平线”中“生命准备”主题方面的进展，向世界卫生组织地区委员会作出报告。

（3）就对学校卫生人员进行培训的情况，写出报告。

5. 第五年（2000）

（1）就恰当的研究方法和评价调查进行全面的分析，并综合研究结果。

（2）对健康促进学校的结果进行全面的分析，各学校可通过分析相互通报信息和设想，相互支持，共享资源，强化彼此所付出的努力。

（3）以对当前结果的分析和取得成功的实践为基础，制订下一个健康促进学校五年计划。

附录八 健康促进学校工作样表

深圳市无吸烟单位、无吸烟教育机构、无吸烟医疗卫生机构申报表

填表人： 电话： 编号：

<table>
<tr><td>申报单位</td><td></td><td colspan="3">地 址</td><td colspan="5"></td></tr>
<tr><td>单位法人</td><td></td><td colspan="3">主管控烟领导</td><td colspan="5"></td></tr>
<tr><td>联系电话</td><td></td><td colspan="3">创建起始日期</td><td colspan="5">从 年 月起</td></tr>
<tr><td>单位总人数</td><td></td><td>其中</td><td>男</td><td></td><td>女</td><td></td><td>中层以上领导</td><td colspan="2"></td></tr>
<tr><td>创建前吸烟人数</td><td>人</td><td rowspan="2">男</td><td colspan="2">人占 %</td><td rowspan="2">女</td><td colspan="2">人占 %</td><td rowspan="2">中层以上领导</td><td>人</td></tr>
<tr><td>创建后吸烟人数</td><td>人</td><td colspan="2">人占 %</td><td colspan="2">人占 %</td><td>人</td></tr>
<tr><td colspan="10">申报理由（如控烟措施与成效和等内容。可另附页）：

负责人：（签名） （单位公章）
年 月 日</td></tr>
<tr><td colspan="5">区健康教育所意见：

（盖章）
年 月 日</td><td colspan="5">市健康教育研究所意见：

（盖章）
年 月 日</td></tr>
</table>

说明：1. 被审评单位用 A4 纸打印一式三份。
2. 报区健康教育所审核确认后，由区健康教育所报市健康教育研究所。
3. 深圳市健康教育研究所安排好审评时间后反馈给区健康教育所，由区健康教育所反馈给被审评单位。

深圳市健康促进学校（铜奖）创建申报表

<table>
<tr><td rowspan="4">申报单位</td><td colspan="2">名称：</td><td>电话：</td></tr>
<tr><td colspan="2">地址：</td><td>传真：</td></tr>
<tr><td>负责人：</td><td>联系人：</td><td>邮编：</td></tr>
<tr><td colspan="3">创建健康促进学校起始时间：　　　年　　月</td></tr>
<tr><td colspan="4">申报理由：

负责人：
（盖章）
年　月　日</td></tr>
<tr><td colspan="2">区教育主管部门意见：

（盖章）
年　月　日</td><td colspan="2">区健康教育所意见：

（盖章）
年　月　日</td></tr>
<tr><td colspan="4">市健康教育研究所意见：

（盖章）
年　月　日</td></tr>
</table>

填表说明：1. 请各申报单位据实填写。
2. 由单位负责人审核后，签署并盖章。
3. 填写完整，用 A4 纸打印一式五份，上报深圳市健康教育研究所。

深圳市健康促进学校（银奖）创建申报表

<table>
<tr><td rowspan="6">申报单位</td><td colspan="2">名称：</td><td>电话：</td></tr>
<tr><td colspan="2">地址：</td><td>传真：</td></tr>
<tr><td>负责人：</td><td>联系人：</td><td>邮编：</td></tr>
<tr><td colspan="3">创建健康促进学校起始时间：　　年　　月</td></tr>
<tr><td colspan="3">获得健康促进学校铜奖时间：　　年　　月</td></tr>
<tr><td colspan="3">拟申报创建健康促进学校银奖，创建起始时间：　　年　　月</td></tr>
<tr><td colspan="4">申报理由：

负责人：
（盖章）
年　　月　　日</td></tr>
<tr><td colspan="2">区教育主管部门意见：

（盖章）
年　　月　　日</td><td colspan="2">区健康教育所意见：

（盖章）
年　　月　　日</td></tr>
<tr><td colspan="4">市健康教育研究所意见：

（盖章）
年　　月　　日</td></tr>
</table>

填表说明：1. 请各申报单位据实填写。

2. 由单位负责人审核后，签署并盖章。

3. 填写完整，用 A4 纸打印一式五份，上报深圳市健康教育研究所。

深圳市健康促进学校（金奖）创建申报表

<table>
<tr><td rowspan="7">申报单位</td><td colspan="2">名称：</td><td>电话：</td></tr>
<tr><td colspan="2">地址：</td><td>传真：</td></tr>
<tr><td>负责人：</td><td>联系人：</td><td>邮编：</td></tr>
<tr><td colspan="3">创建健康促进学校起始时间：　　年　　月</td></tr>
<tr><td colspan="3">获得健康促进学校铜奖时间：　　年　　月</td></tr>
<tr><td colspan="3">获得健康促进学校银奖时间：　　年　　月</td></tr>
<tr><td colspan="3">拟申报创建健康促进学校金奖，创建起始时间：　　年　　月</td></tr>
<tr><td colspan="4">申报理由：

负责人：
（盖章）
年　　月　　日</td></tr>
<tr><td colspan="2">区教育主管部门意见：

（盖章）
年　　月　　日</td><td colspan="2">区健康教育所意见：

（盖章）
年　　月　　日</td></tr>
<tr><td colspan="4">市健康教育研究所意见：

（盖章）
年　　月　　日</td></tr>
</table>

填表说明：1. 请各申报单位据实填写。
2. 由单位负责人审核后，签署并盖章。
3. 填写完整，用A4纸打印一式五份，上报深圳市健康教育研究所。

深圳市健康促进学校（铜奖）评审申报表

<table>
<tr><td rowspan="4">申报单位</td><td colspan="2">名称：</td><td>电话：</td></tr>
<tr><td colspan="2">地址：</td><td>传真：</td></tr>
<tr><td>负责人：</td><td>联系人：</td><td>邮编：</td></tr>
<tr><td colspan="3">创建健康促进学校起始时间：　　年　月</td></tr>
<tr><td colspan="4">创建成效概况：

负责人：
（盖章）
年　月　日</td></tr>
<tr><td colspan="2">区教育主管部门意见：

（盖章）
年　月　日</td><td colspan="2">区健康教育所意见：

（盖章）
年　月　日</td></tr>
<tr><td colspan="4">市健康教育研究所意见：

（盖章）
年　月　日</td></tr>
</table>

填表说明：1. 请各申报单位据实填写。
2. 由单位负责人审核后，签署并加盖公章。
3. 填写完整，打印一式五份，上报深圳市健康教育研究所。

深圳市健康促进学校（银奖）评审申报表

<table>
<tr><td rowspan="5">申报单位</td><td colspan="2">名称：</td><td>电话：</td></tr>
<tr><td colspan="2">地址：</td><td>传真：</td></tr>
<tr><td>负责人：</td><td>联系人：</td><td>邮编：</td></tr>
<tr><td colspan="3">健康促进学校创建起始时间：　　　年　　月</td></tr>
<tr><td colspan="3">获得健康促进学校铜奖时间：　　　年　　月</td></tr>
<tr><td colspan="4">创建成效概况：

负责人：
（盖章）
年　　月　　日</td></tr>
<tr><td colspan="2">区教育主管部门意见：

（盖章）
年　　月　　日</td><td colspan="2">区健康教育所意见：

（盖章）
年　　月　　日</td></tr>
<tr><td colspan="4">市健康教育研究所意见：

（盖章）
年　　月　　日</td></tr>
</table>

填表说明：1. 请各申报单位据实填写。
2. 由单位负责人审核后，签署并加盖公章。
3. 填写完整，打印一式五份，上报深圳市健康教育研究所。

深圳市健康促进学校（金奖）评审申报表

<table>
<tr><td rowspan="6">申报单位</td><td colspan="2">名称：</td><td>电话：</td></tr>
<tr><td colspan="2">地址：</td><td>传真：</td></tr>
<tr><td>负责人：</td><td>联系人：</td><td>邮编：</td></tr>
<tr><td colspan="3">健康促进学校创建起始时间：　　　年　　月</td></tr>
<tr><td colspan="3">获得健康促进学校铜奖时间：　　　年　　月</td></tr>
<tr><td colspan="3">获得健康促进学校银奖时间：　　　年　　月</td></tr>
<tr><td colspan="4">创建成效概况：

负责人：
（盖章）
年　　月　　日</td></tr>
<tr><td colspan="2">区教育主管部门意见：

（盖章）
年　　月　　日</td><td colspan="2">区健康教育所意见：

（盖章）
年　　月　　日</td></tr>
<tr><td colspan="4">市健康教育研究所意见：

（盖章）
年　　月　　日</td></tr>
</table>

填表说明：1. 请各申报单位据实填写。

2. 由单位负责人审核后，签署并加盖公章。

3. 填写完整，打印一式五份，上报深圳市健康教育研究所。

学校物质环境整改工作记录表

<table>
<tr><td>整改项目</td><td colspan="3"></td></tr>
<tr><td>整改时间</td><td></td><td>整改地点</td><td></td></tr>
<tr><td>整改投入</td><td colspan="3"></td></tr>
<tr><td>整改效果</td><td colspan="3"></td></tr>
<tr><td>整改前照片</td><td colspan="3"></td></tr>
<tr><td>整改后照片</td><td colspan="3"></td></tr>
</table>

填表人：________________

经济困难学生帮扶记录表

学生姓名		性别		年龄		班级	
父亲姓名		工作单位				电话	
母亲姓名		工作单位				电话	
家庭地址							
困难情况							
帮扶措施							
帮扶效果							

登记日期：__________　　负责教师：__________

伤残学生帮扶记录表

学生姓名		性别		年龄		班级	
父亲姓名		工作单位				电话	
母亲姓名		工作单位				电话	
家庭地址							
伤残情况							
帮扶措施							
帮扶效果							

登记日期：____________　　　负责教师：____________

心理行为偏差学生帮扶记录表

学生姓名		性别		年龄		班级	
父亲姓名		工作单位				电话	
母亲姓名		工作单位				电话	
家庭地址							
心理行为问题情况							
帮扶措施							
帮扶效果							

登记日期：__________　　负责教师：__________

学生健康档案示范表

________年____月—________年____月（某学年）

<table>
<tr><td rowspan="4">个人基本情况</td><td>姓名</td><td colspan="2"></td><td>年龄</td><td></td><td>性别</td><td></td><td rowspan="4">相片</td></tr>
<tr><td>班级</td><td colspan="2"></td><td>身高</td><td></td><td>体重</td><td></td></tr>
<tr><td colspan="2">家庭联系电话</td><td>父亲</td><td colspan="2"></td><td>母亲</td><td></td></tr>
<tr><td colspan="2">家庭地址</td><td colspan="5"></td></tr>
<tr><td>主要健康问题</td><td colspan="8"></td></tr>
<tr><td>原因分析</td><td colspan="8"></td></tr>
<tr><td>应采取措施</td><td colspan="8"></td></tr>
<tr><td>干预记录</td><td colspan="8"></td></tr>
<tr><td>评价</td><td colspan="8"></td></tr>
</table>

××××学校组织教师进行健康概念和“健康第一”理念培训记录表

<table>
<tr><td>活动主题</td><td colspan="3"></td></tr>
<tr><td>时　间</td><td></td><td>地　点</td><td></td></tr>
<tr><td rowspan="2">参加人员</td><td colspan="3">领导和专家：</td></tr>
<tr><td colspan="3">教职员工　　人；学生　　人；家长　　人；其他人员　　人</td></tr>
<tr><td>形式</td><td colspan="3"></td></tr>
<tr><td>工作小结</td><td colspan="3"></td></tr>
<tr><td>照片</td><td colspan="3"></td></tr>
</table>

填表人：________________

××××学校
开展健康教育活动记录表

<table>
<tr><td>活动主题</td><td colspan="3"></td></tr>
<tr><td>时　间</td><td></td><td>地　点</td><td></td></tr>
<tr><td rowspan="2">参加人员</td><td colspan="3">领导和专家：</td></tr>
<tr><td colspan="3">教职员工　　人；学生　　人；家长　　人；其他人员　　人</td></tr>
<tr><td>形
式</td><td colspan="3"></td></tr>
<tr><td>工作小结</td><td colspan="3"></td></tr>
<tr><td>照
片</td><td colspan="3"></td></tr>
</table>

填表人：＿＿＿＿＿＿＿＿

××××学校深入社区开展以健康为主题的活动记录表

活动主题			
时 间		地 点	
参加人员	领导和专家：		
	教职员工　　人；学生　　人；家长　　人；其他人员　　人		
形式			
工作小结			
照片			

填表人：________________

××××学校
针对师生主要健康问题开展活动记录表

活动主题			
时 间		地 点	
参加人员	领导和专家：		
	教职员工 人；学生 人；家长 人；其他人员 人		
形式			
工作小结			
照片			

填表人：________________

××××学校
教师参加班级健康主题活动记录表

活动主题			
时　间		地　点	
参加人员	领导和专家：		
	教职员工　　人；学生　　人；家长　　人；其他人员　　人		
形式			
工作小结			
照片			

填表人：____________

××××学校邀请社区人员参与校园内的以健康为主题的活动记录表

<table>
<tr><td>活动主题</td><td colspan="3"></td></tr>
<tr><td>时　间</td><td></td><td>地　点</td><td></td></tr>
<tr><td rowspan="2">参加人员</td><td colspan="3">领导和专家：</td></tr>
<tr><td colspan="3">教职员工　　人；学生　　人；家长　　人；其他人员　　人</td></tr>
<tr><td>形式</td><td colspan="3"></td></tr>
<tr><td>工作小结</td><td colspan="3"></td></tr>
<tr><td>照片</td><td colspan="3"></td></tr>
</table>

填表人：________________

参考文献

［1］李华荣．健康概念的内涵与表达［J］．山西中医学院学报，2008（5）：52～55

［2］曾承志．健康概念的历史演进及其解读［J］．北京体育大学学报，2007（5）：618～619

［3］孙琦，陈俊国．健康素养的内涵及影响因素分析［J］．西北医学教育，2009（2）：316～317

［4］黄丽雯，张雪宝，邹宇华．珠海市学生健康素养调查分析［J］．中国健康教育，2008（5）：342～344

［5］吴浩生．深圳市青少年健康危险行为实证研究［D］．中国优秀硕士学位论文全文数据库，2007

［6］邵淑仪．网络成瘾与青少年心理健康的分析及对策研究［J］．民营科技，2009（2）：65

［7］季成叶．中国青少年健康相关/危险行为调查综合报告2005［M］．北京：北京大学医学出版社，2007

［8］季成叶．儿童少年卫生学［M］．北京：人民卫生出版社，2007

［9］姚本先．学校心理健康教育［M］．合肥：安徽大学出版社，2008

［10］王书荃．学校心理健康教育概论［M］．北京：华夏出版社，2007

［11］丁宝坤，贾丁鑫．中学生心理干预中应注意的几个问题［J］．中国行为医学科学，2005（2）：102

［12］曹成刚．青少年学生心理干预的思考［J］．中国健康教育，2004（8）：717～718

［13］陈忞．中学生心理健康与社会适应［M］．北京：国际文化出版公司，2002